일러두기

- 이 책에서 인용한 성경은 대한성서공회의 《성경전서 새번역》을 따랐으며, 다른 판본은 표기했습니다.
- 이 책은 《한국교회가 잃어버린 주기도문》(죠이선교회, 2013)의 개정증보판입니다.

기도를 배우는 중입니다

풍성한 삶이 깊어지는 영성훈련 1

주기도로 만나는 하나님 나라

소개

"풍성한 삶이 깊어지는 영성훈련" 시리즈를 내며

"내가 온 것은 양으로 생명을 얻게 하고
더 풍성히 얻게 하려는 것이라."
(요한복음 10:10, 개역개정)

죽음이 가득한 세상을 사는 우리에게 예수께서는 생명을 주시길 원하십니다. 그것도 풍성히 주기를 원하십니다. 이 생명은 메시아이신 예수를 믿어 구원을 얻고 하나님나라에 들어갈 때 얻게 됩니다. 이를 돕는 책인 《풍성한 삶으로의 초대》와 《하나님나라의 도전》을 통해 많은 이들이 기독교의 진리를 선명히 확인하고 회심했습니다. 진리를 확신하고 회심한 사람들은 그리스도인의 가장 기본적인 삶을 배워야 하는데, 이를 안내하는 책이 《풍성한 삶의 첫걸음》입니다. 그리스도인의 삶이 조금씩 자리를 잡으면 삶의 모든 영역에서 균형 있게 예수를 따르며 살려는 열망이 생깁니다. 이를 돕는 제자훈련 자료가 《풍성한 삶의 기초》입니다. 이 책들은 우리 삶의 기초를 하나님나라 복음에 두도록 돕습니다. 성경적 기초를 단단하게 놓는 것이 무엇보다 중요합니다. 앞의 책들을 일대일 관계 안에서 여러 차례 반복해서 공부하면, 진리를 온전히 이해하게 되고, 그렇게 깨달은 진리에 순복함으로써 풍성한 삶을 누리게 됩니다. 삶의 기초가 진리 위에 든든히 세워질수록 주님을 따르는 이들에게는 더 깊은 갈망이 생깁니다. 예수님을 닮아 가는 것, 곧 그의 영성을 닮아가는 것입니다. 예수님처럼 하나님을 사랑하고, 사람을 사랑하기를 간절히 바라게 됩니다. 기독교 역사에는 그렇게 주님을 따르며 사랑한 이들이 남긴 '영성의 보물창고'가 있습니다. 이를 현대 그리스도인들에게 신학적으로 균형 있고 실제로 도움이 되는 자료로 제공하고자 수년간 현장에서 임상을 거쳤습니다. 그 결과물을 이 책을 시작으로 "풍성한 삶이 깊어지는 영성훈련" 시리즈라는 이름으로 소개합니다. 이 시리즈를 통해 우리가 그분을 더 열심히 닮아 가고 따라가면 좋겠습니다!

개정증보판 머리말

기도는 배울 수 있습니다

이 책의 초판인 《한국교회가 잃어버린 주기도문》이 나온 지 11년이 지났습니다. 그전에도 주기도를 강해한 책이 많았고, 초판이 나올 즈음에 몇몇 주기도 강해집이 동시에 출간되기도 했습니다. 예수께서 친히 가르치신 '주기도'에 관심이 끊이지 않으니 참 감사한 일입니다. 하지만 초판이 나올 때도 그랬지만, 여전히 주기도를 예수님의 중심 사상인 하나님나라 관점에서 이해하려는 시도는 드뭅니다. 그래서 하나님나라 시각으로 주기도를 해석한 제 책이 아직도 의미가 있다고 생각합니다. 하나님나라를 바로 알면 주기도의 뜻이 선명해지고, 주기도로 기도하면 하나님나라를 살아갈 힘이 얻게 됩니다.

초판 출간 후 "주기도로 기도하기" 세미나를 여러 차례 열었습니다. 성도들의 기도가 변화하는 모습을 보며 감사했지만, 적지 않은 사람은 주기도로 기도하는 방식이 원래 기도하던 방식과 달라서 어려워했습니다. 세미나 중에 기도가 조금 바뀌었던 성도들도 시간이 지나면 원래 기도하던 방식으로 돌아가고는 했습니다. 물론 책만 읽고 기도하지 않은 사람은 기도에 전혀 진전이 없었을 것입니다.

고민이 생겼습니다. 처음부터 이 책은 단순히 주기도를 해설하기 위해서가 아니라, 성도들이 실제로 주기도로 기도하도록 돕고자 저술했기 때문입니다. 우리의 기도가 잘 바뀌지 않는 가장 큰 이유는 무엇보다 기도를 하지 않기 때문입니다. 둘째로는 이미 익숙해진 기도의 틀을 깨고 주님이 가르치신 기도를 배우는 것이 쉽지 않아서입니다. 특히 기도를 오래 해온 분일수록 주기도로 기도하는 것을 어려워하는 경향이 있었는데, 이미 자신만의 기도 방식이 습관처럼 단단해져 있기 때문입니다.

그래서 이 책을 주기도에 관해 읽는 책이 아니라, 주기로로 기도를 배우고 익히는 책으로 재구성해야겠다고 생각하기 시작했습니다. 기독교의 기도는 다른 종교의 기도와 근본적으로 다릅니다. 신을 잘 모르는 사람이나 신을 추구하는 사람이 드리는 기도와, 예수 그리스도를 통해 하나님을 알고 아버지로 믿게 된 사람의 기도는 같을 수 없습니다. 따라서 우리의 기도는 본능적으로 드리는 것이 아니라, 우리가 알게 된 하나님에 관한 지식을 바탕으로 하나님과 소통하는 것입니다. 하나님을 더 깊이 알아 갈수록 우리의 기도도 깊어집니다. 기도가 깊어지면, 우리를 사랑하시는 하나님과 함께 있는 시간을 추구하게 됩니다. 전자를 유념 기도 kataphatic라고 하고, 후자를 무념 기도apophatic라고 합니다.

두 가지 기도 모두 배워야 합니다. 유념 기도의 대표적인 예가 주기도입니다. 유념 기도를 충분히 하다 보면, 단순히 무언가를 말씀드리는 것을 넘어서 그저 하나님과 함께 있는 시간을 갖고자 합니다. 아무것도 요구하지 않고, 그저 하나님만을 바라보는 기도! 시편의 시인이 "오히려, 내 마음은 고요하고 평온합니다. 젖뗀 아이가 어머니 품에 안겨 있듯이, 내 영혼도 젖뗀 아이와 같습니다"(131:2)라고 고백했듯이, 하나님 앞에서 고요히 머무르며 그 시간을 오롯이 누립니다. 최근 영성에 대한 관심이 많아져서 무념 기도를 수련한다는 기관이 늘고 있습니다. 그러나 무념 기도는 유념 기도가 깊어진 후에 추구할 수 있는 기도입니다. 자기가 기도하는 대상을 잘 모르고, 그 대상이 가르쳐 준 기도도 제대로 하지 못하면서 그분 앞에 머무르려고 하는 것은 덧셈 뺄셈도 못 하면서 미적분을 하려는 시도보다 더 무모한 일입니다.

기도의 세계는 깊고도 깊습니다. 그래서 주님이 가르치신 기도를 먼저 배우고 익혀야 합니다. 우리 주님은 바쁘게 사역하시면서도 "새벽 미명"에 "한적한 곳"에서 "홀로" 하나님 아버지 앞에 나아가셨습니다. 그 주님을 본받아 우리도 기도를 배우고 주님만 추구하게 되기를 기대합니다. 그런 바람을 담아 초판을 유념 기도를 배우는 책으로 재구성했습니다. 자신이 늘 되뇌던 내용이 아니라 주님이 가르치신 대로, 천지의 주재이며 우리 아버지이신 하나님께 아뢰어야 할 내용을 깊이 생각하며 기도문을 작성하도록 했습니다. 열 장으로 구성된 이 책의 각 장은 세 부분으로 나누어져 있고, 각 부분 끝에는 예시 기도가 두 개씩 있습니다. 독자들이 기도문을 쓸 수 있는 면도 함께 넣었습니다. 그리고 각 장 끝에는 그 장을 총정리하는 기도문을 짧은 기도와 긴 기도로 실었습니다. 책에 실린 모든 예시 기도주기도로 기도합니다는 저의 기도첫 번째 기도와 주기도를 함께 배운 학생들의 기도두 번째 기도입니다.

이 책을 급하게 읽지 마세요. 한 장을 일주일간 소화하면 좋습니다. 3일간 기도문을 작성하고 그 기도문으로 기도하는 시간을 가지기를 추천합니다. 가장 좋은 방법은 일주일에 닷새를 사용해서 기도 훈련을 하는 것입니다. 첫날에 한 장 전체를 읽고, 둘째, 셋째, 넷째 날에는 세 부분을 각각 읽고 기도문을 쓰고 기도합니다. 다섯째 날에는 세 부분의 기도문을 다시 읽어 보고 총정리하는 마음으로 마지막 기도문을 쓰고 기도합니다. 이렇게 10주에 걸쳐서 주기도를 배우고 연습하게 됩니다. 물론 일주일에 두 장을 소화할 수 있는 분도 있고, 일주일씩 끊지 않고 매일 꾸준히 이어서 기도를 공부할 수도 있습니다. 하루도 빼먹지 않으면 30일이나 40일간 기도문을 쓰면서 기도를 배울 수 있습니다. 그리고 주기도로 기도하는 연습을 반복하면 더욱 좋습니다. 그 연습을 여러 번 하면 기도가 성장하는 모습을 직접 확인할 수 있습니다. 그래서 이 책의 각 장에는 읽고 기도한 때를 적을 수 있도록 제목 옆에, 그리고 "주기도를 배우며 기도합니다" 옆에도 날짜를 적을 수 있게 자리를 마련해 놓았습니다. 처음 읽고 여섯 달이나 일 년 후에 다시 한번 읽으면서 기도를 연습하면, 그동안 꾸준히 기도하면서 자신의 기도가 얼마나 달라졌는지를 체감할 수 있습니다.

　　초판의 "주기도로 드리는 기도 예시"에 "함께 기도하며 주기도 배우기"를 더해서 부록에 실었습니다. 기도는 혼자보다 함께 배우는 것이 훨씬 좋기 때문입니다. 매주 각자 기도문을 쓰면서 기도하다가 1주일에 한 번 모여 서로의 기도문을 읽으며 함께 기도합니다. 이를 통해 서로에게서 많은 것을 배우게 될 것입니다. 오래된 설교지만, 설교 동영상을 볼 수 있는 QR코드도 덧붙였습니다. 현장 설교에는 또 다른 유익이 있다고 믿기 때문입니다. 여러 공동체에서 기도에 대해 논하기보다는 함께 기도를 드리며 기도를 배워 가는 일이 풍성해지길 기대합니다. 개정증보판 내용이 초판과 크게 다르지 않으나 각 장을 세 부분으로 나누면서 약간 수정했고, 이를 위해 이미아직의 박동욱 편집장이 애를 써 주었습니다. 그리고 책에 실은 예시 기도 "주기도로 기도합니다"의 두 번째 기도는 "2024년 봄, 주기도와 영성수련 개론"을 수강한 학생과 조장들이 실제로 작성한 기도문입니다. 함께 기도를 배우면서, 열심히 기도문을 작성하며, 더불어 깊은 기도를 경험했던 강성묵, 강한솔, 곽성이, 권영호, 김영, 김요셉, 김진철B, 김화겸, 단조은, 박용전, 박인철, 변사무엘, 심충열, 양기주, 우준호, 유혜린, 이상은, 이숙희, 이유진, 이장희, 이현숙, 이현식, 장성은, 정요한, 조재원, 차정훈, 최영환, 허승, 허신욱 님과 조장으로 섬긴 김정진, 김주열, 김진철A, 나선학, 박민

호, 박형우, 송명숙, 유현숙 님에게 감사의 마음을 전합니다. 또한 기도문을 정리하고 학생들을 섬긴 김진경 목사에게도 감사를 드립니다.

　기도는 하나님과의 만남입니다. 인간이 누릴 수 있는 최고의 특권이자 신비입니다. 이 깊은 기도의 세계로 들어가는 가장 안전하고 좋은 출발점은 주님의 기도를 배우는 것입니다. 기도의 세계는 깊고 넓은 만큼 이웃 종교에도 다양하고 심오한 기도 방법이 있습니다. 따라서 주님의 기도를 잘 배워서 그 위에 기초를 세우고 깊이를 더하지 않으면 기도의 세계에서 길을 잃을 수도 있습니다.

　세상의 모든 아름다운 것이 그렇듯 기도 역시 본능에 따르거나 남을 흉내 내는 것만으로는 그 아름다움을 누릴 수 없습니다. 기도도 배워야 합니다. 기도의 대가가 가르치신 기도가 우리에게 있다는 사실이 얼마나 큰 복인지요. 주님의 기도를 따라 기도하다 보면 우리의 기도는 평생에 걸쳐 깊어질 것입니다.

　그런 면에서, 우리는 모두 기도를 배우는 중입니다.

2024년 6월
깨진 세상을 상기할 수밖에 없는 날에
하나님나라를 기다리며…

초판 머리말

한국 교회는 주기도문을 잃어버렸다

이 책의 제목은 매우 도발적이고 불쾌하기까지 합니다. 교회가 기도를 잃어버렸다고 해도 수치스러운 일인데, 그것도 우리 한국 교회가 우리 주님이 가르치신 주기도문을 잃어버렸다니, 이는 너무 부정적인 생각이 아닐까 싶기도 합니다. 이 책의 제목을 놓고 고민을 적잖게 했습니다. 이 설교 시리즈의 원래 제목은 "주기도문─하나님나라 백성의 기도"였습니다. 그런데 이 책의 제목을 이렇게 도발적으로 잡은 데에는 이유가 있습니다.

우리나라는 매년 가을 넘어 겨울이 다가올 즈음에 전국적으로 영적인 열기가 뜨거워집니다. 교회, 성당, 산사와 암자, 그리고 영험한 기운이 서려 있다는 기도처에까지 수많은 사람이 기도를 드리러 모입니다. 대학 수학 능력 시험이 있기 때문입니다. 전국의 모든 수험생 부모들이 애타는 심정으로 기도를 드리는 이때만큼, 한국 종교인의 신심이 한꺼번에 강력하게 표출되는 때도 없을 것입니다. 자녀가 좋은 대학에 가기를 바라는 마음이야 어느 부모건 간절합니다. 특히나 학력 사회를 벗어나지 못하고 있는 한국 사회에서 자녀의 '서울권 대학' 입학은 절체절명의 일이 아닐 수 없습니다. 그러니 기도의 열기가 그토록 뜨거운 것이겠지요.

그런데 문제는 그 열기에 있는 것이 아니라, 그리스도인 학부모들의 기도가 불교인이나 무속을 믿는 이들의 기도와 별다르지 않다는 데 있습니다. 시험일을 앞두고 교회에서 열리는 특별 기도회의 내용을 보면 우리의 기도가 그다지 변별력이 없다는 것을 금세 알아차릴 수 있습니다. 수능뿐 아니라 인생의 여러 문제를 위한 기도에서나 매일 드리는 기도에서도 동일한 현상이 발견됩니다. 그렇다면 이는 심각한 문제입니다. 우리가 믿는 신이 다른 종교의 신들과 별로 다르지 않거나, 우리가 신을 우리 입맛대로 믿고 있거나 둘 중 하나일 것입니다. 어느 것이건 우리에겐 심각한 문제가 아닐 수 없습니다.

그리스도인이라고 해서 얼마나 다른 기도를 드릴 수 있겠냐고 반문할지도 모릅니다. 그러나 성경이 증거하는 하나님을 진정으로 믿는 사람이라면, 그 아들이신 예수께서 선포한 '하나님나라'를 진심으로 받아들인 사람이라면, 그리스도인의 기도는 충분히 달라질 수 있습니다. 아니, 달라야 합니다.

기도는 모든 종교에서 나타나는 보편적인 행위지만 그리스도인의 기도는 다른 종교인들의 기도와 다를 수밖에 없는 이유가 있습니다. 그리스도인이 믿는 하나님이 다른 종교에서 추구하는 신과 전적으로 다른 분이기 때문입니다. 하나님은 우리 아버지시며, 우리에게 있어야 할 것을 우리가 구하기 전에 미리 아시는 분입니다. 하나님은 우리의 아버지가 되시려고 당신의 아들까지 희생시키신 분입니다. 이런 신은 다른 종교에는 없습니다.

그리스도인이기 때문에 다를 수밖에 없는 기도란 어떤 것일까요? 예수께서는 제자들에게 세상 사람들과는 달리 우리만이 드릴 수 있는 독특한 기도를 알려 주셨습니다. '주기도문'으로 알려진 이 기도는, 누가복음에 따르면 예수의 제자들이 "주여 우리에게 기도를 가르쳐 주옵소서"라고 요청하자 예수께서 그에 응하여 가르치신 기도입니다. 유대적 방식으로 기도를 해 오던 제자들의 눈에도 예수님의 기도 생활은 독특했습니다. 아버지이신 하나님께 드리는 기도, 이미 임한 하나님나라의 백성으로 드리는 기도, 하나님나라를 대망하며 드리는 기도였기에 막연한 신을 믿는 사람들의 기도와는 다를 수밖에 없었습니다. 예수께서 가르치신 기도에는 그의 영성과 하나님나라 사상이 깊이 새겨져 있습니다.

그러나 저 역시 주기도문이 이렇게 독특하고 대단한 기도라는 것을 처음부터 알았던 것은 아닙니다. 대부분 그렇듯이 주기도문을 '외움'으로 기도를 배웠습니다. 초등학교 때부터 교회를 다녔는데, 그때 처음 외운 것이 주기도문이었습니다. 예수를 처음 믿고 구원의 감격을 갖고 기도를 하기 시작할 즈음에, 교회 권사님들로부터 기도하는 법을 배웠습니다. 주기도문을 백 번

외우고 기도를 시작하라는 것이었습니다. 한 번, 두 번, 세 번, 이렇게 세면서 기도를 외다 보면 자꾸 횟수를 놓쳐서 난감해지곤 했습니다. 교회 모임이 끝날 때 목사님이 계시지 않으면 축도 대신 주기도문을 함께 외우고 마쳤는데, 이때의 주기도문은 마치 수업 시간 종료를 알리는 마침 종 같았습니다. 당시 제게 주기도문은 세례 받기 전에 외워야 하는 기도문이자, 사도신경과 짝을 이루어 모임의 앞뒤를 장식하는 마침 기도일 뿐이었습니다.

세월이 흘러가고 신앙생활을 지속하면서 의문이 생겼습니다. 그리스도인들이 드리는 기도를 보고 들으면서, 우리 그리스도인의 영성이 타 종교의 영성과 그리 다르지 않고 추구하는 바도 별로 다르지 않은 것인가 싶은 의문이었습니다. 혼란스러웠습니다. 대학을 졸업할 즈음 예수께서 가르치신 '하나님나라'에 대해 눈을 뜨기 시작했는데, 그러자 예수께서 가르치신 수많은 가르침의 의미가 새롭게 다가왔습니다. 그리고 대학 졸업 직후에 공부하게 된 주기도문은 나의 기도를 통째로 뒤바꿔 놓았습니다. 주기도문은 하나님나라를 제대로 이해해야 깨달을 수 있는 기도였던 것입니다. 그래서 저의 기도 생활은 주기도문을 제대로 공부하기 전과 그 후로 나눌 수 있다고 해도 과언이 아닙니다.

주기도문을 새롭게 배우면서, 이 기도야말로 하나님나라 백성이 드릴 수 있는 놀라운 기도라는 사실을 깨달았습니다. 이 기도는 통째로 외우는 기도가 아니라 곱씹고 곱씹어서 내 영혼에 새겨야 할 기도임을 알았습니다. 이 기도는 드리면 드릴수록 나를 하나님나라 백성에 걸맞은 모습으로 가꾸어 주는 기도임을 발견했습니다. 제대로 배워 올바로 드리기만 한다면, 이 기도는 하나님나라의 복음이 갖는 변혁력을 폭발적으로 드러내는 기도입니다. 그런데 한국 교회에서 주기도문은 전혀 놀라운 기도가 아닙니다. 주기도문에 담긴 사상을 잃어버렸기 때문입니다.

저는 이 주기도문 강해를 1988년에 처음으로, 경남 지역 IVF 학생들을 위해 네 번에 나누어 설교했습니다. 그때 아직 서른도 안 된 어린 나이였지만 주기도문은 저를 휘어잡았습니다. 그리고 2010년에 나들목교회 성도들을 위해 열 번으로 나누어 다시 설교했습니다. 우리 성도들에게 하나님나라 백성의 기도를 나누고 싶었기 때문입니다. 주기도문을 처음 설교한 때로부터 20년도 넘는 시간이 흘렀지만 이 기도의 능력은 여전했습니다. 이후 주일 예배에서 성도들이 주기도문으로 대표 기도를 드리는 것을 자주 듣습니다.

주기도문은 배우면서 드리고, 드리면서 배우는 기도입니다. 이 기도는 드릴수록 우리를 변화시켜 줍니다. 그래서 이 책은 단번에 읽고 치워 버리는 책이 아닙니다. 각 장을 읽고 새롭게 배운 내용을 가지고 실제로 기도해야 합니다. 기도를 실습하기 위해서는 혼자 하는 것도 필요하지만 또한 여럿이서 함께 할 것을 추천합니다. 교회의 소그룹이나 구역에서, 가정교회나 여러 모임에서 이 책을 함께 읽고 토론하고 기도하는 시간을 갖기 바랍니다. 이를 위해 책 말미에 "주기도문으로 기도하기"를 실었습니다. 눈과 입으로 읽은 내용을 우리 삶으로 익히고 함께 기도하며 배워 가는 축복을 누리고 싶어서입니다. 주기도문으로 기도할 수 있는 몇 개의 예시도 덧붙였습니다. 주기도문으로 자신의 기도문을 써 보는 것도 좋은 방법입니다.

 한국 교회가 몸살을 앓고 있습니다. 이런저런 문제점과 그 대안을 이야기하지만, 바르고 깊은 영성을 가진다면 한국 교회의 문제는 극복될 수 있습니다. 영성의 중심에 기도가 있습니다. 우리가 드려야 할 기도, 한국 교회가 살아남기 위해서라도 되찾아야 할 기도는 바로 예수께서 가르치신 주기도문입니다. 이 기도가 갖는 심오한 하나님나라의 비전과 하나님나라 백성의 정체성은, 기도를 드리면 드릴수록 우리 속에 각인되고 깊어질 것입니다. 한국 교회를 바로 세우는 여러 가지 일 중에서 기도를 회복하는 일, 즉 예수께서 가르치신 성경적 기도를 회복하는 일은 그 무엇보다도 중요합니다. 이 땅의 그리스도인들이 주기도문을 바르게 드림으로써, 한국 교회가 진정 하나님나라와 그 의를 추구하는 날이 오기를 소망합니다. 그래서 언젠가 이 책의 재판을 낼 때 이 도발적이고 불쾌한 제목이 아닌, 원래의 제목 "주기도문-하나님나라 백성의 기도"를 되찾을 수 있기를 기도합니다.

2013년 5월
주기도문으로 기도한 지 25년째 되는 해에
김형국

- "풍성한 삶이 깊어지는 영성훈련" 소개　　　　　　　　　4

① 그러므로 너희는

② 이렇게 기도하여라

③ 하늘에 계신 우리 아버지

④ 그 이름을 거룩하게 하여 주시며

⑤ 그 나라가 오게 하여 주시며

⑥ 그 뜻을 하늘에서 이루심같이
　　땅에서도 이루어 주십시오

⑦ 오늘 우리에게 일용할 양식을
　　내려 주시고

⑧ 우리가 우리에게 죄 지은 사람을 용서하여
　　준 것같이 우리의 죄를 용서하여 주시고

⑨ 우리를 시험에 들지 않게 하시고
　　악에서 구하여 주십시오

⑩ 나라와 권세와 영광은 영원히
　　아버지의 것입니다

- 부록

개정증보판 머리말	6
초판 머리말	12
우리, 하나님나라 백성	21
하나님나라 백성의 기도	69
기도의 문을 여는 열쇠	113
하나님나라의 왕을 위한 기도	155
하나님나라의 도래를 위한 기도	199
하나님나라의 동역을 위한 기도	247
하나님나라 백성의 생존을 위한 기도	293
하나님나라 백성의 평화를 위한 기도	331
하나님나라 백성의 영적 전투를 위한 기도	375
하나님나라 운동을 위한 기도	419
주기도로 드리는 기도 예시	469
함께 기도하며 주기도 배우기	477

"그러므로 너희는"

① 우리, 하나님나라 백성 22

①—① "너희는" 25
①—② 반역과 회복 34
①—③ 비밀 50

우리, 하나님나라 백성　　　　　　　　　①

　　　　　　　　　　　　　　년　　　월　　　일

　　　　　　　　　　　　　　년　　　월　　　일

요즘은 초등학생들도 해외여행을 하지만, 저는 대학 졸업 후에 처음으로 해외에 나갔습니다. 당시 저는 선교단체 간사로 일했는데 동남아 출신 유명한 설교가를 강사로 초청하기 위해 한국 대표로 나가게 되었습니다. 출국 경험이 처음이어서 공항에서 수속하고 탑승을 기다리면서 잔뜩 긴장했습니다. 그런데 제 옆에 앉은 동양인 여성이 자꾸 말을 걸어왔습니다. 안 그래도 긴장해 있는데 낯선 영어로 무얼 물어보니 여간 곤혹스럽지 않았지요. 그런데 놀랍게도, 영어를 잘 못했던 제가 그 여성의 말을 알아들을 수 있었습니다. 신기하게도 아시아 사람들은 문법이나 발음이 정확하지 않은 영어를 서로 잘 알아듣지요. 그렇게 아시아 스타일의 영어로 얼마간 이야기를 나눴습니다. 이분이 매우 자랑스러워하면서 들려준 이야기에 따르면, 그는 미국 남자와 결혼해서 미국에 가려고 비행기를 기다리는 중이었습니다. 저로서는 그 자부심이 잘 이해되지 않았지만 그러려니 하고 넘어갔습니다.

그런데 그곳에 도착해서 강사를 섭외하며 지내는 며칠 동안 비슷한 일을 계속 겪었습니다. 이미 수십 년 전 일이지만, 당시 그 나라는 강대국의 한 주로 편입되기를 바랐습니다. 그 나라에서 가장 큰 성공은 강대국 시민과 결혼하는 것이었으며, 강대국 언어를 사용하는 것을 자랑스럽게 여겼습니다.

제가 동료 간사와 함께 다른 지역으로 이동할 때, 함께 버스를 탄 사람들이 해 준 말은 더욱 놀라웠습니다. 저희가 가는 그 지역에서는 젊은 여성들을 싼값에 살 수 있으니 맘껏 즐기라고 했습니다. 제 귀를 의심하지 않을 수 없었지요. 자기 나라 사람을, 딸 같은 여성을 외국인 관광객의 노리개로 추천하며 '싼값' 운운하다니요! 이 나라 사람들 자존심은 도대체 어디 있나 싶었습니다. 물론 그 나라가 겪은 오랜 식민 통치와 여러 정치적 문제를 생각하면 한편으로는 이해도 갔으나, 자기 나라에 그렇게 긍지가 없는 국민이라니 제게는 큰 충격이었습니다.

그들은 다른 나라 사람이 되기를 간절히 바랐고, 다른 나라 방식대로 살고 싶어 했습니다. 강대국 국민이 되기를 열망했고, 그게 안 되면 강대국 말이라도 유창하게 하기를 바라며 그 능력을 자랑스럽게 여겼습니다. 반면에 현재 자기가 속한 나라에 관해서는 관심도, 긍지도, 소망도 없었습니다.

우리 그리스도인은 어떨까요? 우리는 우리가 속한 나라에 자긍심과 소망을 가지고 살아가고 있나요? 아니, 우리가 어떤 나라에 속해 있는지를 제대로 알고는 있나요? 많은 그리스도인은 자신이 하나님나라에 속해 있다는 사실 자체를 잘 알지 못하고, 그런 이야기를 어떤 상징이나 개념으로 받아들이는 것 같습니다. 더군다나 하나님나라에 속했다는 의미가 무엇인지를 잘 알지 못하는 것 같습니다. 우리는 하나님나라에 속했으나 세상에서 살아가는 사람이라는 이중 국적자 신분을 자주 망각합니다. 우리 자신이 누구인지, 어디에 속했는지가 분명하지 않으면, 앞서 이야기한 여성처럼 자랑스럽지 않은 것을 자랑스러워하고, 추구하지 말아야 할 것을 추구하며 살기 쉽습니다. 결과적으로 우리가 속한 나라로부터 누릴 수 있는 엄청난 복과 유익은 모두 잃어버리고, 세상에 속한 사람들과 전혀 다르지 않게 살게 됩니다. 그렇다면, 하나님나라에 속한 '우리'는 과연 누구일까요?

"너희는"

년	월	일

년	월	일

자신을 알고 기도하기

마태복음 6장에 나오는 주기도 바로 앞에는 "그러므로 너희는 이렇게 기도하여라"라는 말씀이 나옵니다. 헬라어 원어 순서대로 하면 "이와 같이, 그러므로 기도하라, 너희는"입니다. 주어 "너희는"이 마지막에 나오는데, 이 말이 없어도 뜻은 통합니다. 명령문에는 굳이 주어가 없어도 되므로 마지막에 덧붙인 "너희는"은 강조용입니다. "너희는" 특별한 나라 사람이므로 "이렇게 기도하라"라는 뜻입니다. 이것이 주기도를 여는 말씀입니다.

강조된 "너희"를 분명히 이해하지 못하면 우리 기도는 잘못된 방향으로 나아갑니다. 자신이 누구인지가 분명하지 않으면 자기 언어가 아니라 다른 언어를 흉내 내기 쉽습니다. 그러므로 주기도를 공부하기에 앞서, 주기도로 기도하는 우리 자신이 어떤 존재인지를 먼저 살펴보아야 합니다.

주기도는 "너희"가 어떤 존재인지를 잘 설명해 줄 뿐 아니라 그 존재에 부합하는 삶을 살도록 이끕니다. 그런데 주기도가 성경 전체의 핵심 본문 중에 포함되므로, 성경 전체의 시각으로 "너희"를 바라보면서 주기도를 이해하면 더욱 유익합니다.

주기도가 들어 있는 마태복음 5-7장의 산상수훈은 예수님 가르침의 정수라고 할 수 있습니다. 실제로 주기도의 "너희"는 산상수훈에서 계속 언급되는 "너희"와 동일한 대상이며, 신약성경 전체와 구약성경에 나타나는 "너희"와 같은 맥락에서 읽어야 합니다.

나는 원래 어떤 사람?

신약성경과 산상수훈이 가르치는 내용을 살펴보기에 앞서 구약성경의 맥락에서 "너희"를 먼저 살펴봅시다. 구약성경은 "너희" 곧 하나님나라 백성이 독특한 존재라고 설명합니다. 이집트에서 노예로 살던 이스라엘이 광야로 나와 하나님나라의 삶을 배우기 시작할 때, 주님은 이렇게 말씀하셨습니다.

> 주님께서 모세에게 말씀하셨다. "너는 이스라엘 자손에게 말하여라. 그들에게 이렇게 일러라. 내가 주 너희의 하나님이다. 너희는 너희가 살던 이집트 땅의 풍속도 따르지 말고, 이제 내가 이끌고 갈 땅, 가나안의 풍속도 따르지 말아

라. 너희는 그들의 규례를 따라 살지 말아라. 그리고 너희는 내가 명한 법도를 따르고, 내가 세운 규례를 따라 살아라. 내가 주 너희의 하나님이다." (레위기 18:1-4)

언뜻 보아도 반복해서 나오는 표현이 있습니다. "따르지 말고", "따르지 말아라", "따라 살지 말아라", "따르고", "따라 살아라." 인간은 무언가를 따르며 사는 존재입니다. 교육이나 사회화를 통해서, 의식적으로든 무의식적으로든, 무언가를 선택해서 그에 따라 살아갑니다.

하나님은 이스라엘 백성을 이집트에서 가나안으로 들어가는 긴 여정으로 초대하면서 이집트와 가나안으로 대표되는 세상의 길을 따르지 말라고 말씀하셨습니다. 고대 이집트의 종교는 다신교였고, 그중에서도 태양신 '라'$_{Ra}$가 가장 중요한 신이었습니다. 이집트의 왕 파라오는 '라의 아들'로 여겨졌습니다. 그런데 하나님은 종교와 정치가 결합해 가장 중요한 이데올로기를 형성하고 있는 이집트 풍속을 따르지 말라고 했습니다. 그런가 하면 이제 곧 들어갈 가나안은 물질적 풍요의 신인 바알을 섬겼습니다. 하나님은 물질 중심적인 가나안의 세계관도 따르지 말라고 말씀하십니다.

이집트와 가나안으로 대표되는 이 세계의 첫 번째 특징은 신을 조작할 수 있다는 생각입니다. 신을 기쁘게 함으로써, 신을 만족시킴으로써, 신을 감동시킴으로써 화를 면하고 복을 받고 번성한다고 믿습니다. 그래서 세상의 길은 필연적으로 자기

중심적입니다. 이것이 이 세계의 두 번째 특징입니다. 어떻게 하면 내가 안전하게 살 것인가, 어떻게 하면 내가 번영할 것인가, 어떻게 하면 내 기쁨을 지속할 것인가, 이런 질문이 기준이 되고, 자기 안전과 행복을 위해 사회적으로 합의한 종교적·정치적 권력에 의지합니다. 세상의 통치권을 수긍하고, 국가와 종교가 자신을 안전하고 행복하게 해 준다고 믿고 기대합니다. 국가의 정체성이 곧 자기 정체성입니다. 이것이 이집트와 가나안 종교의 특징입니다.

그런데 하나님은 그 길을 따르지 말라고 말씀하십니다. 조작해서 복을 받아 내는 존재로 신을 믿거나 따르지 말고, 자기중심적으로 살지 말고, 세상의 통치권 밑에서 안전과 번영을 추구하지 말라고 하십니다. 그 대신에 하나님의 길을 따르라고 하십니다. 그래서 하나님은 법도와 규례를 주셨습니다. 구약성경, 특히 레위기를 보면 수많은 규례와 계명이 나옵니다. 그것을 보고 어떤 사람은 성경이 인간을 억압한다고 말합니다. 그러나 이 규례와 법도들은 인간이 인간 됨을 유지할 수 있도록 하나님이 그어 주신 경계선입니다. 이를 통해 인간은 자신의 존엄성을 지키는 데 필요한 최소한의 선을 알게 됩니다.

저는 고등학생 때 레위기를 처음 읽으면서 큰 충격을 받았습니다. '아니, 설마 이런 끔찍한 일을 인간이 할 거로 생각해서 그러지 말라고 법으로 정해 놓은 거야?' 사전을 찾아 가며 읽어야 그 의미를 알 수 있는 낯선 단어들과 온갖 종류의 금지 사항이 나열돼 있었습니다. 구약성경 레위기 율법들은 인간이 인간다움을 잃어버리고 추해질까 봐 인간에게만 있는 특별한 존엄함을 계속해서 알려 줍니다. 동물은 본능에 따라 움직이고 힘의 논리대로 살아가지만, 인간에게는 본능과 힘의 논리만을 따르지 않는 특별함이 있다고 성경은 끊임없이 강조합니다. 그리고 개개인의 삶만이 아니라 한 사회가 어떻게 건강하게 함께 살아갈 수 있는지를 보여 줍니다.

완전히 다른 사람으로

하나님이 우리에게 바라는 삶은 영적인 삶입니다. 이때 영적인 삶은 물질적인 삶과 반대되는 개념이 아닙니다. 물질, 정신, 감정, 의지, 관계 등이 하나로 통합된 삶입니다. 그렇다면 어떻게 해야 하나님과 인격적 관계를 맺으며 영적인 삶, 곧 통합된 삶을 누릴 수 있을까요? 하나님의 길을 걸을 때 가능해집니다. 그 길의 중심은 하나님입니다. 하나님을 가운데 놓고 따를 때 우리는 하나님이 우리에게 주신 자리에 있을 수 있습니다. 그때 비로소 참된 자유를 누리며 모든 것이 통합된 삶, 의미로 충만한 삶을 누릴 수 있습니다. 이 일은 하나님 중심으로 살아갈 때, 하나님의 길을 따를 때 일어납니다.

그래서 하나님의 길을 따르는 사람은 세상의 통치권과 권력 아래에서 안전함을 구하지 않습니다. 대신 하나님의 통치를 따르며 그 아래 있기를 바랍니다. 물질과 권력, 국가나 사회 질서가 자신을 보호해 주지 않고 하나님이 자신을 지켜 주신다고 믿기 때문입니다. 그래서 하나님은 이스라엘 백성에게 "너희가 이제는 이집트와 가나안 사람들처럼 세상의 길을 따르지 말고, 내가 너희를 특별히 택했으니 나의 길을 따르라"라고 말씀하십니다.

그런데 여기서 한 가지 분명히 해야 할 사실이 있습니다. 이스라엘 백성이 세상을 따르지 않고 하나님을 따를 수 있었던 이유는 그들이 특별해서가 아닙니다. 그들은 특별하거나 뛰어난 민족이 아니었습니다. 오히려 다른 민족보다 규모도 작고, 남다른 자질도 없고, 역사적 뿌리도 깊지 않았습니다. 문화적 유산이랄 것도 없었습니다. 평범한, 어쩌면 열등한 민족이라고 할 수 있습니다. 그들이 세상 대신 하나님을 따를 수 있었던 이유는 그들이 특별해서가 아니라, 그들을 부르신 하나님이 특별한 분이셨기 때문입니다.

구약성경은 이를 반복해서 강조합니다. 레위기 18장 2절과 4절을 보면 "내가 주 너희의 하나님이다"라는 표현이 거듭 나오는데, 여기서 "주"라고 번역된 단어를 개역개정성경에서는 "여호와"로 번역합니다. "여호와"는 하나님의 이름으로 알려져 있습니다. 현대 그리스도인들이 하나님을 향한 경외감을 소홀히 한 지는 오래되었지만, 이스라엘 사람들은 거룩하신 하나님의 이름을 함부로 입에 담을 수 없다고 생각했습니다. 구약성경에 하나님의 이름을 기록해야 할 때도 자음만 따서 "YHWH"라고 표기했습니다. 이를 우리는 여호와나 야훼라고 읽습니다. 하지만 이스라엘 사람들은 신성한 그 이름을 감히 부를 수 없어서 그 단어가 나올 때마다 '아도나이'(주님)라는 말로 바꾸어서 읽습니다. 한글 성경에서 "주"라고 번역된 부분을 영어 성경에서 찾아보면 대문자 LORD로 쓰여 있습니다. 이것이 의미하는 바는, 우리를 부르신 하나님이 모호한 신이 아니라 특별한 이름을 가진, 곧 특별한 인격을 지닌 분이라는 것입니다. 그분의 거룩함과 특별함과 신성함은 인간의 상상을 초월하므로 우리는 감히 그 이름을 부를 수 없습니다. 그 하나님이 이스라엘을 불러 특별한 삶을 누리도록 하셨다는 것, 이것이 하나님나라 백성이 특별한 삶을 살아야 하는 이유입니다. 이를 압축해서 알려 주는 성경 구절이 있습니다.

> "이스라엘 자손 온 회중에게 말하여라. 너는 그들에게 이렇게 일러라. 너희의 하나님인 나 주가 거룩하니, 너희도 거룩해야 한다." (레위기 19:2)

하나님나라 백성이 특별한 삶을 추구해야 하고, 또 누릴 수 있는 이유는 바로 하나님이 특별하시기 때문입니다.

주기도로 기도합니다 ①—①

-

하나님 아버지,
하나님은 하나님이십니다.
인간의 욕망과 신심으로 조작될 수 없으신 창조주이십니다.
그런데도 저의 열심과 믿음으로 제가 원하는 것을
주님으로부터 얻어 내려고 기도했던 것을 회개합니다.

우리에게 자신을 주신 하나님,
하나님을 중심으로 살아가는 새로운 삶을 가르쳐 주세요.
다른 종교와 다를 수밖에 없는 기도를 배우기 원합니다.
기도를 통해 주님을 알아 가고 닮아 가기를 원합니다.

-

저를 특별한 사람으로 부르신 하나님 아버지,
아버지를 만나지 않았더라면…
제 삶은 생각만 해도 아찔합니다.
어딘가에 기댈 수도 없고,
무엇을 위해 걸어가야 할지도 모르는 삶이 아니라,
특별한 삶으로 저를 초대하시고
하나님 안에서 누리게 하시니
정말로 감사드립니다.
내게 소중한 특별한 하나님이 저를 자녀로 삼아 주셨으니
자긍심을 가지고 하나님나라에 속한 자녀답게
살아가게 해 주세요.

주기도를 배우며 기도합니다 ①—①

　　　　　　　　　　　　　　　년　　월　　일

　　　　　　　　　　　　　　　년　　월　　일

1-1. 너희는

반역과 회복

①—②

년	월	일
년	월	일

우리도 그들처럼

그런데 이스라엘 백성은 하나님의 특별한 부르심을 끊임없이 거절합니다. 이 반역은 이스라엘 역사 초기부터 반복되지만, 눈에 띄는 결정적 반역은 사무엘 선지자 이후 왕조가 세워지면서 시작됩니다.

> 그들이 사무엘에게 말하였다. "보십시오. 어른께서는 늙으셨고, 아드님들은 어른께서 걸어오신 그 길을 따라 살지 않습니다. 그러므로 이제 모든 이방 나라들처럼, 우리에게 왕을 세워 주셔서, 왕이 우리를 다스리게 하여 주십시오."
> (사무엘상 8:5)

이스라엘 백성은 사무엘에게 이방 나라들처럼 왕을 세워 달라고 요구했습니다. 물론 사무엘은 만류합니다. 왕을 세우면 백성의 삶이 더 곤고해지므로 왕 없이 지금처럼 하나님의 다스림 아래에서 사는 것이 더 좋다고 설득했지만, 백성은 완고했습니다.

> 이렇게 일러 주어도 백성은 사무엘의 말을 듣지 않고 말하였다. "그렇지 않습니다. 우리에게도 왕이 있어야 되겠습니다. 우리도 모든 이방 나라들처럼, 우리의 왕이 우리를 다스리며, 그 왕이 우리를 이끌고 나가서, 전쟁에서 싸워야 할 것입니다." (사무엘상 8:19-20)

이 본문은 밑줄을 쳐도 될 만큼 아주 중요합니다. "이제 모든 이방 나라들처럼"(5절), "우리에게도"(19절), "우리도 모든 이방 나라들처럼"(20절)이라는 표현은 대수롭지 않아 보여도 이스라엘 백성의 내면 상태가 어떤지를 여실히 드러냅니다. 앞서 살펴보았듯이 이스라엘 백성은 '그들처럼' 살도록 부름을 받지 않고, 오히려 '그들과 달리' 살아야 하는 특별한 존재였습니다. 이스라엘 자신이 특별해서가 아니라 이스라엘을 부르신 하나님이 거룩하시므로 이방 나라들과는 다르게, 거룩하게 살아야 했습니다. 바로 이것을 가르치기 위해 그토록 긴 시간을 광야에서 보냈습니다. 그런데도 가나안에 정착한 이스라엘 백성은 이제 '우리도 그들처럼' 살아야겠다고 거듭해서 요구합니다. 백성의 요구에 마음이 상한 사무엘이 주님께 기도를 드리자 하나님은 슬픈 마음으로 그들의 요구를 들어주라고 말씀하십니다.

> 주님께서 사무엘에게 말씀하셨다. "백성이 너에게 한 말을 다 들어주어라. 그들이 너를 버린 것이 아니라, 나를 버려서 자기들의 왕이 되지 못하게 한 것이다. 그들은 내가 이집트에서 데리고 올라온 날부터 오늘까지, 하는 일마다 그렇게 하여, 나를 버리고 다른 신들을 섬기더니, 너에게도 그렇게 하고 있다." (사무엘상 8:7-8)

이스라엘이 이방 나라들처럼 되겠다는 요구는 하나님을 정면으로 거절하겠다는 선언입니다. 적당히 타협하거나 물 타기 하는 정도가 아니라 그들을 부르신 하나님을 부정하고 자기 정체성을 부인하는 일입니다. 그들의 정체성은 하나님의 독특함, 하나님의 인격성, 하나님의 거룩함에 뿌리를 내리고 있습니다. 그런데 그 정체성을 버리고 이방 나라들처럼 되겠다고 요구합니다. 이는 그들 정체성의 근본인 하나님을 거절하는 것입니다.

하나님의 경고와 심판

이 슬픈 반역은 구약성경에 기록된 이스라엘 역사에서 계속 반복됩니다. 끊임없이 이방 나라들처럼 살고 싶다는 이스라엘 백성에게 하나님은 거듭 경고하며 일깨우십니다. 경고하는 말씀에서 같은 표현이 눈에 띕니다.

> 나 주가 말한다. 너희는 이방 사람의 풍습을 배우지 말아라. 이방 사람이 하늘의 온갖 징조를 보고 두려워하더라도, 너희는 그런 것들을 두려워하지 말아라. (예레미야 10:2)

하나님은 "너희는" 이방 사람들과 다르니 이방 사람들이 두려워하는 것을 "너희는" 두려워하지 말라고 하십니다. 이 같은 경고에도 이스라엘 백성이 계속 귀를 닫자, 하나님의 경고는 점점 더 심각해집니다.

> "너희가 스스로 이르기를 우리가 이방 사람, 곧 여러 나라의 여러 백성처럼 나무와 돌을 섬기자 하지만, 너희 마음에 품고 있는 생각대로는 절대로 되지 않을 것이다. 내가 나의 삶을 두고 맹세한다. 나 주 하나님의 말이다. 내가 반드시 능한 손과 편 팔로 분노를 쏟아, 너희를 다스리겠다."
> (에스겔 20:32-33)

이방 풍습을 배우고 그들을 따라 살고 있는 이스라엘을 향해서, 하나님은 "너희가 나를 버렸으니 나의 분노로 너희를 다스리겠다"라고 말씀하십니다.

> "그러므로 나 주 하나님이 이렇게 말한다. 너희는 너희를 둘러 있는 이방 사람들보다 더 거스르는 사람이 되어서, 내 율례를 따르지도 않고, 내 규례를 지키지도 않고, 심지

어는 너희를 둘러 있는 이방 사람들이 지키는 규례를 따라 살지도 않았다. 그러므로 나 주 하나님이 이렇게 말한다. 내가 친히 너희를 대적하겠다. 그리고 뭇 이방 사람이 보는 앞에서 내가 너희 가운데 벌을 내리겠다." (에스겔 5:7-8)

하지만 이스라엘 백성은 하나님의 규례와 법도를 지키지 않는 정도가 아니라 이방 나라의 도덕적인 관습조차 따르지 않는 지경까지 이릅니다. 여기서 슬픈 말씀이 나옵니다. 하나님이 "내가 친히 너희를 대적하겠다"라고 하십니다. 하나님이 친히 택하신 백성, 평범하고 보잘것없었으나 하나님이 택하셔서 특별한 존재가 된 이스라엘 백성을 이제 벌하시기로 합니다.

그리고 실제로 하나님의 심판이 이스라엘 백성에게 임했습니다. 북왕국 이스라엘은 기원전 722년에 앗시리아에게, 남왕국 유다는 기원전 586년에 바빌로니아에게 망하고 맙니다. 반복되며 고조되었던 경고 끝에 결국 하나님의 심판이 임합니다. 열왕기하에서는 이스라엘의 실패를 다음처럼 설명합니다.

이렇게 된 것은, 이스라엘 자손이 자기들을 이집트 땅에서 이끌어 내어 이집트 왕 바로의 손아귀로부터 구원하여 주신 주 하나님을 거역하여, 죄를 짓고 다른 신들을 섬겼기 때문이며, 또 주께서 이스라엘 자손의 면전에서 내쫓으신 이방 나라들의 관습과 이스라엘의 역대 왕들이 잘못한 것을 그들이 그대로 따랐기 때문이다. (열왕기하 17:7-8)

> 그러므로 주님께서는 이스라엘에게 크게 진노하셨고, 그들을 그 면전에서 내쫓으시니 남은 것은 유다 지파뿐이었다. 그러나 유다도 또한 그들의 주님이신 하나님의 명령을 잘 지키지 아니하고, 이스라엘 사람들이 만든 규례를 그대로 따랐다. (열왕기하 17:18-19)

북왕국 이스라엘이 먼저 심판을 받습니다. 하나님을 거역하여 죄를 짓고 다른 신을 섬겼으며, 이방 나라 관습과 역대 왕들의 잘못을 그대로 따랐기 때문입니다. 그들은 그래서는 안 되는 사람들이었습니다. 북이스라엘이 망하고 남왕국 유다만 남았는데, 유다 또한 하나님의 명령을 잘 지키지 않고 북이스라엘의 과오를 되풀이했습니다. 그래서 그 이후 열왕기하 18장부터는 유다가 어떻게 멸망해 가는지 기록합니다.

세상의 길을 따라간 이스라엘에게 하나님은 "너희가 두려워하는 것이 칼이므로, 내가 너희에게 칼을 보내겠다. 나 주 하나님의 말이다"(에스겔 11:8)라고 심판을 예고하십니다. 이스라엘이 정말로 두려워해야 할 대상은 하나님인데, 오히려 하나님은 가벼이 여기고 정치권력과 외국의 무력을 두려워하니 하나님이 칼을 보내겠다고 하십니다. 그 심판의 결과로 이스라엘은 하나님이 누구신지 다시 기억하게 될 것입니다.

> "그때에야 비로소 너희는 내가 주인 줄 알게 될 것이다. 너희는 내가 정하여 둔 율례대로 생활하지 않았으며, 내가

정하여 준 규례를 지키지 않고 오히려 너희의 주위에 있는
이방 사람들의 규례를 따라 행동하였다." (에스겔 11:12)

성경이 하나님나라 백성을 향해 "너희는"이라고 할 때 "우리
는"이라고 듣고 받아들이면 우리는 특별한 삶을 살 수 있습니
다. 우리에게 무슨 힘이 있어서가 아닙니다. 우리에게 어떤 능
력이 있어서가 아닙니다. 우리가 특별해서가 아니라 우리를 부
르신 분이 특별하시기 때문입니다. 그것이 단 하나의 이유입니다.

하나님은 다르다

여기서 잠깐 하나님이 얼마나 독특한 분인지를 짚고 넘어갑시
다. 구약성경은 우리를 부르신 하나님이 얼마나 특별한 분인지
를 곳곳에서 전하고 있습니다. 특히 후반부 선지서들은 이스라
엘 백성에게 하나님의 특별함을 더욱 잘 이야기해 줍니다. 이사
야서가 대표적입니다. 다음은 하나님의 독특함과 특별함을 살
펴볼 수 있는 성경 구절입니다.

> 그렇다면 너희가 하나님을 누구와 같다 하겠으며, 어떤 형
> 상에 비기겠느냐? 우상이란 대장장이가 부어 만들고, 도금
> 장이가 금으로 입히고, 은사슬을 만들어 걸친 것이다. 금
> 이나 은을 구할 형편이 못 되는 사람은 썩지 않는 나무를
> 골라서 구하여 놓고, 넘어지지 않을 우상을 만들려고 숙련
> 된 기술자를 찾는다. 너희가 알지 못하였느냐? 너희가 듣

지 못하였느냐? 태초부터 너희가 전해 들은 것이 아니냐? 너희는 땅의 기초가 어떻게 세워졌는지 알지 못하였느냐? 땅 위의 저 푸른 하늘에 계신 분께서 세상을 만드셨다. 땅에 사는 사람들은 하나님 보시기에는 메뚜기와 같을 뿐이다. 그는 하늘을, 마치 엷은 휘장처럼 펴셔서, 사람이 사는 장막처럼 쳐 놓으셨다. 그는 통치자들을 허수아비로 만드시며, 땅의 지배자들을 쓸모없는 사람으로 만드신다. 이 세상의 통치자들은 풀포기와 같다. 심기가 무섭게, 씨를 뿌리기가 무섭게, 뿌리를 내리기가 무섭게, 하나님께서 입김을 부셔서 말려 버리시니, 마치 강풍에 날리는 검불과 같다. 거룩하신 분께서 말씀하신다. "그렇다면, 너희가 나를 누구와 견주겠으며, 나를 누구와 같다고 하겠느냐?" 너희는 고개를 들어서, 저 위를 바라보아라. 누가 이 모든 별을 창조하였느냐? 바로 그분께서 천체를 수효를 세어 불러내신다. 그는 능력이 많으시고 힘이 세셔서 하나하나 이름을 불러 나오게 하시니, 하나도 빠지는 일이 없다.

(이사야 40:18-26)

이 구절에서 강조하는 내용은 무엇인가요? 하나님을 창조주라고 합니다. 하나님은 인간이 만들어 낸 신과 다르다고 합니다. 인간은 자기 필요에 따라 신을 곧잘 만들어 냅니다. 고대 사회에서는 우상을 눈에 보이게 만들고 금과 은으로 치장했습니다. 그 후 인간의 생각하는 능력이 조금씩 진보하면서 눈에 보이는 물질이 아니라 자신의 사상과 사색의 결과물로 신을 만들어 내기에 이르렀습니다. 원시사회든 문명사회든 어느 사회에서든 인간은 종교를 만들어 냈습니다.

종교란 무엇인가요? 절대적인 신념입니다. 우리 삶과 의식을 지배하며 강력한 구속력을 가집니다. 오늘날에도 여러 신이 있지만, 그중 가장 강력한 신은 '돈'과 '나'입니다. 의사결정 과정의 가장 중요한 축이 우리가 섬기는 신, 그 두 가지입니다. 그 둘이 가장 중요하고, 자신의 안위와 행복을 결정한다고 믿습니다.

그러나 하나님은 이렇게 말씀하십니다. "나는 너희가 만들어 낸 신과는 다르다. 나는 너희를 포함해 천지 만물을 만들어 낸 창조주다. 나는 다른 존재다." 눈에 보이지 않는 하나님을 두려워하지도 않고 알지도 못하는 인간에게 하나님은 끊임없이 "너희가 나를 누구와 견주겠느냐"라고 물으십니다. 하나님과 견주면, 우리가 그토록 두려워하는 세상의 통치자, 절대 권력을 가졌다는 지배자들은 그저 허수아비, 풀포기, 검불과 같습니다.

새로운 약속과 회복

이런 특별한 하나님을 이스라엘이 계속 거부하자 하나님은 거듭 경고하시다가 결국에는 심판하십니다. 그런데 놀랍게도 경고와 심판이 끝이 아니고, 그 뒤에 회복이 이어진다고 약속하십니다. 이스라엘의 반역에도 불구하고 하나님이 자비를 베푸셔서 이스라엘을 돌아오게 하겠다는 약속입니다. 이 약속은 구약 성경의 아주 중요한 사상입니다. 특히 선지서에는 회복의 약속이 수없이 나오는데, 그중 백미는 예레미야 31장입니다.

> "그때가 오면, 내가 이스라엘 가문과 유다 가문과 새 언약을 세우겠다. 나 주의 말이다. 이것은 내가 그들의 조상의 손을 붙잡고 이집트 땅에서 데리고 나오던 때에 세운 언약과는 다른 것이다. 내가 그들의 남편이 되었어도, 그들은 나의 언약을 깨뜨려 버렸다. 나 주의 말이다. 그러나 그 시절이 지난 뒤에 내가 이스라엘 가문과 언약을 세울 것이니, 나는 나의 율법을 그들의 가슴 속에 넣어 주며, 그들의 마음 판에 새겨 기록하여, 나는 그들의 하나님이 되고, 그들은 나의 백성이 될 것이다. 나 주의 말이다."
>
> (예레미야 31:31-33)

'새 언약'New Covenant은 새로운 약속, '신약'New Testament을 가리키는 단어이기도 합니다. 구약 시대에 하나님은 자기 백성과 언약을 맺고, 그들을 하나님의 백성답게 살게 하려고 율법을 주셨습니다. 그런데 이제는 새 언약을 이스라엘 백성의 가슴에, 마음 판에 새기십니다. 그런데 선지서 곳곳에서 발견되는 회복의 약속은 안타깝게도 구약성경이 끝날 때까지 이루어지지 않습니다. 그 후 몇백 년간 하나님은 침묵하십니다. 유대인들은 지금도 하나님의 회복을 기대하며 메시아를 기다리고 있습니다. 하지만 그리스도인들은 구약성경 마지막 책 말라기가 끝나고 절망과 침묵의 시기를 지나 마태복음으로 들어갑니다.

> 아브라함의 자손이요 다윗의 자손인 예수 그리스도의 계보는 이러하다. (마태복음 1:1)

17절까지 예수님의 족보가 이어집니다. 그다음에 예수 그리스도가 동정녀 마리아에게서 태어납니다. 그때 이사야 7장에서 언급된 "임마누엘"이라는 단어가 등장합니다. 회복의 약속을 담은 이 단어를 보면서, 구약성경을 읽어 온 사람이라면 '우리가 그토록 기다렸고, 하나님이 약속하셨던 그 회복이 드디어 실현되는구나!' 하는 기대감에 부풀어 마태복음을 읽어 나가게 됩니다. 그리고 마태복음 4장에 이르러 마침내 예수께서 그 약속의 시대가 도래했다고 선포하십니다.

> 그때부터 예수께서는 "회개하여라. 하늘나라가 가까이 왔다" 하고 선포하기 시작하셨다. (마태복음 4:17)

그리고 곧이어 "예수께서 온 갈릴리를 두루 다니시면서, 그들의 회당에서 가르치며, 하늘나라의 복음을 선포하며, 백성 가운데서 모든 질병과 아픔을 고쳐 주셨다"(23절)라는 기록이 나옵니다. 하나님이 오래전부터 약속했던 그 나라, 새 언약으로 세운 하나님나라가 도래했다는 예수님의 선포입니다.

예수께서 가르치신 하나님나라와 구약성경의 이스라엘에는 같은 특성이 있습니다. 그 나라 사람으로 부름 받은 이들은 전혀 특별하지 않은, 매우 평범한 사람들이라는 점입니다. 오히려 많은 그리스도인은 스스로 형편없거나 무가치다고 여기며 괴로워합니다. 이것이 바로 하나님나라 백성의 특징입니다. 별 볼 일 없는 사람, 평범한 사람, 평범 이하인 사람을 불러 모아서, 온 우주와 전 역사의 주인이신 하나님을 아버지라고 부르게 하셨습니다. 그래서 그들은 특별한 사람이 되었습니다. 바울 사도 역시 고린도에 보낸 편지에 다음처럼 적었습니다.

> 형제자매 여러분, 여러분이 부르심을 받을 때에 그 처지가 어떠하였는지 생각하여 보십시오. 육신의 기준으로 보아서 지혜 있는 사람이 많지 않고, 권력 있는 사람이 많지 않고, 가문이 훌륭한 사람이 많지 않았습니다. 그런데 하나님께서는 지혜 있는 자들을 부끄럽게 하시려고 세상의 어리석은 것들을 택하셨으며, 강한 것들을 부끄럽게 하시려고 세상의 약한 것들을 택하셨습니다. (고린도전서 1:26)

약하고 어리석고 평범한 사람들이 하나님나라에 합류해서 그분의 다스림과 사랑을 받기 시작합니다. 하나님나라에 속한 사람의 특징 중 하나는 하나님 말씀대로 잘 살지는 못해도 이상하게 그 속에 하나님을 사랑하는 마음이 있다는 것입니다. 우리가 아무리 용을 쓰고 멋지게 포장해도 매사에 하나님을 따르지는 못합니다. 그런데 또 한 가지 분명한 사실이 있습니다. 우리 속에는 하나님을 사랑하는 마음이 있습니다. 하나님을 잘 따르지는 못해도 하나님을 사랑하는 마음이 있습니다. 우리 마음에 하나님의 법이 새겨져 있습니다. 하나님을 사랑하려는 마음이 새겨져 있습니다. 이것이 바로 새 언약의 특징입니다. 그러면서 하나님의 은혜를 누리며 만유의 주인이신 그분과의 관계가 회복되는 것, 더는 세상을 따르지 않고 하나님을 따르기로 결단하는 것, 이것이 바로 하나님나라에 속한 사람의 특징입니다.

어떤 면에서 우리는 하나님나라에 특별히 선발된 사람들입니다. 어디에 지원해서 선발된 적 있으신가요? 초등학교 때 저는 합창대에 들어가고 싶었습니다. 정말 간절히 원했지만 노래하는 실력이 한참 모자라서 뽑히지는 못했습니다. 얼마나 좌절감이 심했는지 지금도 또렷이 기억납니다. 그때 형편없는 노래 실력에도 불구하고 기적같이 선발되었다면 얼마나 기뻤을까요? 실력이 뛰어난 친구들도 합격 발표가 나면 무척 기뻐하고 감격했습니다. 이처럼 선발된다는 것은 굉장히 기쁜 일입니다.

그런데 선발되는 것과 차출되는 것은 둘 다 뽑히는 것이지만 뉘앙스가 다릅니다. 당신은 하나님나라에 선발되었나요, 차출되었나요? 많은 그리스도인이 하나님나라에 차출된 사람처럼 살아갑니다. 하나님이 우리를 특별히 선발하셔서 세상을 따르지 않는 삶을 주셨는데, 그 소중한 삶의 가치를 모른 채 억지로 차출된 사람처럼 아무런 기쁨 없이 살아갑니다.

하나님은 지금도 세상을 회복하는 일을 진행하고 계십니

다. 그 일에 우리를 동역자로 부르셨습니다. 그리스도인이 된다는 것은 하나님이 구약 시대부터 품었던 그 염원, 그 간절한 소망이 우리 안에서 이뤄진다는 뜻입니다. "나는 너희 하나님이 되고 너희는 내 백성이 될 것이다. 나를 사랑하는 마음이 너희 속에 새겨질 것이다." 이 놀라운 하나님의 소원은 예수께서 이 땅에 오셔서 하나님나라 복음을 선포하시고 우리가 그 나라에 들어감으로써 성취되었습니다.

주기도로 기도합니다 ①—②

하나님 아버지,
하나님의 부르심을 받은 우리가 세상 사람들처럼 사는 것,
주님을 모욕하며 우리 자신에게 크나큰 부끄러움임을 깨닫습니다.

오 주님!
우리 속에는 끊임없이 세상 사람들처럼 살고자 하는 유혹이 있습니다.
살아 계신 주님을 두려워하고 주님의 경고에 귀 기울이게 하옵소서.

죄지은 우리를 심판하시는 것이 목적이 아니신 하나님,
우리를 회복하시려 메시아이신 예수를 보내 주셨음을 찬양합니다.
평범한 저를 하나님나라를 위해서 선발해 주신 주님,
세상을 회복하는 일에 주님의 동역자로 살고 싶습니다.

하나님 없는 저는 초라하기 그지없습니다.
그러나 저를 택하신 하나님을 믿는 저는,
세상과 구별되어 소중한 가치를 지닙니다.
하지만 주님이 저를 택하셨음을 잊고 사는 것 같습니다.
그러고는 세상 기준에 맞춰 존귀한 사람처럼 보이려고
애쓰는 저 자신을 자주 봅니다.
이 착각의 굴레에서 벗어날 힘을 주세요.

주기도를 배우며 기도합니다 ①─②

년   월   일

년   월   일

비밀   ①—③

| | 년 | 월 | 일 |
| | 년 | 월 | 일 |

새로운 관계들

이제까지 성경이 말하는 "너희"가 누구인지 살펴보았습니다. 오늘은 그중에서도 예수님이 직접 가르치신 산상수훈에 집중해서 '우리'가 누구인지를 살펴보겠습니다. 예수님이 하나님나라에 들어간 사람들에게 전한 메시지가 산상수훈이며, 그래서 산상수훈에는 하나님나라 백성의 특징이 무엇인지가 잘 나타납니다.

그런데 많은 사람이 마태복음 5-7장의 산상수훈을 오해합니다. 예수님의 가장 유명한 설교이며, 그리스도인의 행동 강령이자 새로운 율법이라고 고개를 끄덕입니다. 하지만 그대로 살기는 너무 어렵다면서 읽으면 읽을수록 부담만 된다고 합니다.

산상수훈을 '그리스도인이라면 이렇게 살아야 한다'라는 기준으로 받아들이기 때문입니다. 그렇지 않습니다. 오히려 산상수훈은 "여러분이 하나님의 특별한 부르심을 받아 그 나라 사람이 되었으므로 이렇게 살 수 있습니다"라고 가르칩니다. 다시 말해 산상수훈의 가르침대로 살아야 그리스도인이 되는 것이 아니라, 하나님나라 백성이어서 산상수훈의 가르침대로 살 수 있습니다. 산상수훈은 행위를 강조하는 가르침이 아닙니다. 그런 행위를 할 수밖에 없게 되는 마음 상태, 그 마음을 품게 하는 새로운 관계를 강조합니다. 따라서 산상수훈에는 하나님나라에 속한 사람이 맺게 되는 새로운 관계들이 나타납니다.

첫째는 하나님과의 관계입니다. 마태복음 5장 9절에 "평화를 이루는 사람은 복이 있다. 하나님이 그들을 자기의 자녀라고 부를 것이다"라는 말씀이 나온 다음부터 하나님은 이들의 아버지가 됩니다. "아버지"라는 단어는 그 이후에 계속 등장합니다. "하늘에 계신 너희 아버지"라는 표현이 5장 16절과 45절, 6장 1절과 9절, 7장 11절과 21절에 나오고, "하늘 아버지"라는 표현은 5장 48절, 6장 14, 26, 32절에, "너희 아버지"는 6장 8절과 15절에 나옵니다. 여기서 "너희 아버지"라고 할 때 "너희"는 모두 복수입니다.

신약성경의 원어인 헬라어는 단수와 복수를 매우 명확하게 구분합니다. 산상수훈에서 하나님은 주로 "너희 아버지"라고 표현됩니다. 간혹 "네 아버지"나 "너의 아버지"라고 쓰일 때도 있습니다. 6장 4절에서 한 번, 6절에서 두 번, 18절에서 두 번 나오는데, 모두 "네가" 은밀하게 구제하고 기도하고 금식하면 "남모르게 숨어서 보시는 네 아버지"께서 갚아 주신다는 부분입니다. 그 밖에는 모두 하나님을 "너희" 아버지라고 분명히 밝힙니다.

　여기서 우리가 놓치지 말아야 할 것은 무엇일까요? 하나님과 우리가 아버지와 자녀 관계가 되었다는 사실입니다. 오늘날 '하나님 아버지'는 어떤 관용구처럼 되어 버렸습니다. 그래서인지 하나님이 우리 아버지가 되셨다는 충격적인 소식을 들어도 별로 감격하지 않습니다. '하나님이 우리 아버지가 되셨다'라는 놀라운 사실을 오늘날 그리스도인들이 너무나 평범하고 의미 없게 받아들여서 기독교 신앙이 시들어 가는지도 모릅니다.

　하나님을 아버지라고 부르다니요. 유대인으로서는 상상도 못 할 일입니다. 그들은 성경에 나오는 하나님 이름을 감히 부를 수 없어서 다른 단어로 바꿔서 읽었습니다. 그런데 예수님은 그들을 향해 "너희 아버지", "하늘에 계신 아버지", "하늘 아버지"라며 수도 없이 하나님을 그들의 '아버지'라고 호칭합니다. 이는 아주 놀라운 일입니다. 누구의 아버지가 되는 일에는 큰 책임이 따릅니다. 관계가 좀 친해지고 깊어졌다고 해서 아버지가 될 수 있을까요? 제가 평소에 아끼는 한 청년이 어느 날 불쑥 저를 '아버지'라고 부르면 저는 몹시 당황스러울 것입니다. 그만큼 아버지가 되는 일은 복잡하고 예민한 문제입니다. 그런데 하나님은 친히 우리 '아버지'가 되어 주셨습니다. 이 놀라운 사실은 3장에서 더 자세히 다룹니다. 하지만 이것 하나만은 꼭 기억하고 넘어가면 좋겠습니다. 하나님나라에 속한 사람은 하나님과 아버지-자녀 관계를 맺어서 매우 특별한 사이가 되었고, 예수님은 이 사실을 산상수훈에서 아주 확실하게 밝히십니다.

하나님과의 관계가 변화하면, 자신과의 관계도 변화합니다. 산상수훈 초반의 '여덟 가지 복'(마태복음 5:3-12)은 우리가 누구인지를 분명하게 보여 줍니다. 하나님나라 백성, 하나님의 자녀가 어떤 내적 자세와 자기 정체성을 지녀야 하는지를 구체적으로 알려 줍니다. 사람들이 만족과 안전을 찾아 헤매는 이유는 자기가 누구인지 모르기 때문입니다. 어떤 이들은 만족과 안전을 돈과 인맥에서 찾으려 애씁니다. 학력과 외모와 가정환경과 연봉으로 자신의 독특한 가치를 증명하려고 합니다. 하지만 하나님과 특별한 관계를 맺은 우리는 하나님에게서 만족과 안전을 얻습니다. 자신만의 독특함과 가치 또한 하나님 안에서 발견합니다.

자신과의 관계가 달라지면 타인과의 관계도 변할 수밖에 없습니다. 우리가 산상수훈에서 가장 불편하게 여기는 구절이 그 사실을 잘 보여 줍니다.

> "'눈은 눈으로, 이는 이로 갚아라' 하고 말한 것을 너희는 들었다. 그러나 나는 너희에게 말한다. 악한 사람에게 맞서지 말아라. 누가 네 오른쪽 뺨을 치거든, 왼쪽 뺨마저 돌려 대어라. 너를 걸어 고소하여 네 속옷을 가지려는 사람에게

는, 겉옷까지도 내주어라. 누가 너더러 억지로 오 리를 가자고 하거든, 십 리를 같이 가 주어라. 네게 달라는 사람에게는 주고, 네게 꾸려고 하는 사람을 물리치지 말아라."

(마태복음 5:39-42)

너무 심해 보입니다. 세상에서는 오른뺨을 맞으면 상대의 오른뺨을 맞받아치라고 합니다. 요즘은 더 나아가서 "누가 오른뺨을 때리려고 하거든 네가 먼저 때려라. 선수를 쳐야지, 왜 바보처럼 먼저 당해"라고 가르칩니다. 그런데 예수님은 선수를 치기는커녕 누가 오른뺨을 때리면 왼뺨마저 대 주라고 하십니다. 누가 속옷을 빼앗아 가려고 하면 겉옷까지 챙겨 주라고 합니다. 누가 5리를 억지로 끌고 가면 10리를 기꺼이 가 주라고 합니다. 보통 내공으로는 도저히 불가능한 일처럼 보입니다.

그리스도인이 타인과의 관계에서 세상이 가르치는 방식을 무시하고 예수님이 가르친 대로 할 수 있는 이유는 무엇일까요? 하나님이 우리 아버지가 되셨기 때문입니다. 하나님과 특별한 관계를 맺은 우리는 세상 사람들이 흔히 하는 염려에서 자유로워졌습니다. 마태복음 6장 19-34절이 이 점을 잘 가르쳐 줍니다. 예수님은 돈을 모으고 쌓느라 고심하지 말고, 안전 때문에 염려하지 말라고 하십니다. 돈이 움직이고 맘몬의 지배를 받는, 그래서 끊임없이 염려하는 세상에서 자유로워지라고 말씀하십니다. 그뿐 아니라 '여덟 가지 복'에서 이어지는 마태복음 5장 13-16절에서는 세상과의 관계를 선명하게 보여 줍니다.

우리가 세상에서 소금과 빛의 역할을 하며 살 것이라고 선언합니다. 이렇게 산상수훈이 제시하는 삶은 하나님나라 백성이 되었기에 가능해진 삶입니다.

새로운 캐릭터
산상수훈이 보여 주는 하나님나라 백성의 독특성은 다음 두 구절로 요약됩니다.

> "그러므로 그들을 본받지 말아라." (마태복음 6:8)

> "이방 사람들도 그만큼은 하지 않느냐? 그러므로 하늘에 계신 너희 아버지께서 완전하신 것같이 너희도 완전하여라." (마태복음 5:47-48)

하나님나라 백성인 너희는 세상을 따라 세상처럼 되지 말고, 하나님을 따라 하나님처럼 되어라. 이것이 하나님의 요청이며 산상수훈의 가르침입니다.

    이 같은 요청과 가르침은 필연적으로 세상에서 갈등을 유발합니다. 세상 방식과 충돌하기 때문입니다. 하나님나라는 우리에게 불편해지는 것을 두려워하지 말라고 요구합니다. 부대낌을 감수하라고 합니다. 산상수훈을 가르친 예수 그리스도 역시 치열하게 부대끼면서 죽음을 맞았습니다. 하나님나라의 삶은 조금 고상하게 사는 것이 아닙니다. 평범한 삶에서 고급스러

운 삶으로 업그레이드되는 것도 아닙니다. 흰색과 검은색이 다
르듯이 완전히 달라지는 것입니다.

　　우리가 산상수훈을 좋아하지 않는 이유가 이 때문입니다.
우리는 하나님의 사랑을 알고 하나님의 은혜도 받았으나, 산상
수훈대로 살지 못할뿐더러 그렇게 살 자신도 없습니다. '내가
이렇게 살 수 있을까? 하나님이 나를 특별한 존재로 불러 주셨
으니 이렇게 사는 게 맞는 것 같지만, 너무 힘들고 많이 부대낄
것 같은데 가능할까?' 이런 두려움 때문에 산상수훈이 버겁게
만 느껴집니다. 그래서 산상수훈은 멀리하고 싶은 말씀, 특별한
사람들만을 위한 말씀이 되고 맙니다. 하나님의 사랑을 받았으
니 하나님을 떠날 수는 없지만, '나같이 평범한 사람'이 하나님
나라 백성답게 사는 것은 불가능하다고 생각합니다. 상황이 힘
들고 어려워서 하나님나라 백성으로 사는 것은 포기한다고 해
도, 하나님 은혜로 그 사랑이 마음에 새겨져 있어서 하나님을
떠날 수도 없습니다. 복음은 기쁜 소식이지만 그렇게 살 자신은
없습니다. 이 딜레마를 어떻게 해야 할까요?

주기도를 중심으로 퍼져 나가는 동심원
우리가 주기도를 공부하는 이유가 바로 이 때문입니다. 주기도
는 산상수훈의 중심이며, 하나님나라 백성에게 가장 중요한 메
시지입니다. (주기도가 산상수훈에서 차지하는 중심 위치에 대해서는 김세
윤 박사가 《주기도문 강해》에서 잘 소개하고 있습니다.)

　　산상수훈은 다음처럼 구성되어 있습니다. 처음 5장 3-16

절은 '여덟 가지 복'과 '빛과 소금'에 대한 말씀으로 하나님나라 백성의 정체성이 무엇인지 알려 줍니다. 그다음 5장 17-48절은 구약성경을 재해석해 하나님나라 백성들에게 새로운 삶의 방식을 가르칩니다. "옛사람에게 말한 바"로 시작해서 "…한 것을 너희가 들었으나 나는 너희에게 이르노니"로 가르침이 이어집니다. 6장 1-18절은 자선, 기도, 금식 등 하나님나라 백성의 신앙생활에 관해 가르치는데, 당시 관행과는 다른 새로운 가르침을 설파합니다. 6장 19절-7장 12절은 하나님나라 백성이 다르게 살 수 있는 근거인 근본적인 신뢰에 관해 이야기합니다. 돈이 아니라 하나님을 의지하는 것이 그 비밀입니다. 마지막으로 7장 13-29절은 하나님나라 백성이라면 얻게 되는 열매와 표지를 이야기합니다.

5:3-16	하나님나라 백성의 정체성	정체성
5:17-48	하나님나라 백성의 새로운 삶의 방식	삶의 방식
6:1-18	하나님나라 백성의 신앙생활	신앙생활
6:19-7:12	하나님나라 백성의 근원 : 하나님 신뢰	삶의 방식의 근원
7:13-29	하나님나라 백성의 열매와 표지	정체성의 표지

위의 표처럼 산상수훈은 '신앙생활'을 중심에 두고 그 앞뒤에서 새로운 삶의 방식과 그 근원을 이야기하고, 다시 그 바깥을 하나님나라에 속한 사람의 정체성과 그 표지가 에워싸고 있습니다. 한가운데에 하나님나라 백성의 신앙생활이 있습니다. 그런

데 더 흥미로운 점은 신앙생활을 다룬 부분(6:1-18)에서 자선과 기도와 금식을 이야기하는데, 그 중심에 기도가 있습니다. 기도에 대한 가르침(5-15절)은 다시, 위선자나 이방인의 기도를 본받지 말라는 내용(5-8절)과 주기도(9-13절), 그리고 그 기도를 온전히 드릴 수 있게 하는 용서에 대한 가르침(14-15절)으로 나뉩니다. 기도에 대한 가르침 중심에 주기도가 자리하고 있습니다.

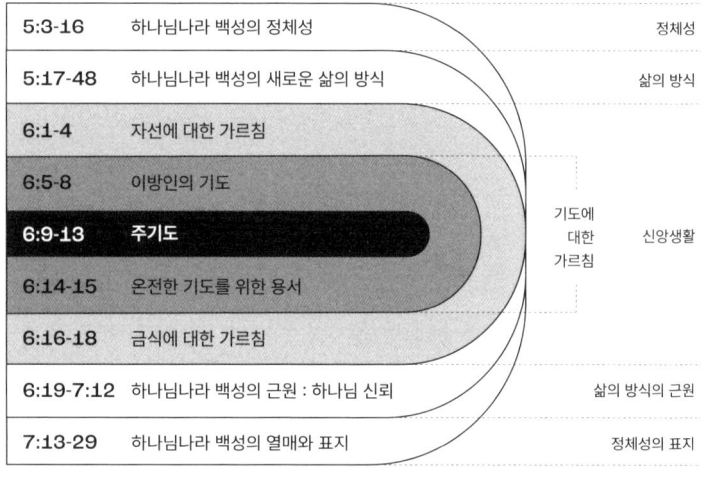

마태복음은 문학적으로 아주 정교하게 쓰인 책입니다. 그중에서도 산상수훈은 마태가 예수님의 가르침을 정교하게 모아 놓은 기록입니다. 그 산상수훈의 핵심에 주기도가 있습니다. 주기도 앞뒤로 이방인의 기도와 용서를 가르치며, 기도에 대한 그 가르침 앞뒤로 자선과 금식에 관해 가르칩니다. 여기까지가 신앙생활이며, 이를 새로운 삶의 방식이 샌드위치처럼 싸고 있습니다. 그리고 가장 바깥이 그리스도인의 정체성과 그 표지인 열매입니다. 따라서 산상수훈이라는 '두꺼운 샌드위치'의 핵심은 바로 주기도입니다.

    우리는 세상에 살면서 거대한 세상에 압박감을 느낍니다. 때로는 위협으로, 때로는 유혹으로 다가옵니다. 그래서 우리 가운데 더러는 자신감을 잃고 두려워하며 좌절합니다. 그렇다면 어떻게 해야 거대한 세상의 압박을 이기고 산상수훈이 가르친 대로 살 수 있을까요? 마태복음은 문학적 구조를 통해 그 비밀이 바로 주기도에 있다고 알려 줍니다. 산상수훈의 핵심은 주기도이며, 산상수훈대로 살아 내는 인생의 중심에 주기도가 있다고 보여 줍니다.

    주기도를 중심으로 신앙생활을 하면 하나님나라 백성다운 삶의 방식이 자리를 잡게 되고, 하나님나라 백성의 정체성도 더 분명해집니다. 그러면 자연스럽게 그에 합당한 열매를 맺으며 살게 됩니다.

주기도로 기도합니다   ①—③

-
하나님 아버지,
주님을 믿고 따르니, 저의 모든 관계가 달라지고 있습니다.
하나님이 저의 아버지가 되셨으니 감사합니다.
팔복에 걸맞은 사람으로 빚어 가 주셔서 감사합니다.
이웃을 사랑하는 법을 배워 가게 해 주셔서 감사합니다.
세상 속에서 소금과 빛이 되게 해 주셔서 감사합니다.
이런 놀라운 삶의 비결을 어디에서 찾을 수 있겠습니까?
기도에 그 비결이 있음을 깨닫습니다.
주님께서 가르쳐 주신 기도가 우리를 붙들 것을 소망합니다.
주님, 이 놀라운 기도를 배우고 싶습니다.
저를 가르치시고, 저를 이끌어 주십시오.

-
아버지, 세상에서
빛과 소금으로 그리스도인답게 살아가는 것이 가능할까요?
스스로 그리스도인답게 살아 내고자 하는 노력이 전부였다면,
수없이 넘어지며 도전했겠지만 결국에는 포기했을 것입니다.
그런데 오늘 주님이 가르쳐 주신 기도에서 제가 어떤 존재인지,
더 나아가 하나님나라 백성답게 살아가는 힘이
하나님과의 관계에서 비롯된다는 사실을 알게 해 주셔서 감사합니다.
오늘도 하나님을 따라 살아가기 위해 주님 앞에 섭니다.
주님의 온전하심을 닮아 가며 주님과의 사귐이 더욱 깊어져 가는
기도의 사람 되기를 원합니다.

주기도를 배우며 기도합니다 ①—③

년　　월　　일

년　　월　　일

1-3. 비밀

기도로 만들어지는 나

하나님나라 백성이 드리는 기도는 무엇일까요? 하나님과 소통하는 것입니다. 하나님과 관계를 맺는 것입니다. 그 소통과 관계에서 하나님나라 백성의 제일 중요한 정체성이 형성되고 강화되고 더욱 깊어집니다. 사실 세상도 끊임없이 기도하게 만듭니다. 사람들이 왜 기도하는지, 어떻게 기도하는지, 무엇을 위해 기도하는지를 보면 세상이 얼마나 간절히 기도하게 만드는지를 알 수 있습니다. 하지만 예수님이 직접 가르쳐 주신 주기도는 기도해야 하는 이유, 기도하는 내용과 방법을 새롭게 바꿉니다.

    이 땅에서 하나님나라 백성으로 살아가는 힘은 어디서 나올까요? 우리같이 평범한 사람을 하나님나라 백성으로 살아가게 만드는 비밀은 어디 있을까요? 그 답이 우리 안에 없음은 그 누구보다 우리 자신이 잘 압니다. 그 동력은 우리를 부르신 하나님에게서 나옵니다. 하나님과 소통할 때 다르게 살 수 있는 가능성이 열립니다.

세상에서의 압박과 긴장을 뚫고 평안에 이르는 힘이 바로 예수님이 가르쳐 주신 기도에서 나옵니다. 실상은 우리가 주기도를 외워서 하나님께 기도를 드리는 것이 아니라, 오히려 주기도가 우리를 형성하여 우리 자신을 하나님께 드리게 만듭니다.

주기도는 누구나 드릴 수 있는 기도가 아닙니다. 하나님나라 백성만이, 스스로 존재하시는 하나님이 불러낸 사람만이 드릴 수 있습니다. 그들만이 하나님과 소통함으로써 산상수훈의 가르침대로 살 수 있습니다. 그 놀라운 비밀이 주기도에 담겨 있습니다. 그래서 기도를 들여다보면 기도하는 사람이 누구인지가 나타납니다. 당신은 기도하시나요? 아니면 기도하지 않나요, 어떤 이유가 있나요? 당신은 어떤 자세로 기도하나요? 어떤 내용으로 기도하나요? 무엇을 위해 기도하나요? 한 사람의 기도는 그가 누구인지를 여실히 보여 줍니다. 하나님나라 백성은 주기로로 기도하기 시작한 사람이며, 주기도가 가르치는 삶을 추구하는 사람입니다. 그리고 주기도를 삶에서 실현하기 시작한 사람입니다.

기도에 관한 책을 수백 권 넘게 읽는다고 기도가 깊어질까요? 경험은 글로 배울 수 없습니다. 직접 해 보아야만 얻을 수 있습니다. 오늘날 그리스도인이 이토록 허약한 이유는 주기도의 비밀을 배우지 못해서가 아닐까요? 주기도로 기도하면, 주기도가 우리를 붙듭니다.

주기도를 깊이 공부하는 동안 당신의 기도 속으로 주기도를 끌어들일 수 있기를, 아니 주기도 속으로 당신이 깊이 들어가기를 간절히 소원합니다. 주기도에 관한 신학이 깊어지거나 성경을 이해하는 폭이 넓어지는 것이 우리 목표가 아닙니다. 한 작가가 말했듯이 성경의 모든 가르침과 교리는 기도하게 하기 위한 것입니다. 왜냐하면 기도는 하나님과 관계 맺는 것이기 때문입니다. 기도에 대해 읽거나 듣는 데서 그치지 말고, 실제로 기도하시기 바랍니다. 기도를 배우십시오. 더 깊은 기도 속으로 들어가서, 이 땅에서 하나님나라 백성으로 사는 법을 누리십시오.

주기도로 기도합니다 ①

짧은 기도
살아 계신 하나님,
주님의 기도를 배움으로 세상의 길이 아닌
하나님의 길을 따를 수 있기를 소원합니다.

긴 기도
사람에 의해 조작될 수 없으신 하나님 아버지,
제 기도에는 하나님을 믿기 전의 못된 습성이 남아 있습니다.
주님의 부르심을 입었으니 세상 사람들처럼 기도하지 않겠습니다.
주님이 가르치신 기도에 대해 읽고 학습하는 것을 넘어서길 원합니다.
실제로 주님 앞에 나아가 기도 드림으로 기도를 배우고
하나님나라 백성으로 사는 법을 누리게 하소서.

# 주기도를 배우며 기도합니다 ①

　　　　　　　　　　　　　　　　　　　　년　　　월　　　일

짧은 기도

긴 기도

주기도로 기도합니다 ①

짧은 기도
제 생명의 근원이신 하나님,
하나님을 생명의 주님답게 대우해 드릴 기회를 주시니 감사합니다.

긴 기도
저에 의한, 저를 위한 주님이 아니라,
주님이 주님 되시고 저는 주님을 따르며
주님 안에서 완전해지는 삶을 살기 원합니다.
그 안에서 주님과 친밀하게 살겠습니다.
예수님, 사랑합니다.

주기도를 배우며 기도합니다 ①

년　월　일

짧은 기도

긴 기도

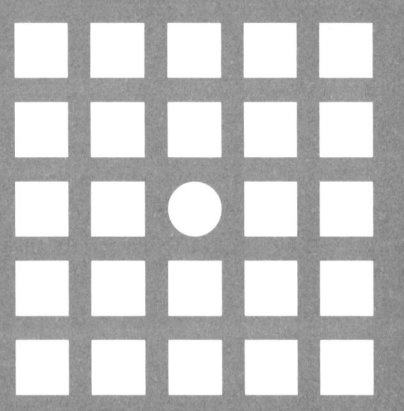

"이렇게 기도하여라"

②	하나님나라 백성의 기도	70
②-①	"너희는 기도할 때에…처럼 하지 말아라"	72
②-②	"이렇게 기도하여라"	84
②-③	기도의 열매	98

하나님나라 백성의 기도 ②

_____ 년   월   일

_____ 년   월   일

하나님나라 백성의 기도는 독특합니다. 물론 기도는 기독교의 전유물이 아닙니다. 어느 종교에서나 나타나는 보편적인 종교 행위입니다. 그러나 기도하는 모습은 종교마다 다릅니다. 어떻게 기도하는지를 보면 그 종교의 특성을 알 수 있습니다. 불교의 기도나 명상은 자신에 대해 깨닫고 자신을 비우는 성찰의 시간입니다. 어떤 종교는 금욕이나 고행을 통해 자신을 찾기도 하고 신에게 무언가를 요청합니다. 우리나라 민간 신앙의 기도는 "지성이면 감천"이라는 생각에 기대어 정성을 쏟는 형태를 띱니다. 이처럼 많은 종교와 신앙에서 기도는 기도하는 사람의 구도하는 모습에 중점을 둡니다. 자신을 절제하고 단련하고 비우고 정성을 담습니다. 어떻게 기도하느냐에 따라 결과가 달라진다는 생각이 깔려 있습니다.

그러나 하나님나라 백성의 기도는 기도하는 자신이 아니라 기도를 받으시는 하나님께 초점을 맞춥니다. 얼마나 정성껏 간절하게 기도하느냐가 아니라, 기도를 받으시는 하나님이 특별하시므로 기도에 의미가 있습니다. 주기도가 중요한 이유도 동일합니다. 예수님이 직접 가르치신 기도에 무슨 신비한 비결이 있어서도 아니고, 주기도 자체에 무슨 효험이 있어서도 아닙니다. 주기도를 들으시는 하나님이 독특하시기에 하나님나라에 속한 사람이 드리는 주기도가 독특한 것입니다.

"너희는 기도할 때에…처럼 하지 말아라"   ②—①

	년	월	일
	년	월	일

이 장에서는 주기도를 살펴보기에 전에, 하나님나라 백성의 기도가 '아닌 것'을 먼저 짚어 보려고 합니다. 1장에서 산상수훈의 구조를 설명하면서 산상수훈의 핵심에 신앙생활이 있고, 신앙생활의 핵심에 기도가 있고, 기도의 핵심에 주기도가 있음을 확인했습니다. 우리가 하나님나라 백성의 기도를 익히려면 예수님이 주기도를 가르치시기 전에 "너희는 이렇게 기도하지 말아라"라고 당부하신 내용을 먼저 살펴보아야 합니다.

> "너희는 기도할 때에, 위선자들처럼 하지 말아라. 그들은 사람들에게 보이려고, 회당과 큰길 모퉁이에 서서 기도하기를 좋아한다. 내가 진정으로 너희에게 말한다. 그들은 자

기네 상을 이미 다 받았다. 너는 기도할 때에, 골방에 들어가 문을 닫고서, 숨어서 계시는 네 아버지께 기도하여라. 그리하면 숨어서 보시는 너의 아버지께서 너에게 갚아 주실 것이다. 너희는 기도할 때에, 이방 사람들처럼 빈말을 되풀이하지 말아라. 그들은 말을 많이 하여야만 들어주시는 줄로 생각한다. 그러므로 그들을 본받지 말아라. 하나님 너희 아버지께서는, 너희가 구하기 전에, 너희에게 필요한 것이 무엇인지를 알고 계신다. 그러므로 너희는 이렇게 기도하여라." (마태복음 6:5-9상)

1장에서 우리는 "너희는"에 담긴 하나님나라 백성의 독특한 정체성을 이야기했습니다. 우리가 누구인지, 왜 위선자나 이방 사람처럼 기도해서는 안 되는지는 이미 배웠습니다. 자신이 누구인지를 분명하게 자각하고 있는 우리에게, 예수님은 따르지 말아야 하는 기도를 더 분명하게 알려 주십니다.

위선자처럼 기도하지 말아라

우리가 따르지 말아야 할 첫 번째 기도는 위선자의 기도입니다. 예수님 당시 유대인들은 하늘을 향해 두 손을 펼친 자세로 기도했습니다. 그런데 위선자들은 "사람들에게 보이려고 회당과 큰길 모퉁이에 서서 기도하기를" 좋아했습니다(마태복음 6:5). "위선자"(개역개정성경에서는 "외식하는 자")는 '세상을 무대로 여기고 연기를 펼치는 사람'이라고 정의할 수 있습니다. 무대 위에서는 자신이 아닌 다른 사람의 모습을 보여 주게 됩니다. 위선자의 기도에는 자신의 의로움을 드러내거나 영적이고 거룩한 모습, 영험하고 능력 있는 모습을 연기함으로써 사람들의 갈채를 받으려는 목적이 숨어 있습니다. 그러므로 위선자의 기도는 사람들 이목을 끌게 마련입니다.

기도의 올바른 목적은 하나님을 영화롭게 하는 것입니다. 그런데 위선자의 기도는 자신을 영화롭게 합니다. 하나님보다 자신과 다른 사람을 더 의식하는 위선자의 기도는 이미 상을 받았다고 예수님은 말씀하십니다. 그들이 원하는 것은 사람들의 주목과 인정을 받고, 그로써 영광을 받는 것입니다. 이렇게 기도하는 이들은 실제로 그 영광을 받습니다. 그들은 이미 상을 받았습니다.

오늘날 우리는 사람들이 다 보는 데서 드러내 놓고 기도하지 않습니다. 오히려 누가 볼까 봐 짧고 간단하게 기도하는 때가 많습니다. 예수님이 지적한 위선자들처럼 기도 시간에 옷을 차려입고 회당이나 큰길 모퉁이에 서서 기도한다면 우스꽝스러워 보일 것입니다. 그렇다면 위선자의 기도와 우리는 아무 상관이 없을까요? 아닙니다. 위선자의 기도란 기도의 내용과 형식으로 다른 사람에게 좋은 인상이나 영향력을 끼치려는 기도를 말합니다. 하나님께 드리는 기도로 다른 사람에게 영향을 주려는 행위는 손을 들거나 옷을 차려입지 않았어도 분명히 위선자의 기도, 외식하는 기도입니다.

위선적 기도는 혼자 기도할 때가 아니라 여러 사람이 함께 기도할 때 잘 나타납니다. 어떤 사람은 기도하면서 성경 지식을 자랑합니다. 창세기부터 요한계시록까지 성경 전체를 망라합니다. 누구보다 성경 내용을 잘 아시는 하나님께 성경을 설명하는 이유가 무엇일까요? 또 어떤 사람은 기도하면서 평상시에는 잘 사용하지 않는 아름다운 미사여구로 말잔치를 벌입니다. 일상적이고 진실한 감정 상태는 접어 두고 기도를 위해 따로 만들어 낸 감정을 내세우고, '거룩한 목소리'를 내려고 애쓰기도 합니다. 물에 빠진 한 사람이 하나님께 살려 달라고 기도했는데 결국 익사하고 말았답니다. 하늘나라에 가서 하나님께 여쭸더니 "오, 그게 너였니? 처음 듣는 목소리여서 모르는 사람인 줄 알았다"라고 답하셨다는 우스갯소리도 있습니다.

철야 기도나 새벽 기도를 하다 보면 종종 졸게 되는데, 졸면서 기도하는 것이야 어쩔 수 없지만 한참 졸다가 인기척이 나면 갑자기 큰 소리로 기도합니다. 주위 사람을 의식하는 것입니다. 그런가 하면 기도인지 설교인지 알 수 없는 기도도 있습니다. 기도 중간에 누군가 뛰쳐나가기도 합니다. 설교 같은 그 기도가 자신을 향한 질책으로 들려서겠지요. 하나님께 드려야 할 기도를 사람을 향해 말하는 기회로 삼기 때문에 벌어지는 일입니다.

이러한 기도들은 모두, 하나님께 집중하지 않지 않고 사람들을 의식하는 위선자의 기도입니다. 그런데 위선적 기도를 드리는 사람은 홀로 기도하는 시간이 현저히 적은 경향을 보입니다. 그들은 다른 사람에게 보여 주려고 기도하기 때문에, 혼자

기도할 때보다 다른 사람들과 함께 기도할 때 더 집중하고 더 열정적으로 기도합니다. 그러나 하나님나라에 속한 사람의 기도는 사람에게 보이기 위해서가 아니라 은밀한 곳에서 하나님께 집중합니다.

이방인처럼 기도하지 말아라
우리가 드리지 말아야 할 두 번째 기도는 이방인의 기도입니다. 이방 사람들은 기도할 때 "빈말을 되풀이"하며, "말을 많이 하여야만 들어주시는 줄로 생각"한다고 예수님은 지적합니다. 위선자의 기도가 다른 사람의 주의를 끌기 위한 기도라면, 이방인의 기도는 자기 노력을 통해 하나님의 주의를 끌고 하나님을 감동시키려는 기도입니다.

반복해서 드리는 기도가 모두 나쁜 것은 아닙니다. 예수님도 겟세마네 동산에서 세 번 기도하셨고, 바울도 육체의 가시를 제거해 달라고 반복해서 기도했습니다. 바울이 세 번 기도했다는 것은 여러 번, 충분히 기도했다는 뜻입니다. 현대에도 반복해서 드리는 좋은 기도가 많습니다. 기도문을 사용하거나 같은 단어를 반복함으로써 하나님께 집중하기도 합니다. 이것은 우리가 하나님께 나아가는 데 도움이 되는 기도 형식입니다. 반복해서 드리는 기도가 나쁜 것이 아니라 "빈말을 되풀이"하는 헛된 반복이 나쁩니다.

헛되이 반복하는 기도를 잘 보여 주는 예가 열왕기상 18장에 나옵니다. 하나님의 선지자인 엘리야와 바알의 선지자들이 양쪽에 제단을 쌓고 나뭇더미를 부린 다음에 자기가 섬기는 신에게 기도해서 어느 신이 불을 내리는지 보기로 합니다. 기도에 응답해 불을 내리는 신이 진짜 신이라는 것입니다. 바알의 선지자들은 "바알이여, 응답하소서. 바알이여, 응답하소서" 하고 아침부터 낮까지 반복해서 기도했습니다. 여섯 시간 넘게 간절히 기도했는데도 아무런 응답이 없자 바알 선지자들은 칼과 창으로 자해하기 시작합니다. 신의 동정심에 호소해 응답을 얻어 내려는 모습은 헛되이 반복하는 기도의 전형이라고 할 수 있습니다.

이와 비슷하게 종종 잘못 사용되는 기도가 금식 기도입니다. '밥까지 굶어 가며 기도하는데 하나님이 내 정성을 봐서라도 기도를 들어주시겠지' 하는 생각은 이방인이 기도를 드리는 모습과 다를 바가 없습니다. 뭔가 희생하지 않으면, 뭔가 내걸지 않으면, 뭔가 자극적인 행동을 하지 않으면 하나님의 관심을 얻을 수 없다는 생각은 대단한 착각이며, 하나님을 모욕하는 것입니다. 얼마나 많은 그리스도인이 기도 행위를 통해 하나님께 자신의 지극정성을 전달하려고 하는지 모릅니다. '이렇게 간절히 기도하면 응답해 주시겠지' 하며 드리는 기도를 예수님은 헛되다고 말씀하십니다. 하나님은 우리 아버지시므로 정성으로 감격시키고 동정심을 유발해서 주의를 끌 필요가 없습니다.

사도행전 19장 34절에도 대표적인 이방인의 기도가 나옵니다. 군중이 "에베소 사람의 아데미 여신은 위대하다!"라고 두 시간 동안이나 외칩니다. 너무나 비인격적인 기도입니다. 이런 기도는 오히려 기도를 받는 대상을 모욕하고 무시하는 행위입니다.

비인격적으로 무작정 신을 감동시키려는 기도의 반대편 극단에는 매우 기계적으로 드리는 기도가 있습니다. 의미 없는 언어를 반복해서 읊는 것 역시 비인격적인 이방인의 기도입니다. 대표적인 예가 식사 기도입니다. "하나님잘먹겠습니다아멘!" 하고 순식간에 기도하고 말이 끝나자마자 첫술을 뜰 때가 얼마나 많은지요. 그렇게 기도할 바에야 차라리 기도하지 않는 편이 더 낫습니다. 헛되게 기도하는 것은 기도를 받으시는 분을 모욕하는 것입니다. 짧은 시간이라도 마음을 담아 똑바로 기도를 드려야 합니다.

어떤 사람은 기도할 때 "주여", "주님"이라는 말을 수시로 반복합니다. 같이 기도하다가 옆 친구가 "주여"를 하도 많이 해서 세어 보니 1분에 서른 번을 넘게 하더군요. 주나 주님이라는 호칭은 매우 고귀하지만, 그 친구에게 "주여"는 단순히 쉼표에 지나지 않았습니다. 의미 없이 입버릇처럼 부르는 "주여" 역시 이방인의 기도입니다.

종교적 형식주의자처럼 기도하지 말아라

그런데 주기도를 오용하는 대표적인 기도는 종교적 형식주의자의 기도입니다. 제가 대학을 졸업하고 신학교에 가기 위해 노회에서 예비 시험을 치렀을 때 주기도와 사도신경을 외워서 쓰라는 문제가 나왔습니다. 저는 다행히 합격했습니다만 많은 사람이 조사를 잘못 써서 점수를 많이 잃었습니다. 주기도를 토씨 하나 틀리지 않게 외워야 한다는 이런 생각이 바로 종교적 형식주의입니다. 그들의 주장이 맞다면 주기도를 외울 때 개역한글성경과 개역개정성경 중 어떤 번역본을 기준으로 해야 할까요? 새번역성경이나 찬송가에 실린 주기도를 기준으로 하는 것은 괜찮을까요? 주기도는 마태복음에도 있고 누가복음에도 기록되어 있는데, 어느 쪽을 원본으로 보아야 할까요? 종교적 형식주의자들은 이런 것에 지나치게 얽매입니다.

  예수님이 주기도를 소개하면서 "이렇게 기도하여라"라고 하셨는데, 영어 성경을 살펴보면 "이런 방식으로"in this manner, NKJV, "너희가 어떻게 기도해야 되는지"this is how you should pray, NIV, "이런 형식을 따라서"after this manner, KJV 등으로 표현되어 있습니다. 예수님은 이 기도문을 외워서 꼭 이대로 하라고 하지 않으셨습니다. 대신, 이런 방식과 이런 순서로, 이런 내용으로 기도하라고 가르치셨습니다. 예수님이 기도를 기도'문'으로 가르치신 적이 없기 때문에 누가복음과 마태복음의 주기도가 서로 다릅니다. 물론 두 기도에 담긴 정신은 같습니다.

  오늘날 많은 사람이 주기도를 그저 외웁니다. 그리스도인의 모임에 목회자가 없을 때, 진행자가 흔히 이렇게 말합니다. "자, 오늘 목사님도 안 계시니 주기도로 폐회하겠습니다. 하늘에 계신 우리 아버지……." 한국에서 주기도를 가장 자주 오용하는 사례입니다. '주기도문'에서 가운데 있는 '기도'가 빠지면 '주문'만 남습니다. 실제로 우리가 드리는 많은 주기도문이 기도가 빠져 버린 주문에 불과합니다. 이 놀랍고 담대하고 대단한 기도를 한낱 주문으로 전락시키는 기도가 바로 종교적 형식주의자의 기도입니다. 그런데 종교적 형식주의자의 기도보다 더 무서운 기도가 있습니다. 바로 이신론자의 기도입니다.

이신론자처럼 기도하지 말아라

이신론理神論은 신의 존재를 인정합니다. 신이 세상을 만들었다고도 생각합니다. 그러나 세상은 창조된 후에 자동으로 돌아가고 있으며, 신은 멀찍감치 떨어져서 세상일에 관여하거나 개입하지 않는다고 생각합니다. 그래서 이신론자들은 기도하지 않습니다.

종교적 형식주의자의 기도라도, 이방인의 기도라도, 위선자의 기도라도, 기도하는 것이 기도하지 않는 것보다는 낫습니다. 기도에 관한 가장 큰 문제는 잘못된 기도를 하는 것이 아니라 기도하지 않는 것입니다. 만에 하나 잘못된 기도를 하더라도 하다 보면 하나님이 기도를 가르쳐 주십니다. 그래서 기도가 성장하게 됩니다. 하지만 가장 안타까운 경우는 기도하지 않는 사람입니다. 왜 기도하지 않을까요? 하나님이 자기 인생에 개입한다고 믿지 않기 때문입니다. 기도하지 않아도 세상은 돌아가고, 기도하지 않아도 인생에 별문제가 없다고 생각합니다. 이신론자는 하나님의 개입을 기대하지도 않고 원하지도 않습니다. 그러므로 하나님의 개입을 요청하지 않습니다.

현대 그리스도인 중에도 많은 수가 이신론자이거나 실제

로는 무신론자이지 않을까 추측합니다. 기도를 놓아 버린 수많은 그리스도인은 신의 존재를 믿는다고 하면서도 그 신이 우리 인생과 사회에 개입한다고 생각하지 않습니다. 그러니 실제로는 무신론자인 셈입니다. 그들에게 세상은 그냥 돌아가는 곳입니다. 결국 그들은 세상 속에서 세상을 이끌어 가시는 하나님과 끊어지고 맙니다. 하나님이 지으신 세상 안에 있으나, 하나님의 관점으로 자기 인생과 사회를 해석하는 놀라운 특권을 잃어버리고, 세상 사람들처럼 자기 힘으로 살아가느라고 분주합니다. 그 결과 살아 계신 하나님이 주고 싶어 하시는 놀라운 복을 하나도 받지 못합니다. 기도를 놓치면 하나님을 놓칩니다.

이신론자만이 아니라 많은 그리스도인이 마음속으로 기도한다고 말합니다. 그러나 인격이신 하나님께 기도한다면, 작게라도 소리를 내어 기도할 필요가 있습니다. 마음속으로 하는 기도는 어느새 자기 생각과 뒤섞여 길을 잃습니다. 누구나 자주 하는 경험입니다. 물론 기도 생활을 오래 하고 기도가 깊어지면, 소리 내지 않고도 하나님과 영적 교제를 나눌 수 있습니다. 그러나 기도를 배우는 초보 단계에서는 속으로 기도하다가 딴 생각으로 빠져 한참을 헤매고는 정신이 번쩍 들기도 합니다. 내 마음속 생각의 숲에서 길을 잃는 것은 기도가 아닙니다.

그러므로 작게라도 소리 내서 기도하는 습관이 기도를 처음 배울 때는 필요합니다. 신앙생활을 오래 했는데도 기도가 자기 생각인지 아닌지가 선명하지 않다면, 하나님과 선명하게 소통하기 위해서라도 소리 내서 기도하면 좋습니다.

주기도로 기도합니다　　　②—①

-
저의 기도를 들으시는 하나님,
지금까지 드려 왔던 제 기도를 돌아봅니다.
하나님께서 반겨 들으시기 어려운 기도가 적지 않았습니다.
사람들을 의식한 위선자의 기도,
하나님을 감동시켜서 응답받으려는 기도,
종교적인 형식으로 주기도를 주문으로 만들어 버린 기도,
무엇보다도 하나님의 일하심을 믿지 않아 게을러진 기도….
주님 앞에서 이렇게 기도했음을 회개합니다.
이제 "이렇게 기도하라"며 주님께서 기도를 가르치시니
기도의 방식과 순서와 내용을 배우고 싶습니다.
기도를 배우는 학생으로 주님의 가르침을 따라
기도를 배우게 하소서.

-
하나님과 인격적으로 어떻게 기도해야 하는지,
어떻게 기도하면 안 되는지 하나하나 알려 주시니 감사합니다.
하나님과의 관계 안에서 사랑의 대화보다는…
다른 사람에게 저를 보이기 위한 도구로,
의미 없는 형식으로, 내 뜻을 관철하는 방법으로
기도를 잘못 사용해 왔음을 고백하고 방향을 돌리기를 원합니다.
그리고 제 안에서 주님을 신뢰하지 못함으로
기도하지 않았던 것도 돌이킵니다.
아주 처음부터 다시 기도를 배우고 싶습니다.

주기도를 배우며 기도합니다

년   월   일

년   월   일

2-1. 너희는 기도할 때에…처럼 하지 말아라

"이렇게 기도하여라" ②—②

년   월   일

년   월   일

하나님을 찾고 바랍니다
예수님은 위선자처럼, 이방인처럼, 종교적 형식주의자처럼, 이신론자처럼 기도하지 말라고 하셨습니다. 그렇다면 하나님나라에 속한 사람은 어떻게 기도해야 할까요? 이제부터 우리가 해야 할 기도를 살펴보려고 합니다.

    하나님나라 백성의 기도는 첫째, 하나님을 찾고 바랍니다. 예수님은 "너희는 기도할 때에, 위선자들처럼 하지 말아라"라고 하신 후에 "너는 기도할 때에, 골방에 들어가 문을 닫고서, 숨어서 계시는 네 아버지께 기도하여라. 그리하면 숨어서 보시는 너의 아버지께서 너에게 갚아 주실 것이다"라고 가르치셨습니다. 골방에 들어간다는 것은 하나님께만 집중할 수 있는 환경과 내적 자세를 갖추는 것입니다. 꼭 물리적으로 격리된 공간에 들어가야 하는 것은 아닙니다. 하나님께만 집중하는 기도로 깊이 들어갈 수 있다면 지하철도 골방이 될 수 있습니다. 하지만 외부 환경이나 조건에 계속 신경 쓰인다면 그곳은 골방이 아닙니다. 대체로는 분리된 공간이 도움이 될 때가 많습니다.

또한 골방에 들어가 문을 닫는다는 것은, 우리를 둘러싸고 있는 여러 상황이나 문제를 의지적으로 끊고 하나님만 바라는 것입니다. 우리는 세상에서 많은 짐을 지고 살아갑니다. 염려하고 걱정하며, 위협과 유혹에 시달리고, 슬픔과 아픔을 겪습니다. 그 때문에 골방에 들어가 하나님 앞에 홀로 앉아 있으면서도 여전히 문을 열어 놓은 채 세상의 영향을 고스란히 받을 수 있습니다. 그런 상태에서는 기도한다 해도 하나님께 집중하기가 어렵습니다. 세상의 위협과 유혹이 강력하게 흘러 들어오는 문이 열려 있기 때문입니다. 많은 사람이 기도하려고 골방에 들어가 문을 닫으려고 씨름하다가 문고리만 잡고 시간을 다 써 버립니다. 바깥 소리를 끊어 내기가 그만큼 어렵습니다. 단호히 문을 닫아야 합니다. 골방에 들어가서는 자기 문제를 내려놓고 하나님께 집중해야 합니다. 하나님을 찾는 것이 최우선입니다.

그런데 여기서 주어가 변합니다. 예수님은 산상수훈 전체에서 "너희"라고 호명하시는데 유독 6절에서는 복수가 아닌 단수로 "너"라고 하십니다. 그 이유는, 골방에 들어가 문을 닫는 일은 여럿이 함께 하는 행위가 아니기 때문입니다. 기도는 혼자 하는 것입니다. 예수님은 줄곧 "너희"라고 부르시다가 여기서는 의도적으로 "너"라고 부르시며 주의를 환기합니다. 사람들과 함께한 자리에서 기도할 때도 우리는 각자의 골방에 들어가 문을 닫은 상태에서 하나님 앞에 서야 합니다. 이것이 하나님 나라 백성이 드려야 하는 기도의 첫 번째 특징인 '하나님만 찾고 바라기'입니다.

그렇다면 하나님을 찾고 바라는 기도란 무엇일까요? 기도하는 중에 하나님을 느끼는 기도일까요? 아니면 하나님이 느껴질 때까지 기다리는 기도일까요? 잠잠히 있다 보면 기도하고 싶은 마음이 들거나 뭔가 신령해지는 것일까요? 영혼이 잠잠해져서 하나님께 집중이 될 때까지 기다리는 것일까요? 그렇지 않습니다. 오히려, 살아 계신 하나님께 자기 마음과 생각을 쏟아 놓는 것입니다. 자기 의지로 하나님을 바라보고 그분을 찬양하는 것입니다. 적극적으로 하나님을 찾는 것입니다. 하나님을 원하고 바라는 것, 이것이 기도의 본질입니다.

> "너희는 내 얼굴을 찾으라" 하실 때에 내가 마음으로 주께 말하되 "여호와여 내가 주의 얼굴을 찾으리이다" 하였나이다. (시편 27:8)

남자와 여자가 연애하다가 다투는 때를 생각해 봅시다. 한 사람이 토라져서 얼굴을 돌립니다. 눈을 맞추지 않습니다. 그러면 상대는 "그러지 말고 날 좀 봐 봐. 얼굴 좀 돌려 봐"라고 합니다. 얼굴을 찾는다는 것은 인격적인 대면을 하고 싶다는 뜻입니다.

하나님 얼굴을 찾는 것은 하나님과 대면하고 싶어서 그분 앞에 서는 것입니다. 골방에 들어가 문을 닫는 이유는, 가만히 앉아서 마음을 가라앉히려는 것도, 뭔가 신통한 생각이 떠오르기를 기다리려는 것도 아닙니다. 적극적으로 하나님의 얼굴을 찾기 위해서입니다.

성경을 암송하거나 찬양하면서 하나님을 찾을 수 있습니다. 기도할 때 드리는 찬양은 가능하면 짧고 단순해서 쉽게 외울 수 있으면 좋습니다. 찬양하며, 성경을 암송하며, 좋은 기도문을 읽으면서 하나님께 집중하고 그분 얼굴을 찾으세요. 이것이 바로 하나님나라 백성이 드리는 기도의 첫 번째 특징입니다.

하나님께 가만히 귀를 기울입니다

둘째, 하나님나라 백성이 드리는 기도는 인격적입니다. 하나님과 인격적 관계를 맺고 진실하게 기도하려면 하나님이 어떤 분인지를 잊지 말아야 합니다. 많은 사람이 기도하면서 하나님을 가르치려 듭니다. 지금 뭘 하셔야 하는지, 무엇이 최우선인지를 하나님께 알려 드리려고 합니다. "하나님, 지난번에 말씀드렸는데 아직 그대로잖습니까?" "주님, 잊으셨나요?" "이러시면 안 되죠. 지금 상황이 이러하니 이렇게 저렇게 개입해 주셔야죠." 이렇게까지 말하지는 않아도 마음 자세는 더하면 더했지 덜하지 않습니다. 하나님을 추궁하기도 하고 독촉하기도 하고 심지어 하나님을 교육합니다. 하나님이 어떤 분인지를 잊어버린 기도입니다. 우리가 아버지라고 부르는 "하나님은…우리가 구하기 전에, 우리에게 필요한 것이 무엇인지를 알고 계십니다"(마태복음 6:8).

하나님은 우리에게 있어야 할 것을 우리가 구하기도 전에 이미 다 알고 계십니다. 그리스도인의 기도는 하나님을 알아 가면서 더욱 깊어집니다. 하나님 아버지를 더 깊이 알아 갈수록 우리 기도는 전폭적으로 달라질 수밖에 없습니다. 아버지께 기도하는데 화려한 미사여구로 왜 아부를 떨겠습니까? 아버지를 설득하고 감동시킬 필요가 있을까요? 나를 사랑하는 아버지, 나도 잊어버린 내 기도를 잊지 않으시고 들어주시는 분, 우리 하나님 아버지는 그런 분입니다.

하나님이 어떤 분인지를 기억하며 그분께 나아갔다면, 반드시 '듣는 기도'가 포함되어야 합니다. 다시 한번 연인 관계를 생각해 봅시다. 사랑하는 두 남녀가 데이트하는데, 약속 장소에 나타난 A가 자리에 앉자마자 "있잖아" 하면서 이야기를 시작합니다. 쉴 새 없이 말하는 동안 B는 고개를 끄덕이며 경청합니다. A의 말이 어느 정도 끝나고 B가 입을 열려는 순간, A가 물 한 잔 마시고는 "가 볼게. 이따 봐" 하고는 가 버립니다. 당황스럽지요. 하지만 많은 사람의 기도가 이런 식입니다. 하나님 앞에 나와서 기도의 말을 마구 쏟아 냅니다. 소리를 지르고 그분을 닦달합니다. 그런 다음 하나님이 말씀하시려는 순간에 "예수님의 이름으로 기도했습니다, 아멘" 하고 일어나 가 버립니다. 황망하기 짝이 없는 기도입니다.

우리는 쏟아 놓는 기도만 배우고 인격적인 기도를 잘 배우지 못했습니다. 하나님 앞에 앉아서 마음을 가다듬고 청산유수로 기도의 말을 늘어놓지만, 겨우 몇 분 지나서 할 말이 떨어집니다. 우리가 기도를 어려워하는 이유가 이 때문인지도 모릅니다. 기도 시간 동안 할 말이 너무 없어서 똑같은 이야기를 반복하거나 설득력 있는 근거를 지어내야 하니까 기도가 어려워질 수밖에 없습니다. 그러나 인격적인 기도는 하나님께 말씀드린 시간만큼 하나님 말씀에 귀를 기울이기 위해 침묵하며 그분 앞에 가만히 앉아 있는 것입니다. 그런 기도 가운데 많은 변화가 일어납니다. 하나님 앞에서 기다리는 연습을 해야 합니다. 물론 쉽지 않습니다. 온갖 잡생각이 떠오르고 생각이 혼란스러워집니다. 그때마다 하나님께 집중하고 "하나님, 제가 여기 있습니다. 말씀하소서" 하며 들으려 애써야 합니다. 이것이 인격적인 기도입니다. 내 할 말만 하는 기도는 비인격적입니다.

하나님이 물으시니 듣고 답합니다

인격적인 기도에서 꼭 놓치지 말아야 할 점이 있습니다. 듣는 기도는 답하는 기도입니다. 하나님이 물으시고 우리가 답을 고민하는 과정에서 기도가 바뀌고 인생이 바뀌는 것, 그것이 하나님나라 백성이 드리는 기도의 특징입니다. 많은 사람이 기도하면서 하나님 뜻을 구합니다. 결혼을 위해, 진로를 위해, 자녀를 위해 기도하며 하나님 뜻을 구합니다. 그런데 답이 없을 때가 많습니다. 왜일까요? 하나님이 묻고 계신데도 그 질문에 답하지 않고 도리어 하나님께 질문하기 때문입니다. 기도하는 가운데 하나님의 질문을 듣고 나의 대답이 변해 가는 것이 참된 기도입니다.

주기도 역시 답하는 기도입니다. 하나님 앞에 나아가면 하나님이 먼저 우리에게 물어보십니다. "나를 누구라고 생각하니?" '너에게 나는 누구니?'라는 질문입니다. 그 답이 주기도의 첫 구절 "하늘에 계신 우리 아버지"입니다. '당신은 하늘에 계신 우리 아버지입니다!'

하나님이 또 물어보십니다. "네가 진짜로 원하는 게 무엇이니?" 그래서 이것도 주시고 저것도 해 주시고, 이 문제도 있고 저 문제도 있다며 기도하려는데, 하나님은 정말로 원하는 게 뭐냐고 다시 한번 물으십니다. '너는 나의 영광, 나의 나라, 나의 뜻에 대해 어떻게 생각하니?'라는 질문입니다. 그 대답이 "[하나님의] 이름을 거룩하게 하여 주시며, [하나님의] 나라를 오게 하여 주시며, [하나님의] 뜻을 하늘에서 이루심같이 땅에서도 이루어 주십시오"입니다.

우리 기도는 이렇게 바뀌어야 합니다. 마음에 드는 직장에 들어가는 것, 배우자를 찾아 결혼하는 것, 속 썩이는 배우자가 정신을 차리는 것, 말 안 듣는 자녀들이 착해지는 것을 하나님 뜻이라고 생각하는 대신에, 지금 이 상황에서 "어떻게 해야 하나님 이름을 높일 수 있을까요", "하나님 뜻을 이루려면 무엇을 해야 할까요"라고 물어야 합니다. 그럴 때 기도가 바뀝니다.

"최선을 다했으나 이번에 또 취업에 실패했습니다. 하나님, 당신의 영광과 살아 계심이 어떻게 드러나기를 바라십니까,

당신의 뜻은 무엇인가요?" "제 아이는 소위 비행 청소년입니다. 이 기간이 훗날 오히려 아이가 하나님께 자신을 온전히 드리는 소중한 계기가 될까요? 하나님, 그렇게 되기를 간절히 바라며, 그때를 위해 지금 이 아이를 지켜 주십시오." "결혼하고 싶지만 배우자를 찾지 못하고 있습니다. 제가 어떻게 하나님의 영광을 드러내야 할까요?"

그다음 하나님 질문은 이것입니다. "네게 진짜로 필요한 것이 무엇이니?" '하나님나라 백성으로서, 하나님의 뜻을 이루기 위해, 너에게 필요한 것이 무엇이니?'라는 질문입니다. 주기도는 그 답으로 "오늘 우리에게 필요한 양식을 내려 주시고, 우리가 우리에게 죄 지은 사람을 용서하여 준 것같이 우리의 죄를 용서하여 주시고, 우리를 시험에 들지 않게 하시고, 악에서 구하여 주십시오"라고 기도합니다. 주기도로 기도하면 그 안에서 인생의 많은 답을 찾을 수 있습니다. 우리가 정말 구해야 할 것이 무엇이고 어떻게 살아야 하는지를 가르쳐 주기 때문입니다. 그 결과 자기가 원하는 바를 쏟아 놓고 비는 기도가 아니라 하나님의 관점으로 인생을 바꾸어 나가는 기도를 드리게 됩니다. 관점이 달라지고 인생이 바뀌는 기도는 하나님나라에 속한 사람만이 드릴 수 있는 놀랍고도 담대한 기도입니다.

그래서 하나님의 마지막 질문은 다음과 같습니다. "그렇게 담대하게 기도할 수 있는 근거가 무엇이니? 그렇게 담대하게 살아도 괜찮은 근거는 또 무엇이니?" 우리는 주기도로 이렇게 답하며 기도를 마칩니다. "왜냐하면 나라와 권세와 영광이 아버지께 있기 때문입니다. 그래서 우리는 이렇게 담대하게 기도하며 담대하게 살려고 합니다. 모든 것이 주께 있기 때문입니다." 이것이 주기도입니다.

예수님이 가르치신 기도를 배우고 익히겠습니다

주기도는 하나님의 질문에 응답하는 인격적인 기도입니다. 그래서 누구나 본능적으로 할 수 있는 기도가 아닙니다. 인격적인 기도는 배워야 합니다. 물론 본능적인 기도도 있습니다. 다급한 상황에서 도와 달라고, 살려 달라고 간청하는 기도는 배우지 않아도 할 수 있으며, 하나님을 모르는 사람도 하는 기도입니다. 그러나 하나님나라 백성은 인격적인 기도를 드리며, 그 기도는 배워야 제대로 드릴 수 있습니다. 이것이 하나님나라 백성이 드리는 기도의 세 번째 특징입니다.

예수님의 제자들이 예수님에게 기도를 가르쳐 달라고 청하는 장면이 누가복음 11장에 나옵니다. 요한이 그 제자들에게 기도를 가르쳤듯이 자신들에게도 기도를 가르쳐 달라고 합니다. 유대인은 세례 요한의 제자들이나 예수님의 제자들 모두 기도하는 사람들이었습니다. 유대인 중에 기도하지 않고 사는 사람은 없었습니다. 그런데도 예수님의 제자들은 기도를 가르쳐 달라고 합니다. 왜 그랬을까요? 예수님의 기도가 그들의 기도와 달랐기 때문입니다. 예수님의 기도는 그들이 보기에도 독특했습니다. 예수님은 하나님과 친밀하게 대화하며 기도했습니다. 그래서 제자들은 예수님의 기도를 배우고 싶었습니다. 예수님의 기도는 배워야 드릴 수 있는 기도입니다.

  우리나라를 비롯한 아시아 사람들은 젓가락을 사용합니다. 젓가락으로 밥알뿐 아니라 동그랗고 딱딱한 콩알도 집습니다. 서양 사람들은 여간해서는 젓가락질을 잘 못합니다. 우리도 태어나면서부터 젓가락질을 잘한 것은 아닙니다. 어릴 때 이렇게도 해 보고 저렇게도 해 보며 아주 애를 썼습니다. 잘 안 된다고 포기하지 않고 꾸준히 노력해서 몸에 익혔습니다. 젓가락질도 배워야 제대로 할 수 있는데, 주님이 가르치신 기도를 본능적으로 잘할 수 있다는 생각은 오만입니다. 예수님의 기도는 배워야 합니다.

  그 기도를 배우려면 제일 먼저, 기도 시간을 확보해서 골방으로 들어가야 합니다. 시간 확보만큼 중요한 것은 없습니다. 어떤 사람은 "저는 늘 기도해요"라고 합니다. 하지만 이는 기도가 무엇인지 모르고 하는 말입니다. 하나님이라는 개념이 내 의식의 언저리에 떠다닌다고 해서 다 기도가 아닙니다. 기도는 하나님의 임재 가운데 들어가 그분께만 집중하는 것입니다. 물론 앞에서 이야기했듯이 지하철에서도 기도할 수 있고, 어느 때나 기도할 수 있습니다. 안 하는 것보다는 낫습니다. 하지만 그런 상황에서 하나님께만 온전히 집중하기란 무척 어렵습니다. 더군다나 예수님이 가르치신 기도를 그 같은 상황에서 배우고 익히기란 더 어렵습니다. 그래서 우리는 시간을 따로 떼어서 골방에 들어가서야 하나님께 집중할 수 있고, 그 시간에 기도를 배울 수 있습니다. 우리가 기도를 배우기 위해서 해야 할 첫 번째 일은 기도 시간 확보입니다.

　골방에 들어가서 해야 할 다음 일은 하나님의 질문에 응답하는 것입니다. "나를 누구라고 생각하니?" "네가 진짜로 원하는 게 무엇이니?" "하나님나라에 속한 사람으로 살기 위해 필요한 것은 무엇이니?" "그렇게 담대하게 기도할 수 있는 근거가 무엇이니? 그렇게 담대하게 살아도 괜찮은 근거는 또 무엇이니?" 이렇게 물으시는 하나님에게 정직하게 답하는 것이 기도입니다. 첫 질문에 "당신은 우리 아버지십니다"라고 답할 수 없을지도 모릅니다. "솔직히 아버지로 다가오지 않습니다. 팔짱을 끼고 멀리서 지켜보는 분 같습니다." 이런 답도 괜찮습니다. 하나님은 정답이 아니라 진실한 답을 원하십니다. "하나님, 손이 짧으십니까? 왜 저를 구하지 못하십니까?"라고 반문할 수도 있습니다. 시편에 나오는 기도이기도 합니다. "하나님, 당신은 제게 이런 분이십니까? 아닌 줄 알았는데, 왜 이러십니까?"라며 따져 묻다가 어느 순간 기도가 바뀝니다.

　기도를 배우고 싶나요? 하나님 앞에서 대답하는 기도를 연습해 보세요. 대답하는 기도를 할 때는 주기도를 한 구절 한 구절 자기 기도로 풀어서 기도해 보세요. 기도가 잘 안 될 때 주기도로 기도하면 도움이 됩니다. 아니, 우리 기도는 늘 주기도여야 합니다. 주기도를 배우고 익힐수록 우리 기도는 더욱 선명해지고, 예수님의 기도를 닮아 갑니다.

주기도로 기도합니다

-

기도를 가르치시는 하나님,
그동안 저는 골방을 찾지 않았습니다.
골방에 들어가서도 문을 열어 놓아 시끄러웠습니다.
이제 골방에 들어가 문을 닫고
은밀히 계시는 주님의 얼굴을 찾고 싶습니다.
제가 하고 싶은 말만 하고 일어나는 기도가 아니라
주님이 제게 하시려는 말씀을 듣는 법을 배우고 싶습니다.
제 필요와 꿈과 욕망을 잠시 접어 두고
하나님의 질문에 대답하는 기도를 배우길 원합니다.
주님께서 가르친 기도를 간절히 배우고 싶습니다.
골방에서 저를 만나 주소서.

-

저를 살게 하신 아버지 하나님,
그 이름만으로도 저를 살게 하시고
제 삶에 의미를 부여해 주신,
저의 주인이신 아버지 하나님.
당신의 기도를 배우고 싶었지만
늘 실패하고 다시 제자리걸음이었습니다.
이번에는 기필코 골방에 들어가 문을 닫고
은밀히 계시는 아버지의 얼굴을 찾고 싶습니다.
당신의 말씀을 듣는 법을 배우고
당신의 질문에 답하는 기도를 배우고 싶습니다.
주님께서 가르쳐 주신 기도로 당신을 만나길 소원합니다.

주기도를 배우며 기도합니다 ②—②

　　　　　　　　　　　　　　　　　　　년　　월　　일

　　　　　　　　　　　　　　　　　　　년　　월　　일

기도의 열매   ②—③

_____   년   월   일

_____   년   월   일

하나님 그분 자신

이쯤 되면 근본적인 질문이 생깁니다. 기도가 자신이 원하는 것을 신에게 얻어 내는 것이 아니라면, 주기도로 기도하는 우리가 얻는 것은 무엇일까요? 하나님나라 백성이 기도의 열매로 얻는 것은 무엇일까요?

    예수님은 우리가 기도할 때 하나님이 들으신다고 말씀하십니다. "너는 기도할 때에 골방에 들어가 문을 닫고서 숨어서 계시는 네 아버지께 기도하여라. 그리하면 숨어서 보시는 너의 아버지께서 너에게 갚아 주실 것이다"(마태복음 6:6). 그런데 "숨어서 계시는 네 아버지"(개역개정성경에서는 "은밀한 중에 보시는 네 아버지")가 무슨 뜻일까요?

우리는 기도할 때 하나님은 숨어 계시거나 은밀한 중에 보고 계신다고 느낍니다. 하나님은 숨어 계신 것 같습니다. 하나님을 구하며 그 앞에 앉아 있는데도 하나님은 안 계신 것 같고 당신 존재를 숨기신 것 같습니다. 그런데 하나님나라에 속한 사람이 기도할 때 얻는 것은 무엇일까요? 숨어 계신 것 같은 그분이 우리 기도를 들으셨다는 것입니다. 하나님나라에 속한 사람이 기도에서 얻는 가장 큰 영광과 열매가 이것입니다. 숨어 있는 듯한 그분이 우리 기도를 들으셨습니다. 그분이 우리 기도를 들으셨습니다! 우리가 잘하지 않아도, 지성과 정성을 다해 그분을 감동시키려 애쓰지 않아도, 대단한 희생을 치르지 않아도, 천지의 주인이신 하나님은 단지 우리 아버지시라는 이유만으로 우리 기도를 들으십니다.

C. S. 루이스는 《스크루테이프의 편지》에서 악마가 가장 무서워하는 그리스도인의 기도에 대해 이렇게 이야기합니다. 다음은 악마의 말입니다.

> "만에 하나 네 환자가(인간이)…'자기 머릿속에 존재하는 하나님'이 아니라 '하나님 자신이 알고 계시는 하나님'을 향해 의식적으로 기도의 방향을 돌리면, 그 순간 우리는 궁지에 빠지고 만다."

> "(인간이) 눈에는 보이지 않으나 분명히 그 방 안, 자신의 곁에 실제로 존재하며 객관적으로 외재하는 그 존재에게 자

신을 맡겨 버리기라도 할 때는 그 이후의 일을 장담하기가 정말 어렵다."

악마가 가장 두려워하는 기도는, 우리의 이해와 인식의 범주에 갇힌 하나님이 아니라 그 너머에 계시는 "하나님 자신이 알고 계신 하나님"을 향해 드리는 기도입니다. 은밀히 숨어 계셔서 우리의 오감으로는 감각할 수 없으나 우리 곁에 계시겠다고 약속하신 그 하나님에게 진심을 쏟아 놓는 기도를 악마는 심히 두려워합니다. 왜냐하면 이런 기도는 '하나님은 우리 아버지시므로 분명 우리 기도를 듣는다'라고 믿으며 드리는 기도이기 때문입니다. 악마 스크루테이프는 계속 말합니다.

> "원수(하나님)는 아무 때나 자신이 원하는 수준에서 인간의 영혼이 감지할 수 있도록 능력을 발휘할 수 있는데도 왜 그걸 활용하지 않는지 너도 궁금했겠지. 그러나…단순히 인간의 의지를 제압(원수가 최고로 미약하고 가벼운 정도로만 그 존재를 드러내도 인간의 의지는 간단히 제압당하고 말 걸)하는 건 원수의 계획에 도움이 안 돼. 그는 강간은 못 한다. 사랑을 호소할 뿐이지."

하나님이 톡 건드리기만 해도 우리는 실신할 것입니다. 하나님의 영광이 드러나면 우리는 눈이 멀 것입니다. 그런데 하나님은 우리를 조작하지 않으십니다. 숨어 계시는 듯하나 여전히 실재하시며 우리 기도를 들으십니다. 그분이 오늘 아침에도 우리 기도를 들으셨습니다. 이것이 하나님나라 백성이 드리는 기도가 지닌 힘의 근원입니다.

날개

하나님은 우리 기도를 들으실 뿐 아니라 상을 주십니다. "숨어서 보시는 너의 아버지께서 너에게 갚아 주실 것"이라고 합니다. 그런데 시제가 미래입니다. 하나님나라 백성은 기도하되 구하는 바가 바로 실현되는지에 연연하지 않고, 장차 하나님이 갚아 주실 것에 관심을 둡니다. 기도 응답에 주의를 기울이기보다는 기도하는 중에 하나님을 만나서 기도가 바뀌고, 인격과 인생이 바뀌는 데 주목합니다. 이방인의 기도가 자신이 원하는 것을 신에게 얻어 내려고 공을 들이는 데 반해, 그리스도인의 기도는 하나님을 만나서 자신이 변하는 데 초점을 맞춥니다.

사실 우리는 기도할 때 무엇이 최선인지를 잘 모르고 구할 때가 많습니다. 그래서 때때로 아니 매우 자주, 바라는 것과는 다른 응답을 받습니다. 기도하는 대로 척척 실현되는 경우는 거의 없습니다. 오히려 다른 결과를 얻습니다.

메리 버기스Mary Verghese라는 인도 여성은 좋은 가정에서 태어나 최고의 교육을 받고 의사가 된 인물로, 부러운 것 없는 엘리트였습니다. 하지만 교통사고로 하반신을 잃고 맙니다. 그 과정에서 하나님을 만나고는 아주 유명한 고백을 남깁니다. "두 다리를 달라고 기도했는데, 하나님은 제게 두 날개를 주셨습니다." 비참한 심정에 두 다리를 달라고 간청했는데 하나님은 다른 것, 더 좋은 것을 주셨습니다. 하나님은 우리가 기대하지 못한 것을 상으로 주실 가능성이 큽니다. 하나님은 우리 수준이 아니기 때문입니다. 하나님나라에 속한 사람이 기도할 때는 자신이 원하는 것이 아니라 하나님이 주시는 상을 받습니다.

다시 한번 강조하지만, 하나님은 상을 주실 뿐만 아니라 '이미' 상을 주셨습니다. 우리가 골방에 들어갔기 때문입니다. 골방이라는 단어는 내실內室, 창고, 귀중품을 넣어 두는 곳을 가리킵니다. 그 골방에 누가 계셨나요? 하나님이 숨어 계십니다. 골방에서 우리는 '이미' 보물 중의 보물이신 그분을 만났습니다. 우리는 골방에 들어가 하나님 그분 자신을 얻습니다.

신비한 골방

또한, 우리가 기도할 때 하나님에게 받는 것은 소망과 사랑입니다. 바울 사도는 이렇게 고백합니다. "이 희망은 우리를 실망시키지 않습니다. 하나님께서 우리에게 주신 성령을 통하여 그의 사랑을 우리 마음 속에 부어 주셨기 때문입니다"(로마서 5:5). 기도할 때 우리는 하나님이 우리 아버지이고, 우리가 그분의 자녀임을 확실히 알게 됩니다. "바로 그때에 그 성령이 우리의 영과 함께, 우리가 하나님의 자녀임을 증언하십니다"(로마서 8:16). 이러한 감격은 구약성경에도 나옵니다. "주님께서 당신들을 고이 보시어, 당신들에게 평화를 주시기를 빕니다"(민수기 6:26). 하나님은 그 얼굴을 우리에게로 돌리셔서 평화를 선물로 주십니다. 아버지에게 받은 소망과 평화는 골방에 들어갔다 나온 사람에게서 발견되는 특징입니다.

    어떤 그리스도인은 이렇게 반문할지 모릅니다. "하나님이 아버지이고 자비로우시다면, 내 인생은 왜 이렇습니까? 눈물로 기도하고 금식하며 기도했는데, 하나님은 왜 제 기도를 안 들으시나요? 자녀를 방치하는 아버지가 무슨 아버지입니까!" 고통스러운 질문입니다. 감히 말씀드립니다. 깨지고 상한 세상에서 누구나 겪을 수밖에 없는 고통에 동참하게 하는 하나님 아버지를 아직 만나지 못해서 나온 질문일 수 있습니다. 골방에서 그 하나님을 만난 사람의 답은 달라질 수 있습니다. 그 경험은 신비합니다. 상황은 하나도 바뀌지 않고 고통과 결핍은 여전하고 문제는 해결되지 않았어도, 골방에서 하나님을 만난 사람은 하나님 자녀라는 감격에, 그분에게 받은 소망과 평화에 다시 심장이 뛰기 시작합니다. 골방에서 하나님을 만난 경험은 문제를 바라보는 시각 자체를, 인생을 보는 관점 자체를 바꿉니다. 암흑 같은 상황에서도 해처럼 빛나는 얼굴로 골방을 나오는 특권, 하나님나라 백성이 기도할 때 얻게 되는 열매입니다.

주기도로 기도합니다 ②—③

-

저의 골방에 숨어 계신 하나님,
저는 주님이 제 기도를 듣지 않으신다고 생각했습니다.
그런데 저의 골방에서 듣고 계셨던 거군요.
아! 아버지,
주님이 저의 기도를 들으신 것으로 충분합니다.
우주에서 주님이 감쪽같이 사라졌다고 느낄 때가 와도
저는 제 기도를 들으시는 주님께 기도하겠습니다.
제가 원하는 것을, 저에게 정말 필요한 것으로 응답하시는 주님!
골방에서 저의 고통과 결핍을 다루시는 주님을 만나길 소망합니다.
아! 저도 골방에서 주님을 얻기를 갈망합니다.

-

하나님을 느낌이나 감각으로만 알지 않겠습니다.
하나님이 느껴지지 않는 때도
벽에 가로막혀 있는 것 같아도
저의 기도를 들으시고
제 곁에 계시는 하나님을 기억하겠습니다.
그리고 제 생각을 뛰어넘어 제가 생각하는 것보다
더 나은 것을 주시는 하나님을 압니다.
이것을 기억하여 제 판단을 신뢰하지 않고
하나님을 전적으로 신뢰하게 도와주세요.
하나님이 주실 소망과 사랑, 평화, 인도를 기대합니다.
감사합니다.

주기도를 배우며 기도합니다

②—③

　　　　　　　　　　　　년　　월　　일

　　　　　　　　　　　　년　　월　　일

하나님을 찾는 기도

주기도는 하나님을 찾는 기도입니다. 하나님이 우리 아버지임을 확인하는 기도입니다. 우리가 이런 놀라운 기도를 배울 수 있는 이유는 단 하나, 하나님이 우리 아버지이기 때문입니다. 우리는 주기도 속에서 아버지를 만납니다.

    이제 다음 장부터 본격적으로 주기도를 살펴보려고 합니다. 하지만 중요한 것은 주기도를 공부하는 것이 아니라 골방에 들어가서 문을 닫고 기도를 시작하는 것입니다. 시간을 거룩하게 구별해서 주기도로 홀로 기도하세요. 그렇게 함으로써 우리 기도가 주기도를 중심으로 재편성되고 심화하는 경험을 하게 됩니다. 또한 무엇보다, 아버지 하나님을 더 가까이 알게 되고 그분에 대한 확신과 사랑이 더욱 깊어지는 놀라운 일이 일어납니다. 그 일들이 주기도를 배우고 익히는 여정 중에 일어나기를 소망합니다.

주기도로 기도합니다 ②

짧은 기도
기도를 가르치시는 주님,
저로 주님의 기도를 배우게 하옵소서.

긴 기도
골방에서 은밀히 저의 기도를 들어주시는 주님,
기도가 무엇인지 잘 몰라서 하나님을 모르는 자들의 기도와
별반 다르지 않은 기도를 드려왔습니다. 부끄럽습니다.
저의 위선자의, 이방인의, 형식주의자의, 이신론자의 기도를
용서해 주시고, 이제 하나님을 찾는 기도를 드리길 원합니다.
하나님께 귀 기울이고 듣고 답하는 기도가 가능하다니요.
주님께서 가르치시는 기도를 배우고 싶습니다.
골방에서 저의 기도를 들으시는 주님 앞에 앉겠습니다.

주기도를 배우며 기도합니다 ②

   년   월   일

짧은 기도

긴 기도

주기도로 기도합니다 ②

짧은 기도
골방에서 저를 만나주시는 하나님을 찬양합니다.

긴 기도
주님, 제 마음대로 기도하지 않겠습니다.
다른 어떤 목적이나 이유로 기도하지 않겠습니다.
주님이 가르쳐 주신 기도로 기도하겠습니다.
주기도로 하나님과 친밀한 시간을 갖고 싶습니다.

주기도를 배우며 기도합니다 ②

　　　　　　　　　　　　　　　　년　　　월　　　일

짧은 기도

긴 기도

"하늘에 계신 우리 아버지"

| ③ | 기도의 문을 여는 열쇠 | 114 |

③-①	"하늘에 계신"	116
③-②	"우리"	126
③-③	"아버지"	136

기도의 문을 여는 열쇠 ③

　　　　　　　　　　　년　　　월　　　일

　　　　　　　　　　　년　　　월　　　일

　혹시 문 앞에서 '열쇠 어딨지?' 하며 당황한 적 있지 않나요. 요즘은 비밀번호를 많이 사용해서 열쇠를 잘 안 쓰지만, 오히려 비밀번호가 생각이 안 나서 진땀을 뺍니다. 열쇠가 없거나 비밀번호를 모르면 안으로 들어갈 수가 없습니다.

　기도에도 열쇠가 필요합니다. 많은 사람이 기도의 문을 열지 못하고 밖에서 서성이다가 그냥 돌아갑니다. 기도하려고 무릎을 꿇지만 자연스럽게 기도 속으로 들어가지 못해 막막해하고 답답해합니다. 특별한 문제가 생기거나 위기 상황이어서 하나님 앞에서 기도를 토해 놓을 수밖에 없는 상황이라면 몰라도, 시간을 정해 놓고 매일 기도하는 사람에게는 깊은 기도로 들어가는 열쇠가 필요합니다.

앤드류 머리Andrew Murray는 주기도의 첫 구절 "하늘에 계신 우리 아버지"를 '기도의 열쇠'라고 표현했습니다. 닫힌 방에 들어가려면 열쇠가 필요하듯이 하나님의 임재 가운데 들어가려면 이 열쇠가 꼭 필요합니다. 많은 그리스도인이 "하늘에 계신 우리 아버지"를, 기도를 시작할 때 하나님을 부르는 관용구 정도로 생각합니다. 그러나 "하늘에 계신" "우리" "아버지"라는 이 짧은 구절 안에는 기도의 문을 열고 골방으로 들어가는 열쇠가 들어 있습니다.

"하늘에 계신"

③—①

년	월	일

| 년 | 월 | 일 |

보이지 않으나 실제로 있는 곳

기도를 여는 첫 번째 열쇠는 "하늘에 계신"입니다. 하나님이 하늘에 계신다고 하면, 참 멀리 떨어져 있구나 하고 느낄 수도 있습니다. 하지만 성경에서 "하늘"이라는 단어는 히브리어 '샤마임'과 헬라어 '우라노스'를 번역한 것입니다. 이 단어들은 우리가 보는 물리적인 하늘sky뿐만 아니라, 어떤 영적인 세계heaven를 뜻하기도 합니다.

사도행전 1장 11절에서 예수님이 하늘로 올라가실 때, 천사들이 제자들에게 말합니다. "갈릴리 사람들아, 어찌하여 하늘을 쳐다보면서 서 있느냐? 너희를 떠나서 하늘로 올라가신 이 예수는, 하늘로 올라가시는 것을 너희가 본 그대로 오실 것이다." 이 구절에서 "하늘"이라는 단어는 모두 헬라어 '우라노스'를 번역한 것입니다. 영어 성경 NIV은 첫 번째 "하늘"을 물리적인 "하늘"sky로, 나머지 "하늘"을 영적인 영역인 "천국"heaven으로 번역했습니다.

영적인 영역인 하늘heaven에 대해서는 에베소서가 잘 설명해 줍니다. 에베소서에는 "하늘"이라는 단어가 여러 번 나오는데, 다음과 같습니다.

- 하늘에 속한 온갖 신령한 복 _1:3
- 하늘과 땅에 있는 모든 것을 그리스도 안에서 그분을 머리로 하여 통일(시키신다) _1:10
- (예수 그리스도를) 하늘에서 자기의 오른쪽에 앉히(셨다) _1:20
- 우리를 그분과 함께 살리시고 하늘에 함께 앉게 하셨(다) _2:6
- 하늘에 있는 통치자들과 권세자들 _3:10
- 내려오셨던 그분은 만물을 충만하게 하시려고, 하늘의 가장 높은 데로 올라가(셨다) _4:10
- 그들의 주님이시요 여러분의 주님이신 분께서 하늘에 계신다는 것 _6:9
- 하늘에 있는 악한 영들 _6:12

에베소서에 따르면, 하늘에는 하나님만이 아니라, 통치자들과 권세자들도 있고, 악한 영들도 있습니다. 온갖 신령한 복이 있으며, 예수 그리스도께서 내려오셨다가 다시 올라가신 곳이기도 합니다. 또한, 우리도 예수님과 함께 그곳에 앉게 됩니다. 하늘은 하나님이 계신 곳이며, 영적 세계이며, 우리 눈에는 보이지 않으나 영적 실체입니다. 하나님은 우리 눈에는 보이지 않는 영적 세계에 존재하고 계십니다. 그 하늘에 계십니다.

요즘 사람들의 머릿속

그러나 오늘날 많은 사람은 영적 세계를 가리키는 "하늘" 같은 개념에 거리감을 느낍니다. 대다수 현대인은 관찰하고 실험해서 증명할 수 있는 것만 실제로 존재한다고 생각합니다. 이런 세계관을 '물질주의'나 '과학주의'라고도 부르는데, 새로운 기술이 더 나은 세상을 열어 준다고 믿으며 또 그렇게 기대합니다. 작은 예로, 스마트폰이 새로 출시될 때마다 혁신을 기대하는 것도 어쩌면 과학주의를 신봉하는 경향이 아닌가 합니다.

최근에는 과학주의를 넘어서는 새로운 사고방식이 등장했습니다. 지난 10-20년간 귀신, 천사, 전생 같은 미지의 세계에 열린 태도를 보이는 경향이 점점 일반화되었습니다. 과거에는 이러한 소재를 텔레비전 프로그램에서 공포를 자극하는 요소로 주로 사용했지만, 요즘에는 이들을 실재하는 세계로 진지하게 다루는 흐름이 생겼습니다. 또한, 길거리에서 "도를 아십니까?"라고 묻는 사람들은 인간이 만물과 교감할 수 있다고 주장합니다. 단전 호흡을 하는 사람들은 이를 통해 기혈(氣穴)을 열고 뇌 기능을 향상하여 새로운 깨달음을 얻고, 참 자아를 발견할 수 있다고 말합니다. 요가를 하는 사람들은 마지막 8단계에 도달하면 특별한 황홀경을 경험한다고 합니다.

이런 생각들은 우리 안의 숨은 능력을 깨우고, 스스로 깨달음을 얻고, 건강을 관리하고, 해방과 자유를 누릴 수 있다고 주장합니다. 종교적으로 말하자면, 구원에 이를 수 있다고 말합니다. 이런 흐름은 오늘날 부상하는 새로운 사조를 보여 주며, 우리가 아직 알지 못하는 세계가 있다는 생각을 자연스럽게 널리 퍼트립니다.

오늘날 사람들의 머릿속에는 이 같은 두 가지 상반된 생각이 뒤섞여 있습니다. 첫 번째는 '보이지 않는 세계는 존재하지 않는다'라는 생각이고, 두 번째는 '초자연적인 것이 있다면 내 안에서 찾을 수 있다'라는 생각입니다. 이러한 생각들은 우리를 둘러싼 문화를 통해 지속적으로 주입되고 강요됩니다. 그리스도인들이 이런 세상 흐름을 얼마나 거스르고 걸러 낼 수 있을지 의문이 들 때가 많습니다. 그만큼 강력하게 우리를 에워싸고 있기 때문입니다.

우리가 매일 보고 듣는 수많은 콘텐츠에 영향을 받지 않을 수 있을까요? 유튜브 동영상부터 광고와 영화, 예술 작품에 이르기까지 셀 수조차 없는 미디어가 자기 생각을 반복해서 우리에게 주입합니다. 현대인은 다양한 미디어의 콘텐츠에 빠져 잠깐이라도 하늘을 올려다볼 여유를 잃어 버렸습니다. 인생과 세상, 삶과 죽음, 더 나아가 하나님에 대해 생각할 시간은 더욱 줄어들었습니다. 우리는 우리도 모르는 사이에 그러한 것들에 노출되고 포위되어 하나님에 대한 신비와 경외를 점점 잃어버리고 있습니다.

우리 너머에 실재하시는

물질주의와 신비주의가 혼재된 세계에서 우리는 "하늘에 계신" 하나님께 기도합니다. "하늘에 계신"이라는 말은 우리 인식과 경험을 넘어서는 세계가 있다고 인정하는 것입니다. 우리가 "하늘"이라고 말하는 순간, 우리 인식과 경험을 넘어선 그곳에 하나님이 존재한다고 인정하는 것입니다. 우리는 종종 하나님이 우주 바깥 어딘가 더 큰 공간에 계신다고 생각합니다. 하지만 하나님은 그런 공간에 계신 분이 아닙니다. 시간과 공간을 하나님이 창조하셨으므로 "하늘"을 어떤 시공간에 한정해서 이해하는 것은 적절하지 않습니다. 하나님은 우리 생각 이상의 차원에서, 우리가 가늠조차 할 수 없는 차원에서 신비롭게 존재하고 계십니다.

사람들이 왜 기도하지 않을까요? 닫힌 세계관을 가지고 있기 때문입니다. 그들은 하나님이 멀리 떨어져 있거나 우리와 관계가 없다고 생각해서 우리 세계에 개입한다고 기대하거나 생각하지 않습니다. 그래서 기도할 이유도 없고, 기도할 필요도 느끼지 못합니다. 이처럼 현대인은 자신도 모르는 사이에 물질주의 세계관과 과학주의 철학에 잠겨 있습니다. 최근에 나타난, 초자연적 존재나 현상을 인정하는 경향도 자기 안의 숨은 가능성을 계발해 문제를 해결하거나 내적 평화를 얻는 정도에 머뭅니다. 그들도 기도할 이유가 없기는 마찬가지입니다.

이처럼 "하늘에 계신"이라는 기초가 든든하지 않으면 기도할 이유가 사라집니다. 그리고 이 기초가 약하면 우리 기도는 자기 마음을 토해 놓고 카타르시스를 맛보는, 일종의 심리적 위안을 얻는 장치로 전락할 수 있습니다. 누구나 한 번쯤 그런 적 있지 않나요? 기도를 쏟아 내고 나서 시원하지 않았나요? 속에 있는 것을 토해 놓고 심리적 위안을 얻었기 때문입니다. 하지만 하나님은 내 속에 있는 것을 막 토해 놓기에는 너무나 신비한, "하늘에 계신" 분입니다. "하늘에 계신" 하나님께 기도할 때, 우리는 경외심과 신비함을 가지고 그분에게 나아갑니다.

하나님이 "하늘에 계신"다는 사실은 자기 취향대로 신을 만들지 말라는 경고이기도 합니다. 현대 신비주의는 우리 안에 신적인 능력이 있다고 말하지만, 하나님은 우리 마음대로 만들 수 있는 존재가 아닙니다. 그분은 "하늘에 계신" 분이며, 우리의 이성으로 완전히 이해해서 단정하거나 규명할 수 있는 분이 아닙니다. 하나님이 우리를 긍휼히 여겨서 그분을 드러내 주신 만큼, 딱 그만큼만 우리는 하나님을 알 수 있습니다. 하나님에 관해 우리가 아는 지식은 대양의 물방울 하나에 지나지 않습니다. 그럼에도 우리는 그 작은 지식에 기대어 하나님을 더듬어 알고, 하나님을 믿고, 하나님과 인격적 관계를 맺고, 때때로 황홀해합니다. 우리는 그 작은 지식도 겨우 이해하거나 때로는 제대로 이해하지 못합니다. 그러므로 우리는 "하늘에 계신" 하나님께 깊은 신비와 경외심을 품고 나아갑니다.

　기도는 단순히 우리가 원하는 것을 말하는 것이 아니며, 자기 암시나 치료 방법은 더더욱 아닙니다. 오히려 우리 기도는 "하늘에 계신" 하나님께 나아가는 것입니다. 하나님의 다스림이 희미해지고, 하늘이라는 개념조차 아예 사라진 이 땅에서 "하나님, 당신은 하늘에 계십니다" 하고 인정하며 나아가는 것입니다. "하늘"이라는 단어를 심각하게 고려하지 않으면, 하나님을 함부로 대하거나 심지어 기도로 하나님을 모욕할 수 있습니다. 그래서 기도할 때 맨 처음 마음속에 간직해야 할 것은, 우리가 기도를 드리는 하나님이 어떤 분인지입니다. 하나님은 마음씨 좋은 할아버지가 아닙니다. "하늘에 계신" 분입니다. 이것이 기도를 여는 첫 번째 열쇠입니다.

주기도로 기도합니다 ③-①

-

하늘에 계신 하나님,
주님은 하늘과 땅, 그리고 그에 속한 모든 것을 창조하셨습니다.
그 모든 것이 존재하는 시간과 공간도 지으셨습니다.
주님은 그 모든 것의 근원이시며, 그 모든 것 밖에 계십니다.
"밖"이라는 표현도 적합하지 않습니다.
아, 주님을 우리가 어찌 알겠습니까?
주님께서 보여 주시는 만큼만 알 수 있습니다.
이런 놀라운 하나님이 저의 하나님 되심을 찬양합니다.
땅에 있는 저를 감히 하늘에 계신 하나님께 나아가게 하시니
신비감과 경외심으로 주님 앞에 섭니다.

-

하늘에 계신 하나님,
당신께서는 제가 헤아릴 수 없는 신비한 차원에 계십니다.
그 사실을 알게 되니 제가 그동안 얼마나
하나님을 비인격적으로 대했는지 깨닫게 됩니다.
주님, 이러한 찔림 가운데 다시 한번
하늘에 계신 하나님을 바르게 알도록 도와주세요.
그리고 제가 보는 것에 참 영향을 많이
받는다는 사실도 깨닫습니다.
제 마음을 감찰하시는 주님 안에서
알게 모르게 받은 세상의 영향을 잘 돌아보며,
다시금 하늘에 계신 하나님께 시선을 둘 수 있도록 도와주세요.

주기도를 배우며 기도합니다 ③-①

　　　　　　　　　　　　　　　　　　　　　　　년　　월　　일

　　　　　　　　　　　　　　　　　　　　　　　년　　월　　일

3-1. 하늘에 계신

"우리"   ③―②

| 년   월   일 |
| 년   월   일 |

'나'의 기도가 아닌 '우리'의 기도

기도를 여는 두 번째 열쇠는 하늘에 계신 하나님이 "우리" 하나님이라는 사실을 인식하는 것입니다. "우리"라는 말은 수평적 관계를 기반으로 합니다. "우리" 하나님께 기도하면서, 기도하고 있는 자신이 누구인지를 되돌아볼 수 있습니다.

    "우리"라는 인칭대명사는 한국 문화에서 널리 사용됩니다. 친구 사이에서도 우리 엄마나 우리 아빠라는 표현을 서슴없이 사용합니다. 아무리 친한 친구라도 엄마와 아빠를 공유할 수는 없지요. 하지만 그 뜻을 엄밀히 따지기보다는 관용적으로 자연스럽게 사용합니다. 그래서인지 "하늘에 계신 '우리' 아버지"라고 기도하면서도 별다른 감흥 없이 '나의 아버지'라고 생각하기 쉽습니다. 그러나 주기도의 맥락을 살펴보면, "우리"라는 단어에는 특별한 의미가 있습니다.

> "그러므로 네가 제단에 제물을 드리려고 하다가, 네 형제나 자매가 네게 어떤 원한을 품고 있다는 생각이 나거든, 너는 그 제물을 제단 앞에 놓아두고, 먼저 가서 네 형제나 자매와 화해하여라. 그런 다음에 돌아와서 제물을 드려라."
> (마태복음 5:23-24)

형제나 자매와의 수평적 관계가 하나님께 드리는 예배에도 큰 영향을 미칩니다. 우리라고 부를 수 있는 사람, 즉 형제나 자매와 문제가 있는 채로 드리는 기도와 예배는 부적격입니다. 예수님은 이런 문제들이 해결되어야만 진정한 기도와 예배를 드릴 수 있다고 가르치십니다. 수평적 관계가 수직적 관계, 즉 하나님과의 관계와 긴밀하게 연관되어 있다는 뜻입니다. 예수님은 주기도를 가르치신 후에, 수평적 관계에서 서로 용서하는 것이 얼마나 중요한지를 강조하셨습니다.

> "너희가 남의 잘못을 용서해 주면, 너희 하늘 아버지께서도 너희를 용서해 주실 것이다. 그러나 너희가 남을 용서해 주지 않으면, 너희 아버지께서도 너희의 잘못을 용서해 주지 않으실 것이다." (마태복음 6:14-15)

주기도에도 죄 용서에 대한 기도가 포함되어 있습니다("우리가 우리에게 죄 지은 사람을 용서하여 준 것같이 우리의 죄를 용서하여 주시고"). 그런데 예수님은 이 기도가 끝난 직후에 용서의 중요성을 다시 한번 강조하십니다. 그런데도 우리는 주기도를 '우리'라는 관점에서 깊이 고민하지 않고, 단지 '나'의 기도라고 생각합니다. 이로 인해 오늘날 기도는 그저 개인의 필요를 아뢰는 기도, 자신의 어려움을 해결하고 복을 구하는 수단으로 전락하고 말았습니다. '나'의 기도는 경건한 삶을 추구하는 길이 될 수도 있지만, 잘못하면 개인주의나 기복주의로 치달을 위험을 항상 안고 있습니다.

어른들의 축복 기도에 자주 등장하는 표현이 있습니다. "용의 머리가 되고 뱀의 꼬리가 되지 말게 하소서." 그런 기도를 들을 때면 섬뜩한 상상이 떠올랐습니다. 모두가 용의 머리가 되면 어떻게 될까요? 모두가 용의 머리가 되면 뱀의 머리가 오히려 드물고 가치 있게 여겨질지도 모릅니다. 더군다나 기독교는 하나님이 우리에게 뱀의 꼬리로 살라고 하면 그 삶을 감사히 받아들이고 순종해야 한다고 가르칩니다. 뱀의 꼬리를 거부하고 용의 머리만을 추구하는 기도는 비성경적이며, 개인의 성공과 형통만을 꾀하는 기도가 될 위험이 큽니다.

한 하나님을 한 아버지로

그런데 여기서 말하는 "우리"는 누구일까요? 이기주의를 벗어나려고 폭을 조금 넓힌 내 주변까지일까요? 아니면 인류 전체를 포괄하는 것일까요? 다시 말해, 자신만 위해 기도하지 말고 가족과 친구들을 위해 기도하라는 뜻일까요? 아니면 모든 인류를 품고 기도하라는 뜻일까요? 여기서 말하는 "우리"는 실체가 분명합니다. 결코 좁은 의미의 우리나 너무 넓어서 모호한 우리가 아닙니다.

> 예수가 그리스도이심을 믿는 사람은 다 하나님에게서 태어났습니다. 낳아 주신 분을 사랑하는 사람은 다 그분이 낳으신 이도 사랑합니다. (요한일서 5:1)

"그분이 낳으신 이"는 '그분이 낳으신 자녀'로 번역해도 괜찮습니다. 예수님을 그리스도로 믿는 사람은 다 하나님에게서 태어났고, 자신을 낳아 주신 그분을 사랑하며, 그분이 낳으신 다른 자녀 또한 사랑합니다. 우리는 예수를 믿을 때, 하나님의 자녀, 곧 하나님나라 백성이 되고, 그 나라 공동체에 속합니다. 그래서 혼자만의 신앙생활은 애초에 불가능합니다. 신앙생활은 시작부터 공동체에서 출발합니다. 하나님과 아무 사이도 아니던 이들이 하나님을 아버지로 부르면서 그 자녀가 되고, 자신처럼 하나님을 아버지로 부르는 이들과 한 자녀이자 '우리'라는 정체성을 형성합니다.

여기서 '우리'는 수많은 그리스도인을 막연히 가리키는 것이 아닙니다. 얼굴을 알고, 서로 대화를 나누는 그리스도인을 구체적으로 가리킵니다. 우리는 서로 생각도 다르고 성향도 다르며, 그리스도가 아니었다면 만날 일도 없었겠지요. 그러나 하나님께서 아무 상관없는 우리를 하나님의 자녀인 '우리'로 만들어 주셨습니다. 이러한 결속은 기도의 문을 여는 마지막 열쇠인 "아버지"와도 깊이 연결됩니다. 이처럼 주기도는 한 그리스도 안에 있는 형제자매로서 서로를 의식하며 드리는 기도입니다. 그래서 우리가 서로의 사정을 알고 인격적 관계를 맺고 있을 때 더욱 깊고 진하게 이 기도를 드릴 수 있습니다.

우리말 주기도에는 '우리'라는 단어가 여섯 번 나옵니다. "하늘에 계신 우리 아버지"로 시작해서 "오늘 우리에게 필요한 양식을 내려 주시고, 우리가 우리에게 죄 지은 사람을 용서하여 준 것같이 우리의 죄를 용서하여 주시고, 우리를 시험에 들지 않게 하시고, 악에서 구하여 주십시오"까지 계속 '우리'라는 표현이 등장합니다. 그런데 원래 헬라어 성경에는 '우리'가 아홉 번 나옵니다. "하늘에 계신"부터 "땅에서도 이루어 주십시오"까지는 똑같이 '우리'가 한 번만 나옵니다. 그런데 그다음부터는 아주 촘촘히 등장합니다. 그 '우리'를 다 쓰면 우리말로는 조금 어색해져서 생략하는 게 자연스럽습니다. '우리'를 원래대로 다 살리면 다음과 같습니다.

"하늘에 계신 우리 아버지, 그 이름을 거룩하게 하여 주시며, 그 나라를 오게 하여 주시며, 그 뜻을 하늘에서 이루심같이 땅에서도 이루어 주십시오. 오늘 우리에게 우리의 일용할 양식을 내려 주시고, 우리가 우리에게 죄 지은 사람을 용서하여 준 것같이 우리의 죄를 우리에게서 용서하여 주시고, 우리를 시험에 들지 않게 하시고, 우리를 악에서 구하여 주십시오."

주기도는 '우리'라는 단어로 가득 차 있습니다. 여기서 '우리'는 모호한 대상이 아닙니다. 주님께서 가르치신 이 기도는 구체적인 공동체를 전제하고 있습니다. 하나님을 아버지로 부르게 된 하나님나라에 속한 사람들, 하나님이 부르신 우리 형제자매들, 그들을 마음에 품고 드리는 기도가 주기도입니다. 그래서 우리의 기도는 마음에 품는 사람들만큼만 확장됩니다. 기도할 때 마음에 품을 형제자매나 공동체가 떠오르지 않는다면, 불행한 사람입니다.

사랑이 넓어지는 만큼 기도도 넓어진다

어떤 이들은 매우 추상적인 '우리'에 관해 이야기합니다. 우주적 교회와 그리스도인을 말하나, 피부에 와닿는 '우리'는 없을 때가 더러 있습니다. 그러나 주기도의 '우리'는 보편적이고 우주적인 그리스도인이 아니라 생활에서 부딪치고 만나서 아웅다웅 싸우기도 하는 사람들입니다. 그들은 서로의 사정을 잘 압니다. 예수님은 이런 '우리'가 함께 모여 하나님을 고백하라고 가르치셨습니다. 이렇게 할 때, 우리는 자신이 속한 작은 공동체의 몇몇 사람들을 넘어서, 좀 더 큰 공동체를 '우리'로 부르며 기도할 수 있습니다.

이렇게 기도하면, 한국 교회를 위해 기도할 때도 좀 더 실체감을 가지고 구체적으로 기도할 수 있습니다. 자신이 책임지고 돌보는 형제자매가 없고 속한 교회 공동체가 없으면, 한국 교회를 위한 기도도 모호해지기 쉽습니다. 개념만 있고 껍데기만 그럴듯한 기도가 될 수 있습니다. 우리의 사랑이 작고 구체적이고 인격적인 관계에서 점점 확대될 때 '우리' 기도 역시 넓어지면서 깊어집니다.

'우리'는 점점 확장됩니다. 자신이 사랑하는 형제자매에서 작은 공동체로, 자신이 섬기는 교회로, 더 나아가 한국 교회로까지 넓어집니다. 그뿐 아니라, 지구상의 모든 하나님나라 백성에까지 이를 수 있습니다. 기독교가 새로운 문화권으로 들어갈 때, 성경 전체가 번역되기도 전에 십계명과 주기도가 먼저 소개되고 외워집니다. 전 세계 모든 하나님나라 백성은 주기도로 기도합니다. "하늘에 계신 우리 아버지"라고 할 때, '아, 내가 지구상의 모든 그리스도인이 드리는 기도를 함께 드리고 있구나' 하는 생각이 듭니다. '우리'의 폭이 거기까지 넓어지면서 깊은 연대감을 느끼고 감격하게 됩니다. 혼자 드리는 기도가 아니라, 전 세계 모든 하나님나라 백성이 함께 우리 아버지에게 기도한다는 감격이 찾아옵니다. 따라서 주기도는 함께 배우고 실천해야 하는 중요한 기도입니다.

우리 기도는 늘 자신이나 가족의 기도로 함몰될 위험이 있습니다. 하지만 '우리'로 함께 기도하기 시작하면 그 위험에서 벗어날 수 있습니다. 서로를 위해 기도하고, 함께 속한 교회,

한국 교회, 이 땅에서 고통받는 하나님 사람들과 연대해 기도하면 '우리'의 범위가 넓어집니다. 이런 기도는 내용 또한 구체적이고 실제적인 간구로 가득 차서 하나님이 원하시는 기도로 점점 변화합니다. 혼자서 기도할 때는 이런 차원으로 나아가기가 어렵습니다. 예수님이 가르치신 기도는 개인적이라기보다 공동체적이며, 전 세계적입니다.

주기도로 기도합니다 ③—②

-

우리의 하나님,
지금껏 기도할 때 저는 너무 자주 저 혼자만 생각했습니다.
제 문제, 제 가족, 제 상황을 아뢰느라 바빴습니다.
그런데 오늘 "우리"의 중요성을 깨닫습니다.
교회 공동체를 이룬 형제자매들과 함께
더 나아가 이 땅의 모든 그리스도인과 함께
아버지 하나님께 나아가 기도드리는 것이었군요.
나의 하나님을 넘어서, 우리의 아버지가 되신 하나님!
저의 마음이 넓어져서, 우리의 범위가 조금씩 자라 가길 기도합니다.
공동체적이고 하나님의 세계를 품는 기도를 배우게 하소서.

-

거룩하신 하나님 아버지, 우리 하나님 아버지.
기도의 지경이 왜 넓어져야 하는지 오늘 배웠습니다.
오랜 시간 기도를 드린다고 했으나
저와 제 가족에 국한되어서 더 넓은 기도를 드리기에는 쑥스럽고,
제가 뭐라고 국가와 민족과 세계를 위해 기도하나 생각했습니다.
하지만 하나님의 자녀라면 꼭 해야 함을 깨닫습니다.
공동체로서 우리가 해야 할 기도를 오늘 배우고 익힙니다.
앞으로 조금씩 더 넓은 기도를 배우고 익혀서
그리스도인으로서 공동체적이고
하나님의 세계를 품는 기도를 드리게 하소서.

주기도를 배우며 기도합니다 ③―②

　년　　월　　일

　년　　월　　일

3-2. 우리

"아버지"   ③―③

| 년 | 월 | 일 |
| 년 | 월 | 일 |

하나님이 우리 '아버지'라니

앞서 기도의 문을 여는 열쇠 두 가지를 살펴보았습니다. 첫 번째 열쇠는 "하늘에 계신"이었고, 두 번째 열쇠는 "우리"였습니다. 전자는 하나님을 계신 그대로 이해하는 철학적 기초였고, 후자는 수평적 관계에 근거한 기초였습니다. 이제 마지막으로, 어쩌면 가장 중요한 세 번째 열쇠를 소개합니다. 그것은 바로 "아버지"입니다. 이 열쇠는 수직적 관계에 근거한 기초입니다.

    세 번째 열쇠가 가장 중요한 이유는 무엇일까요? 우리가 "하늘에 계신" 하나님을 경외하며 나아간다 해도, 하나님을 믿는 사람들과 함께 기도한다 해도, 하나님이 우리 기도를 꼭 들으셔야 할 이유는 없습니다. 게다가 대개 우리 기도는 하찮은

편이라서 전 우주를 다스리며 이끌어 가시는 하나님께서 꼭 귀 담아들어야 할 필요가 없습니다. 우리가 누구라서 "하늘에 계신 하나님"께 기도할 수 있으며, 또 하나님은 왜 우리의 하찮은 기도를 들으셔야 할까요? 그분이 바로 우리 '아버지'시기 때문입니다.

예수님은 주기도를 아람어로 가르치셨지만, 성경에는 헬라어로 기록되어 있습니다. 그런데 헬라어로는 '아버지'가 맨 앞에 나옵니다. "파테르(아버지) 헤몬(우리의) 호 엔 우라노이스(하늘에 계신)." 그래서 헬라어로 기도할 때는 '아버지'가 가장 먼저 나옵니다. 여기에는 중요한 상징적 의미가 있습니다. 하나님이 아버지라는 사실로 우리는 기도의 문을 열 수 있습니다. 하나님은 이미 구약성경에서 자신을 이스라엘 민족의 아버지로 자처하셨습니다.

> "너는 바로에게 말하여라. 나 주가 이렇게 말한다. 이스라엘은 나의 맏아들이다. 내가 너에게 나의 아들을 놓아 보내어 나를 예배하게 하려고 하였건만 너는 그를 놓아 보내지 않았다. 그러므로 이제 내가 너의 맏아들을 죽게 하겠다." (출애굽기 4:22-23)

당시 이스라엘은 노예 상태였고 숫자도 적어서 민족적 정체성도 분명하지 않았습니다. 언제 사라져도 이상하지 않은 소수 민족에 불과했습니다. 인종 말살의 위협에 놓인 그 순간에 하나님이 찾아오십니다. 그러면서 "나의 맏아들"이라고 불러 주십니다. 사람들에게 짓밟히고 세상 변두리로 밀려난 이들을 하나님이 기억하고 찾아가신다는 사실에 우리는 큰 위로를 받습니다. 하나님이 친히 그들의 아버지가 되겠다고 하십니다. 그런데 "맏아들"이라는 호칭은 이스라엘 이후에도 다른 자녀들이 계속해서 나올 것을 암시합니다. 억압과 부자유를 상징하는 노예를 해방시켜 맏아들로 삼으신 분이 앞으로도 계속 새로운 자녀를 탄생시키신다는 비전이 담겨 있습니다.

그 말씀 그대로 하나님은 예수 그리스도의 성육신과 죽음과 부활을 통해 모든 인류의 아버지가 되는 길을 여셨습니다. 예수님의 죽음과 부활은 새로운 출애굽 사건으로 볼 수 있습니다. 우리가 죄의 노예가 되어 세상을 좇아 살며 꼼짝도 못 하고 있을 때 하나님은 우리를 찾아오셨고, 그 외아들의 죽음과 부활을 통해 우리를 구하셨습니다. 그 결과 우리는 하나님을 아버지로 모시는 자녀가 되었습니다.

예수님이 겟세마네 동산에서 "내게서 이 잔을 거두어 주십시오. 그러나 내 뜻대로 하지 마시고, 아버지의 뜻대로 하여 주십시오"라고 기도하실 때, 하나님을 "아빠, 아버지"라고 부릅니다(마가복음 14:36). 우리가 감히 하나님을 아버지라고 부를 수 있는 이유는 그분이 우리를 죄의 노예에서 해방시키고, 고아 같았던 우리를 자신의 양자로 입양하셨기 때문입니다. 요한복음 1장 12절은 이 같은 사실을 분명하게 기록하고 있습니다. "그러나 그를 맞아들인 사람들, 곧 그 이름을 믿는 사람들에게는,

하나님의 자녀가 되는 특권을 주셨다." 개역개정성경에서 "권세"로 번역된 "특권"은 하나님의 자녀가 되는 권리, 하나님 자녀로서의 권리를 가리키며, 우리는 그 권리를 받았습니다. 바울 사도는 로마서 8장 15절에서 그 사실을 이렇게도 표현합니다. "여러분은 또다시 두려움에 빠뜨리는 종살이의 영을 받은 것이 아니라, 자녀로 삼으시는 영을 받았습니다. 그래서 우리는 그 영으로 하나님을 '아빠, 아버지'라고 부릅니다." 여기서 "자녀로 삼으시는 영"은 '입양의 영'Spirit of the adoption이며, 하나님이 우리를 자기 자녀로 받아들이셨다는 뜻입니다.

예수님의 죽음과 부활로 하나님나라가 시작되었고, 그 나라에 새로운 사람들이 태어납니다. 그들은 한 가족입니다. 그들은 하나님나라 백성이 될 뿐 아니라 하나님 아버지의 자녀로 태어나기 때문입니다.

부활과 관련해서는 특히 요한복음 20장 17절이 매우 의미심장합니다. 예수님은 막달라 마리아에게 "내게 손을 대지 말아라. 내가 아직 아버지께로 올라가지 않았다. 이제 내 형제들에게로 가서 이르기를, 내가 나의 아버지 곧 너희의 아버지, 나의 하나님 곧 너희의 하나님께로 올라간다고 말하여라"라고 하십니다. 예수님이 "나의 아버지", "나의 하나님"으로 부르시던 그분을 이제 우리도 '우리 아버지', '우리 하나님'으로 부를 수 있다고 예수님이 직접 알려 주십니다. 예수 그리스도의 죽음과 부활을 통해 이 일이 가능해졌고, 우리는 이제 하나님 앞에 나아가 그분을 '아버지'라고 부르며 감격합니다. 과거에 고아였고, 버림받았고, 노예처럼 살았던 우리가 하나님을 아버지라고 부르며 그분의 자녀임을 매일 매 순간 경험합니다.

아버지의 사랑은 끊을 수 없다

"하늘에 계신"이라고 하면, 하나님을 향한 신비롭고 경외하는 마음이 듭니다. 그런데 "아버지"라고 하면, 친밀감이 듭니다. 그래서 때로는 저도 기도할 때 떼를 씁니다. 물론 응답하지 않으실 줄 알지요. 하나님 뜻에 맞지도 않고 제 욕심대로 드리는 기도이기 때문입니다. 그래도 기도합니다. "아버지, 좀 봐주세요. 들어주시지 않을 것 같은데요, 그래도 하나님은 우리 아버지시잖아요." 특히 너무 오랫동안 고통을 겪고 있는 형제자매들을 위해 기도할 때 떼를 씁니다. "이제 그 친구의 고통을 좀 줄여주세요. 하나님이 아버지시잖아요."

이처럼 '아버지'라는 호칭은 친밀감과 신뢰감을 불러일으키고 사랑이 넘쳐나게 합니다. 하나님을 아버지라고 부를 때마다 사랑이 넘쳐나는 게 정상입니다. 그런데 어떤 이들은 오히려 거리감을 느낍니다. 육신의 아버지 때문입니다. 아버지에 대한 부정적인 기억으로 하나님을 흔쾌히 아버지라고 부르지 못하기도 합니다. 제가 만난 어떤 분은 그냥 '하나님' 하면 괜찮은데 '하나님 아버지' 하면 갑자기 거리감이 확 느껴진다고 했습니다. 그래서 아버지들이 잘해야 합니다. 아버지가 자기 역할을 제대로 못 해서 자녀에게 부정적인 아버지 상을 심어 주면, 자녀가 하나님 아버지를 제대로 부르지 못할 수도 있습니다.

하지만 하늘의 아버지는 육신의 아버지와 다릅니다. 하늘의 아버지가 어떤 분이신지를 평생 알아 가면서, 육신의 아버지와 자신의 한계를 확인하고, 하늘의 아버지를 닮아 가는 과정이 우리 삶입니다. 하나님을 자꾸 묵상해 보세요. 아버지의 본래 모습이 우리 마음속에 자리를 잡습니다. 아버지에 대한 소망이 다시 생겨납니다. 하나님을 아버지라고 부를 때마다 사랑이 넘쳐납니다.

그 사랑은 심지어 로마서에서도 잘 드러납니다. 로마서는 사도 바울의 논문이라고 할 만큼 냉철한 논리가 흐르는 책이지만, 잘 읽어 보면 하나님을 향한 뜨거운 사랑과 하나님의 사랑에 감격해하는 마음이 가득 흘러넘칩니다. 그러다가 8장 끝부분에 이르면 하나님을 향한 사랑이 화산처럼 폭발합니다.

> 나는 확신합니다. 죽음도, 삶도, 천사들도, 권세자들도, 현재 일도, 장래 일도, 능력도, 높음도, 깊음도, 그밖에 어떤 피조물도, 우리를 우리 주 예수 그리스도 안에 있는 하나님의 사랑에서 끊을 수 없습니다. (로마서 8:38-39)

어떤 피조물도 우리를 아버지의 사랑에서 끊을 수 없습니다. 그 사랑이 너무 강렬해서 사도 바울은 "자기 아들을 아끼지 않으시고 우리 모두를 위하여 내주신 분이 어찌 그 아들과 함께 모든 것을 우리에게 선물로 거저 주지 않으시겠습니까?"(로마서 8:32)라며 반문할 정도였습니다. 하나님은 우리를 살리기 위해 자기 아들을 희생한 분입니다. 그러므로 우리가 '아버지'라고 기도할 때는 "주님은 우리를 살리려고 자신의 가장 귀한 아들을 희생하신 분이시지요? 우리를 위해서라면 모든 것을 다 주실 수 있는 바로 그분이지요?"라고 할 수 있습니다. 하나님은 우리에게 필요한 것을 이미 다 알고 계시며, 그 모든 것을 주실 준비를 하고 계십니다.

따라서 우리는 이방인들처럼 하나님을 감동시켜 무언가를 얻어 내려고 애쓸 필요가 없습니다. 우리가 달라고 하기 전에 하나님은 이미 준비하고 계시며, 그분이 바로 우리 아버지이십니다. 그래서 기도는 하나님 앞에 나아가 그분을 '아버지'라고 부르며, 우리를 자녀로 삼으려고 값진 희생을 치르신 그분을 떠올리는 것입니다. 죄의 노예로 살면서 세상에 갇혀 옴짝달싹할 수 없던 우리를 해방시켜 자기 자녀로 삼으신 하나님을 기억하는 것입니다. 참 부족하고 쓸모없는 우리를 은혜로 불러 주신 하나님을 의지하는 것입니다.

혹시 그런 경험 없나요? 하나님 앞에 나아가 그저 "아버지" 하고 부르기만 하다가 기도가 끝난 적 없나요? 20-30분을 엎드려 그냥 "아버지, 아버지" 하는데 눈물만 흐릅니다. '파테르', 그 첫 단어에서 기도가 끝나 버리는 때가 있지 않나요? 저는 하나님 앞에 나아갈 때마다 자격 미달이라는 생각이 듭니다. 하나님을 아버지라고 부를 자격이 제게는 없습니다. 우리 중 누가 하나님을 아버지라고 부를 수 있을까요? 누가 감히 그 앞에서 고개를 들 수 있을까요? 하지만 이런 우리를 하나님이 자녀로 삼아 주셨기에 우리는 그분을 감히 '아버지'라고 부릅니다. 그 감격이 "하늘에 계신 우리 아버지"라는 말에 서려 있습니다. 그래서 하나님을 "아버지"라고 부를 때 기도의 문은 열리기 시작합니다.

고난 속에 무르익는 소망

'아버지'라고 기도할 때 하나님의 사랑을 조금씩 경험하기 시작합니다. 그 사랑에 조금씩 눈을 뜨기 시작합니다. 그런데 사랑만이 아닙니다. 놀라운 소망이 같이 찾아옵니다.

> 자녀이면 상속자이기도 합니다. 우리가 그리스도와 함께 영광을 받으려고 그와 함께 고난을 받으면, 우리는 하나님의 정하신 상속자요, 그리스도와 더불어 공동 상속자입니다. 현재 우리가 겪는 고난은 장차 우리에게 나타날 영광에 견주면 아무것도 아니라고 나는 생각합니다.
>
> (로마서 8:17-18)

하나님의 자녀가 된다는 것은 하나님의 상속자가 된다는 말입니다. 그런데 놀랍게도 하나님의 상속자인 우리가 이 땅에서 고난을 받는다고 합니다. 우리는 인생에서 저마다 고난을 겪습니다. 고난 없는 인생은 없습니다. 고난은 견딜 만하지 않습니다. 견딜 만한 것은 고난이라고 부르지 않지요. 고난은 참 통과하기가 어렵습니다. 게다가 원하는 때, 원하는 방식으로 오지도 않습니다. 예상할 수 없는 때에, 예상치 못한 방식으로, 원하지 않는 내용으로 닥칩니다.

우리는 이 땅에 살면서 우리와 다른 사람의 죄와 인류가 저지른 죄로 인해 이런저런 고난을 불가피하게 겪습니다. 그런데 바울 사도는 그리스도와 공동 상속자에게 장차 나타날 영광을 생각하면 현재 겪는 고난은 아무것도 아니라고 합니다. 히브리서 5장 8절은 "그는 아드님이시지만 고난을 당하심으로써 순종을 배우셨습니다"라고 합니다. 맏아들이신 예수님도 악과 부정의와 공포와 죄에 갇힌 온 세상을 구하시려고 고난을 겪었고 그 과정에서 순종을 배우셨습니다. 그렇다면 우리 역시 이 땅에서 고난을 겪고 순종을 배움으로써 마땅히 하나님의 진정한 자녀가 되어야 합니다.

우리가 고난을 겪으면서도 절망하지 않는 이유는 하늘에 속한 놀라운 복을 그리스도와 함께 상속한다는 소망이 있어서입니다. 우리가 하나님을 아버지라고 부를 때는 편안한 상황에서 낭만적으로 부르는 것이 아닙니다. 고통과 절망과 아픔과 좌절의 현장에서 "아버지!" 하고 부르는 것입니다. 하나님이 우리를 자녀로 삼으셨으니 그 모든 비극을 결국 이겨 내고 하늘의 유업을 예수님과 함께 물려받는다는 소망을 실어서 "아버지!" 하고 부르는 것입니다. 그러므로 하나님을 아버지라고 부를 때는 거룩하고도 경외에 찬, 함부로 드릴 수 없는 고백이 그 안에 담겨 있습니다.

사실 고난 중에 드리는 기도는 하나님께로 도망가는 것입니다. "아버지!" 하고 그 품으로 숨는 것입니다. "하나님, 당신밖에 없습니다. 아버지, 당신밖에 없어요." 그렇게 기도하기 시작할 때, 아버지 품에서 힘을 얻고 아버지와 함께 고통과 어둠이 가득한 세상으로 나설 수 있습니다. 이것이 우리가 '아버지'라고 부르는 그 호칭 안에 숨겨진 비밀입니다. "아버지, 저도 하나님나라를 이 땅에서 드러내는 일에 함께하겠습니다. 그 과정 중에 겪는 고통을 통해 온전히 당신의 아들로 딸로 태어나게 해주세요. 마침내 고난을 이기고 당신과 함께 당신의 영광 속으로 들어갈 수 있도록 저를 붙잡아 주세요."

주기도로 기도합니다

-

나의 아버지가 되신 하나님,
주님은 우리의 아버지가 되시기 위해서 엄청난 대가를 치르셨습니다.
그리하여 하나님을 아버지라 부를 수 있는 놀라운 복을 주셨습니다.
나의 아버지,
아버지라고 부를 수 있는 것만으로도 분에 겨운 축복입니다.
아버지께서 제 기도를 듣고 계신다는 사실만으로도 감사합니다.
예수님도 고난을 통해 순종을 배우셨기에
제게 닥친, 또는 닥치게 될 고난도, 아버지를 의지함으로 이겨 내게 하소서.
하나님이 나의 아버지 되심이 온 천하에 드러나는 날이 올 것입니다.
그때까지 아버지만 의지하고 바라보며 살아가게 하소서.
아버지, 아버지, 아버지!

-

하나님 아버지, 아빠.
제 아빠가 되어 주시니 감사해요.
"이스라엘은 내 맏아들이다"라고 직접 아버지 되심을 드러내시고
우리를 보호해 주시니 감사해요.
하나님이 제 아빠여서 아빠에게 모르는 것도 묻고…
때로는 떼도 쓰고…그럴 수 있음에 감사해요.
육신의 아빠에게는 떼쓸 수 없었었는데,
그냥 알아서 잘해야 했고 뭔가 모른다는 것은
그냥 아빠의 시선에서 똑같은 위치로 비난받는, 그랬었는데….
주님, 이제는 알아요. 영원한 진짜 아빠는
자식을 위해 나서고 보호하시는 분임을….
주님, 제가 보호받고 있음을 고백합니다.

주기도를 배우며 기도합니다 ③—③

년   월   일

년   월   일

아무나 할 수 없는 기도

많은 사람이 기도를 어려워합니다. 기도해도 막막하다고 합니다. 매일 기도하지만 기도가 깊어지지 않는다고 말합니다. 기도의 열쇠를 사용하지 않으면 문밖에서 맴돌 수밖에 없습니다. 예수님이 가르치신 기도를 간과하면서 생기는 일입니다. 우리는 기도를 시작하는 첫 구절, "하늘에 계신 우리 아버지"를 너무 가벼이 여깁니다. "하늘에 계신 우리 아버지"라는 말로 기도할 때 기도의 문은 열리기 시작합니다. "하늘에 계신, 우리, 아버지"라고 기도할 때 우리는 기도의 본령 속으로 걸어 들어갑니다.

확실히 주기도는 아무나 드릴 수 있는 기도가 아닙니다. 주기도는 하나님을 아버지라고 부를 수 있는 사람만이 드릴 수 있습니다. 하나님을 아버지라고 부르며 감격하는 사람만이 드릴 수 있습니다.

주기도는 아무나 드릴 수 있는 기도가 아닙니다. 주기도는 그저 자신이 잘되거나 고통을 회피하기 위한 기도가 아닙니다. 주기도는 하나님나라에 속한 사람들, 자신이 사랑하는 자매와 형제를 마음속 깊이 품고 기도할 수 있는 사람만이 드릴 수 있습니다.

주기도는 아무나 드릴 수 있는 기도가 아닙니다. 땅의 것에 매여서 그 이상은 없다고 생각하는 사람은, 이 땅 너머의 세계에 대한 비전과 꿈이 없는 사람은 "하늘에 계신 우리 아버지"께 기도할 수 없습니다.

맞습니다. 주기도는 아무나 드리는 기도가 아닙니다. 주기도 맨 앞에 놓인 "하늘에 계신 우리 아버지"라는 말은 기도의 열쇠일 뿐 아니라 기도의 본질이 무엇인지를 알려 줍니다. 이제 잠잠히 "하늘에 계신 우리 아버지"만 가지고 기도해 보십시오. "하늘에 계신"을 묵상하며, 그 신비와 경이, 우리에게 보여 주신 계시의 소중함을 떠올려 보세요. "우리"를 묵상하며, 우리 공동체만이 아니라 전 세계 그리스도인과 연대하는 감격에도 빠져 보세요. 그리고 "아버지"를 부르며, 우리에게 보이신 그 놀라운 사랑에 젖어 보세요. 주기도의 첫 부분은 기도로 들어가는 열쇠일 뿐 아니라, 기독교의 기도가 다른 종교의 기도와 얼마나 다른지를 잘 보여 줍니다.

전도서 5장 2절은 "하나님 앞에서 말을 꺼낼 때에, 함부로 입을 열지 말아라. 마음을 조급하게 가져서도 안 된다. 하나님은 하늘에 계시고, 너는 땅 위에 있으니, 말을 많이 하지 않도록 하여라"라고 합니다. 기도를 짧게 드리라는 말이 아닙니다. 하나님은 하늘에 계시고 우리는 땅 위에 있습니다. 그러므로 우리가 기도할 때 누구를 향해 기도하는지, 어떤 자세와 어떤 시각으로 기도하는지가 매우 중요합니다. 이를 간과하면 자칫 기도 들으시는 분을 모욕할 수 있기 때문입니다.

일주일간 "하늘에 계신 우리 아버지"를 묵상하며 기도해 보세요. 각자 기도하고 공동체로 모일 때도 기도하세요. 그다음에 이 기도를 통해 무엇을 묵상하고 배웠는지를 나누어 보세요. 주기도는 공동체가 함께 배우는 기도입니다. 주기도의 맨 앞부분 "하늘에 계신 우리 아버지"를 놓고 온 마음 다해 기도하는 이들에게 하나님은 기도의 문을 열어 주십니다. 그리고 주기도의 놀라운 비밀 속으로 이끄십니다. 공동체가 다 함께 그 기쁨과 복을 누리시기를 바랍니다.

주기도로 기도합니다 ③

짧은 기도
저의 지혜로는 도무지 알 수 없는,
그럼에도 우리의 아버지가 되신 하나님!

긴 기도
하나님의 영광과 주권이 온전히 빛나는 하늘에 계시며
고아 같은 우리를 부르셔서 아버지가 되어 주시고
홀로 살아갈 수밖에 없는 자들에게
우리라는 공동체로 살게 하시는 하나님!

주기도를 배우며 기도합니다   ③

　　　　　　　　　　　　　　　　　　　　　년　　　월　　　일

짧은 기도

긴 기도

주기도로 기도합니다 ③

짧은 기도

저 개인을 넘어서서 우리의 아버지가 되신, 크신 하나님.

긴 기도

제가 가늠할 수 없는 깊이와 높이로 존재하시는 하나님.
저를 그리스도 안에서 받아 주시니 감사합니다.
이제껏 저는 저 자신만을 위해 기도해 왔습니다.
하나님이 우리를 한 형제로 불러 주시고
한 아버지로서 받아 주시니 감사합니다.
아버지 안에서 형제로 우리로 살아가며
함께 기도하며 살도록 넓게 변화시켜 주시길 원합니다.

주기도를 배우며 기도합니다 ③

년   월   일

짧은 기도

긴 기도

"그 이름을 거룩하게 하여 주시며"

④		하나님나라의 왕을 위한 기도	156
④—①		"그 이름을"	158
④—②		"거룩하게 하여 주시며"	166
④—③		골방으로 더 깊이	184

하나님나라의 왕을 위한 기도 ④

| 년   월   일 |
| 년   월   일 |

"하늘에 계신 우리 아버지!"라고 하나님을 부른 다음에 "그 이름을 거룩하게 하여 주시며"라는 첫 간구가 이어집니다. 영어 성경은 "Hallowed be your name"이나 "Hallowed be Thy name"이라고 옮기는데, '당신의 이름이 거룩해지기를 원합니다'라는 뜻입니다. 그런데 좀 이상합니다. 주님의 이름은 이미 거룩하기 때문입니다. 세계에서 제일 높은 에베레스트산이 세계 최고봉이 되게 해 달라고 기도하는 것과 같습니다.

우리가 기도하는 관행에 비추어 보아도 좀 의아합니다. 우리는 흔히 하나님에게 우리 사정을 아뢰고 필요한 것을 달라고 기도합니다. 처음부터 끝까지 우리 자신을 위해 기도합니다. 그런데 주기도는 시작부터 하나님을 부른 다음에, 이어서 하나님의 이름을 거룩하게 하여 주시기를 간구하며, 마지막에는 하나님나라와 권세와 영광이 영원히 아버지의 것이라고 기도합니다. 처음부터 끝까지 하나님 중심입니다. 우리에게는 무척 낯선 기도입니다.

그러나 주기도의 첫 간구인 "그 이름을 거룩하게 하여 주시며"는 짧지만 특별한 의미를 담고 있는 중요한 기도입니다. 다만 주기도에 속한 다른 간구들처럼 의미가 축소되고 왜곡된 채 습관처럼 읊조려질 뿐입니다. 이제 이 간구에 담긴 뜻을 하나하나 살펴봅시다.

"그 이름을"   ④―①

년   월   일

년   월   일

하나님의 이름

성경은 이름을 매우 중시합니다. 많은 성경 인물이 하나님을 만나고 나서 이름이 바뀝니다. 아브람은 하나님과 언약을 맺은 후에 아브라함으로 이름이 바뀌었고, 그의 아내 사래 역시 사라라는 새 이름을 얻습니다. 베드로는 예수님께서 이름을 시몬에서 게바로 바꿔 주셨으며, 바울 사도의 원래 이름은 사울이었습니다.

예수님의 이름은 특히 의미가 깊습니다. '예수'는 백성을 죄에서 구원한다는 뜻이며, 마태복음 1장에 나오는 예수님의 별칭인 '임마누엘'은 하나님이 자기 백성과 함께하신다는 뜻입니다. 이처럼 성경에 나오는 이름들은 언제나 그가 누구인지를 말해 주는 정체성을 담고 있습니다. 그런데 여기, 주기도에서 하나님의 '이름'을 말합니다.

하나님의 이름 하면 가장 먼저 떠오르는 장면이 출애굽기 3장입니다. 모세가 하나님께 묻습니다. "제가 이스라엘 자손에게 가서 '너희 조상의 하나님께서 나를 너희에게 보내셨다' 하고 말하면, 그들이 저에게 '그의 이름이 무엇이냐?' 하고 물을 터인데, 제가 그들에게 무엇이라고 대답해야 합니까?"(출애굽기 3:13) 감히 신의 이름을 묻다니요. 모세의 태도는 무척 당돌합니다.

그러나 하나님은 이렇게 대답하십니다. "나는 곧 나다. 너는 이스라엘 자손에게 이르기를 '나'라고 하는 분이 너를 그들에게 보냈다고 하여라"(출애굽기 3:14). 개역개정성경은 "나는 스스로 있는 자이니라"로, 영어 성경은 "I am who I am"으로 옮겼습니다. 구약성경의 원어인 히브리어를 문자 그대로 해석하면 "나는 '되고자 하는 대로 되는 나'다" 정도입니다. 해석하기가 상당히 까다롭고 심오한 표현입니다. 이 이름에서 중요한 점을 몇 가지 짚어 보겠습니다.

사실 모세가 "당신 이름은 무엇입니까?"라고 물었을 때, 하나님은 "네가 감히 내 이름을 묻느냐?"라고 답해도 그만입니다. 성립하지 않는 질문이기 때문입니다. 노자의 《도덕경》에는 "도를 도라고 하면 도가 아니고, 이름을 붙이면 이름이 아니다" 道可道 非常道 名可名 非常名라는 말이 있습니다. 만물에 이름을 지어 붙이면 그 이름이 지시하는 실체를 완전히 설명할 수 없게 된다는 뜻입니다. 그런데도 하나님은 답을 해 주십니다. "나는 나다. 나는 스스로 있는 자다." 이로써 하나님은 다른 원인이나 외부 조건에 기대지 않고 스스로 존재하며, 처음부터 있었던 존재라고 밝히십니다.

또한 하나님께서 자신의 '이름'을 밝힘으로써, 자신이 어떤 개념이나 에너지가 아니라, 이름이 있고, 고유한 성격과 특성을 가진 인격적 존재라고 분명히 말씀하십니다. 따라서 하나님의 이름은 하나님을 대표하는 어떤 것, 하나님의 특별한 속성을 알려 주는 어떤 것이라고 할 수 있습니다.

최근에는 신의 존재를 비인격적 진리로 이해하는 경향이 있습니다. '신은 내 안에 있다', '신은 만유일체의 도道', 또는 '우주의 근원적 에너지氣'라고 생각합니다. 영적인 것을 찾는 현대인의 구애는 앞으로 더욱 뚜렷해질 것이며, 그로 인해 갖가지 영성 훈련과 영성 센터가 난립할 것입니다. 그러나 하나님은 단호하게 '나는 다른 어떤 것과도 관련 없이 스스로 존재하며, 구별된 인격을 지닌 하나님'이라고 이미 밝히셨습니다. 이것이 하나님의 이름에 담긴 의미입니다. 하나님의 이름은 하나님 자신을, 하나님의 정체성을, 하나님의 인격을 가리킵니다.

하나님의 이름을 안다는 것은

그래서 하나님의 이름을 안다는 것은 하나님을 만나서 그분의 성품과 행하심을 깨닫고 경험하고 누린다는 뜻입니다. 시편을 쓴 시인은 "주님, 주님을 찾는 사람을 주님께서는 결단코 버리지 않으시므로, 주님의 이름을 아는 사람들이 주님만 의지합니다"(시편 9:10)라고 노래합니다. 여기서 "주님의 이름을 아는" 것은 주님이 누구이시며 무엇을 행하시는 분이신지를 아는 것입니다. 맞습니다. 자신을 찾는 사람을 절대 버리지 않으시는 주님의 성품을 깨달은 사람은 주님만 의지하게 됩니다. 물론 우리가 아는 주님의 '이름'이 하나님을 온전히 담아내지는 못합니다. 하나님은 너무 크신 분이어서 도저히 다 알 수가 없습니다. 우리가 아는 것은 하나님에 대한 지식 중 극히 일부분에 불과합니다. 하나님의 이름은 우리가 하나님에 대해 이해하고 깨달은, 아주 조그만 내용을 인간의 언어로 표현한 것입니다. 하지만 그렇게 알고 이해한 내용만으로도 그분이 누구신지를 깨닫고 그 이름을 알게 된 사람은 주님을 의지합니다.

십계명을 통해 하나님은 "너희는 주 너희 하나님의 이름을 함부로 부르지 못한다"(출애굽기 20:7)라고 말씀하셨습니다. 개역개정성경은 "너는 네 하나님 여호와의 이름을 망령되게 부르지 말라"라고 번역했습니다. 하나님의 이름을 "함부로" "망령되게" 부르는 것은 무엇일까요? 유대인은 하나님의 이름을 함부로 부르지 말라는 계명을 문자 그대로 받아들여서, 성경에 "여호와"나 "야훼"라는 단어가 나올 때마다 히브리어로 '주님'을 뜻하는 '아도나이'로 바꿔서 읽었습니다. 주님의 이름을 부르는 것 자체를 금기시했습니다. 그러면 우리도 그래야 할까요? 이 명령은 그런 뜻이 아닙니다. 그보다는 하나님의 정체성, 그 독특한 성품과 위엄을 무시하고 인간 마음대로 하나님을 규정하거나 하나님에 대해 말하지 말라는 뜻입니다. 그러므로 이 계명은 하나님을 하나님으로 대하고, 하나님의 이름을 존귀하게 여겨야 한다는 뜻으로 새길 수 있습니다.

더 선명하게 드러나는 하나님의 이름

구약 시대에도 하나님은 선지자들을 통해서, 여러 방식으로 역사에 개입하시면서 자신이 누구인지를 이스라엘 백성에게 알려 주셨습니다. 하지만 이스라엘은 하나님을 아는 데 반복해서 실패했습니다. 하나님은 인간이 이해하기에는 너무나 크고 완전히 다른 존재였고, 더군다나 그분이 알려 주시는 내용에도 귀를 기울이지 않았기 때문입니다. 그래서 마지막 날에 예수님이 이 땅에 오셨습니다. 그런데 예수님이 하나님을 알려 주신 방법은 완전히 달랐습니다. 예수님은 자신의 성품과 사역을 통해 하나님이 어떤 분인지를 보여 주셨습니다. 말 그대로 하나님이 인간의 옷을 입고 우리 가운데 오셨습니다.

요한복음 17장에는 예수님의 마지막 기도가 나옵니다. 이 땅에서 할 일을 마치고 제자들을 떠나기 전에 대제사장으로서 기도를 드립니다. 그 기도에서 아버지의 이름을 언급하십니다.

> "나는, 아버지께서 세상에서 택하셔서 내게 주신 사람들에게 아버지의 이름을 드러냈습니다. 그들은 본래 아버지의 사람들인데, 아버지께서 그들을 나에게 주셨습니다. 그들은 아버지의 말씀을 지켰습니다." (6절)

> "나는 이미 그들에게 아버지의 이름을 알렸으며, 앞으로도

알리겠습니다. 그것은, 아버지께서 나를 사랑하신 그 사랑이 그들 안에 있게 하고, 나도 그들 안에 있게 하려는 것입니다." (26절)

예수님은 "아버지의 이름을 드러냈습니다"라고 말씀하십니다. 예수님은 하나님이 어떤 분이시며, 세상을 향해 어떤 계획을 갖고 계시는지를 알려 주셨습니다. 다시 말해 하나님이 어떤 일을 하셨으며, 앞으로 어떤 일을 하실지를 가르쳐 주셨습니다. 그렇게 아버지의 이름이 드러났다고 말씀하시면서, 그 결과 사람들이 하나님을 사랑하게 되었다고 하십니다. 이것이 예수님이 대제사장으로서 드린 기도의 결론입니다.

예수님은 "아버지의 이름을 앞으로도 알리겠습니다"라고 말씀하십니다. 이 말씀은 기도 후에 일어날 일을 암시합니다. 자신이 죽고 부활함으로써, 또 그다음에 성령을 보냄으로써 하나님의 이름을 더 확실하게 드러내겠다고 하십니다. 하나님의 이름에는 이렇게나 많은 의미가 담겨 있습니다. 하나님의 성품은 물론이고, 우리를 위해 이미 하신 일, 지금 하고 계신 일, 앞으로 하실 일 모두가 그분의 이름에 담겨 있습니다. 하지만 여전히 그 이름이 하나님의 전부를 드러내지는 못합니다. 그럼에도 우리는 그분의 이름을 통해 하나님을 알고 하나님의 사랑을 깨달으며, 우리에게 보여 주신 어떤 부분들을 기억합니다.

주기도로 기도합니다 ④-①

-
스스로 계신 하나님,
우리에게 당신 자신을 알려 주셔서 감사합니다.
하나님이 어떤 분인지 아는 것은 놀라운 특권입니다.
그 아들 예수님을 통해 우리에게 주님이 누구이신지 알려 주십니다.
성경과 성령님을 통해 그 이름의 비밀을 알려 주십니다.
주님이 알려 주시지 않으면 우리가 어찌 주님을 알 수 있겠습니까?
이 놀라운 축복을 누리게 해 주셔서 감사합니다.
제 평생에 하나님의 이름을 더욱 알아 가고
더욱 사랑하고 더욱 의지하며 살고 싶습니다.
하나님을 아는 것이 저의 힘입니다.

-
하나님이 자신의 이름을 드러내신 일이
얼마나 놀라운 사건인지 알게 해 주시니 감사합니다.
하나님이 과연 존재하실까?
항상 의구심을 지울 수는 없지만,
하나님이 하신 일을 성경을 통해 알게 되고
그로써 하나님의 존재를 확신하는 일들이 반복되어
너무나 놀랍고 긍지가 생기지 않을 수 없습니다.
하나님의 성품, 하나님이 하시는 일….
누구의 도움도 필요 없이 완전하게 계시는 하나님께
날마다 기도할 수 있으니 감사합니다.
하나님이 저와 밀접하게 연관돼 있다고 말씀하시니
너무 놀랍고 신기하고 제 삶이 기대될 뿐입니다.
주님, 고맙습니다.

주기도를 배우며 기도합니다   ④―①

　　　　　　　　　　　　　　　　　　　　년　　　월　　　일

　　　　　　　　　　　　　　　　　　　　년　　　월　　　일

4-1. 그 이름을

"거룩하게 하여 주시며"   ④—②

년   월   일

년   월   일

'거룩하다'의 본뜻

하나님의 이름에서 가장 중요한 속성은 '거룩함'입니다. 많은 사람은 거룩함을 윤리적·도덕적 개념으로 보지만, 거룩함은 오히려 존재론적 개념입니다. 성경에서 '거룩하다'라는 단어는 '구별된다'라는 단어와 직결됩니다. 하나님은 그 어떤 피조물과도 다르며, 그래서 거룩하십니다. 창조주 하나님은 창조된 이 세계의 모든 것과 구별됩니다. 이것이 거룩함의 기본 개념입니다. 거룩하다는 말의 예를 하나 들어 볼까요? "주께 거룩한 손 들고 경배해"라는 찬양 가사가 있습니다. "거룩한 손"이라는 표현은 우리 손이 거룩해서가 아니라, 하나님을 경배하려고 들어 올리는 손이 거룩하다는 뜻입니다. 따로 구별해 특별하게 드릴 때 우리 손은 거룩한 손이 됩니다. 하나님은 모세를 통해 이스라엘 온 백성에게 "너희의 하나님인 나 주가 거룩하니, 너희도 거룩해야 한다"(레위기 19:2)라고 말씀하셨습니다. 이 또한 하나님을 위해, 하나님을 모르고 무시하는 세상과는 '구별되라'라는 명령입니다.

짧게 살펴보았듯이 거룩함은 구별된다는 뜻입니다. 그런데 주기도의 첫 간구가 "그 이름을 거룩하게 하여 주시며"입니다. 하나님의 이름이 거룩하게 인정되고 찬양받기를 바라는 기도입니다. 다시 말해 이렇게 기도하는 것입니다. "하나님께서 하신 일과 그 독특한 성품이 하나님의 특성으로 모두에게 드러나고 인정받게 하소서. 그래서 그런 하나님을 사람들이 찬양하게 하소서." 이 기도는 하나님나라의 왕이신 하나님, 그분의 명예를 위한 기도입니다. 그래서 우리는 "그 이름을 거룩하게 하여 주시며"라고 기도드릴 때, 자연스럽게 "하늘에 계신 우리 아버지여"라고 앞서 했던 기도를 떠올립니다. 그렇게 우리와는 전혀 다르며, 신비와 경외 가운데 계신 그분이 온 세상에서 하나님으로 인정되기를 바랍니다. 하나님께서 자신에게 합당한 찬양을 받으시기를 바라며 기도하게 됩니다.

하나님을 하나님으로 높이는 기도

그렇다면 하나님의 이름을 거룩하게 하는 기도, 곧 하나님의 명예를 높이는 기도는 어떻게 드릴 수 있을까요?

"야곱이 자기의 자손 곧 그들 가운데서 내가 친히 만들어 준 그 자손을 볼 때, 그들은 내 이름을 거룩하게 할 것이다. '야곱의 거룩한 분'을 거룩하게 받들며, 이스라엘의 하나님을 경외할 것이다." (이사야 29:23)

이사야 선지자는 예언합니다. 하나님은 이스라엘과 맺은 언약을 신실하게 지키실 것입니다. 이스라엘은 그로 인한 열매를 볼 것입니다. 그때 이스라엘 백성은 하나님의 이름을 거룩하게 할 것입니다. 이 말은 이스라엘 백성이 하나님의 특별함, 곧 하나님의 하나님 되심을 인정할 것이라는 뜻입니다. 이스라엘은 하나님 같은 분이 없음을 인정하고, 그분을 경외할 것입니다. 다시 말해 하나님이 하신 일을 보고, "당신은 참 하나님이십니다. 당신 같은 분은 또 없습니다"라고 인정하며, 그 앞에 엎드려 경외할 것입니다.

하나님이 하신 일을 보며 그분을 경외하는 모습은 시편에 자주 나오는 대표적인 장면입니다. 방금 읽은 이사야서 말씀을 시로 표현하면 이렇지 않을까요?

주님께서 하신 일을, 나는 회상하렵니다.
그 옛날에 주님께서 이루신, 놀라운 그 일들을 기억하렵니다.
주님께서 해 주신 모든 일을 하나하나 되뇌고,
주님께서 이루신 그 크신 일들을 깊이깊이 되새기겠습니다.
하나님, 주님의 길은 거룩합니다.

하나님만큼 위대하신 신이 누구입니까? (시편 77:11-13)

시인은 주님께서 하신 일들을 회상하고 기억하고 되뇌고 되새기겠다고 다짐합니다. 같은 행위를 가리키는 말들이 표현만 다를 뿐 반복해서 나옵니다. 주님께서 하신 일을 깊이 묵상하고 헤아린 후에, "주님의 길은 거룩합니다"라고 고백합니다. 이어서 "하나님만큼 위대하신 신이 누구입니까?"라며 엎드릴 수밖에 없었습니다. 하나님만이 할 수 있는 일이라서 그분을 구별해서 거룩하다고 인정하고는, 마침내 경외하게 됩니다.

시편 89편 18절에서는 "주님, 참으로 주님은 우리의 방패이십니다. 이스라엘의 거룩하신 하나님, 참으로 주님은 우리의 왕이십니다"라고 고백합니다. 하나님이 우리를 지켜 주고 있음을 경험했고, 그래서 그분을 구별해서 높이고 있습니다.

하나님나라 백성은 하나님이 자신들을 위해 무슨 일을 하셨는지 압니다. 하나님의 계획 전부를 다 이해하지는 못해도 하나님이 이미 하신 놀라운 일들을 알아채기 시작합니다. 그러면서 그 일들을 헤아리고 묵상하며, "하나님의 길은 거룩합니다. 주님 같은 분은 없습니다"라고 기도합니다. 동시에 그분의 방패 뒤로 숨어 그분께 의지합니다.

시편 33편 21절은 "우리가 그 거룩한 이름을 의지하기에 우리 마음이 그분 때문에 기쁩니다"라고 노래합니다. "그 거룩한 이름"에 담긴 그분의 길, 그분이 하신 일, 그분의 특별한 성품을 의지할 때 우리 마음에는 기쁨이 넘칩니다.

하나님께서 하신 일을 묵상하고 마음에 새길 때, 우리 입술은 그분의 성실과 자비와 사랑을 인정하며 찬양하게 되고, 그 앞에 서서 경외하며 "주님만이 하나님이십니다"라고 고백하게 됩니다. 이것이 하나님의 이름을 거룩하게 하는 기도입니다.

깨진 세상에서 하나님을 인정하기

그런데 우리가 사는 세상은 어그러지고 깨지고 문제가 많습니다. 세상을 들여다보면 볼수록 이런저런 문제들이 눈에 들어오고, 그에 대응하는 사람들의 천태만상에 혀를 차게 됩니다. 정말 사람이 살 만한 세상이 아니지요. 하지만 하나님을 묵상하면 세상이 다르게 보이기 시작합니다. 아름다운 시편 8편을 노래한 시인이 그랬습니다.

> 주 우리 하나님, 주님의 이름이 온 땅에서
> 어찌 그리 위엄이 넘치시는지요?
> 저 하늘 높이까지 주님의 위엄 가득합니다. (시편 8:1)

이런 사람들은 깨진 세상에 살면서도 세상에 가득한 하나님의 영광을 알아보기 시작합니다. 온 세상이 죄로 인해 신음할지라도 하나님은 여전히 다스리고 계시며, 심지어 이 세계를 사랑하셔서 지키시며 지금도 놀라운 일들을 하나하나 이루어 가고 계십니다. 그 사실을 알아챈 사람은 "주님의 이름이 온 땅에서 어찌 그리 아름다운지요"라고 외칠 수 있습니다. 우리에게는 하나님의 하나님 되심을 알아보는 특권이 있습니다. 그래서 그분이 하셨고 하고 계시며 하실 일만이 아니라, 그 모든 일의 배후에 계신 하나님을 기뻐합니다. 우리가 하나님의 하나님 되심을 기뻐하고 찬양할 때, 그분의 이름은 거룩해집니다. 이것이 바로 시편 곳곳에서 "거룩한 이름을 찬양하라"라고 권할 때, 시인이 우리에게 요청하는 내용입니다.

이렇게 우리는 하나님의 명예를 빛내는 기도를 드릴 수 있습니다. 창조 세계와 구원 사역에 나타난 하나님을 묵상하고, 크신 하나님의 깊은 사랑과 자비를 입술로 고백하는 것! 이것이 바로 "그 이름을 거룩하게 하여 주시며"라는 주기도의 첫 번째 간구입니다.

살면서 드러나는 그 이름

그러나 우리는 한 걸음 더 나아가야 합니다. 묵상하고 고백할 때만 하나님을 인정하는 사람이 되지 말고, 생활하면서 '실제로' 하나님을 인정해야 합니다. 이스라엘은 이 점에서 번번이 실패했습니다. 백성은 하나님을 등졌고, 제사장은 그들을 돌이키지 못했습니다.

> "이 땅의 제사장들은 나의 율법을 위반하고, 나의 거룩한 물건들을 더럽혔다. 그들은 거룩한 것과 속된 것을 구별하지 않으며, 부정한 것과 정한 것을 구별하도록 깨우쳐 주지도 않으며, 나의 안식일에 대하여서는 아주 눈을 감아

버렸으므로, 나는 그들 가운데서 모독을 당하였다."

(에스겔 22:26)

거룩하신 하나님이 이스라엘 백성 가운데서 모독당했다니요! 놀라운 말씀입니다. 당시에 제사장들이 제대로 가르치지 않고 본을 보이지 않자, 백성들은 더 이상 하나님을 경외하지 않게 되었습니다. 하나님을 함부로 예배하며 하나님이 가르치신 삶의 방식을 무시한 채 제 마음대로 살기 시작했습니다. 그 결과 거룩한 하나님 이름은 땅바닥에 차이는 돌처럼 그들 가운데서 무시당했고, 하나님은 이를 두고 자신이 모독당했다고 표현합니다.

하나님 이름을 거룩하게 하려면, 하나님을 묵상하고 하나님의 주 되심을 입술로 고백할 뿐 아니라, 묵상하고 고백한 내용을 삶에서 실제로 드러내야 합니다. 하나님 이름이 거룩해지는 곳도, 더럽혀지고 모독을 당하는 곳도 바로 그의 백성 가운데이기 때문입니다. 하나님 백성이 어떻게 사는지에 따라 하나님 이름은 귀하게 빛날 수도 있고, 모욕당할 수도 있습니다. 하지만 하나님의 명예는 훼손될 수 없습니다. 하나님은 자기 이름이 더럽혀지도록 용인하지 않으십니다.

> 주님께서 나에게 말씀하셨다. "사람아, 이스라엘 족속이 자기들의 땅에 살 때에 그 행위로 그 땅을 더럽혔다. 내가 보기에 그 소행이 월경 중에 있는 여자의 부정함과 같았

다. 그들이 죄 없는 사람들의 피를 흘려 그 땅을 더럽혔으며, 온갖 우상을 섬겨 그 땅을 더럽혔으므로, 그들에게 내 분노를 쏟아부었다. 내가 그들을 그 행위대로 심판하여 그들을 여러 나라들 속으로 쫓아 보내며, 여러 나라에 흩어지게 하였다. 그들은 여러 나라에 흩어져서 가는 곳마다 내 거룩한 이름을 더럽혔다. 그래서 이방 사람들은 그들을 보고 '주의 백성이지만 주의 땅에서 쫓겨난 자들'이라고 하였다. 나는 이스라엘 족속이 여러 나라에 흩어져서 가는 곳마다 더럽혀 놓았지만, 내 거룩한 이름이 더럽혀지는 것을 그대로 둘 수 없다. 그러므로 너는 이스라엘 족속에게 전하여라. 나 주 하나님이 이렇게 말한다. 이스라엘 족속아, 내가 이렇게 하려고 하는 까닭은 너희들을 생각해서가 아니라, 너희가 여러 나라에 흩어져서 가는 곳마다 더럽혀 놓은 내 거룩한 이름을 회복시키려고 해서다. 너희가 여러 나라에 흩어져 살면서 내 이름을 더럽혀 놓았으므로, 거기에서 더럽혀진 내 큰 이름을 내가 다시 거룩하게 하겠다. 이방 사람들이 지켜보는 앞에서 너희에게 내가 내 거룩함을 밝히 드러내면, 그때에야 비로소 그들도 내가 주인 줄 알 것이다. 나 주 하나님의 말이다." (에스겔 36:16-23)

사람들은 착각합니다. 하나님을 모르는 사람들이 하나님을 모독한다고 생각합니다. 하지만 알지도 못하는 하나님을 어떻게 모독할 수 있을까요? 하나님을 모르는 사람은 하나님을 모독할 가능성도 자격도 없습니다. 오늘날 많은 이들이 교회와 기독교를 비난하는데, 이를 두고 하나님을 모독하는 행위라며 되받아칩니다. 하지만 오히려 하나님 이름을 모독하는 사람은 하나님나라에 속한 우리입니다. 우리가 하나님 백성답게 살지 못할 때, 세상 사람들에 섞여서 별반 다르지 않게 살아갈 때, 바로 우리로 인해 하나님 이름이 더럽혀집니다. '하나님을 믿는다면서 다 똑같구나!'라는 평가와 함께 하나님 이름이 바닥에 나뒹굽니다. 하나님이 자신을 보이고 사랑하고 언약을 맺은 사람들, 그 하나님 사람들이 당연히 드높여야 할 하나님 이름을 도리어 더럽힐 때, 하나님은 그대로 두고 보지 않겠다고 말씀하십니다.

사람들은 하나님을 볼 수 없습니다. 하나님을 믿고 따르는 그 나라 사람들을 통해서만 하나님을 볼 수 있습니다. 예수님은 이렇게 말씀하십니다. "이와 같이 너희 빛을 사람에게 비추어서 그들이 너희의 착한 행실을 보고 하늘에 계신 너희 아버지께 영광을 돌리게 하여라"(마태복음 5:16). 이것이야말로 하나님나라에 속한 사람이 받은, 말할 수 없이 영광스러운 사명입니다.

하나님을 증명하는 박물관

하나님은 우리 같은 사람을 불러서 하나님나라에 속하게 하셨습니다. 우리는 그 사랑에 힘입어 선한 일을 이루려고 애를 씁니다. 그 모습을 보고 주변에서 "하나님이 정말 있을지도 모르겠다. 네가 믿는다는 하나님이 진짜 신일지도 모르겠다"라고 한다면, 그럴 때 하나님이 영광을 받으십니다. 이것이 우리를 향한 하나님의 뜻입니다.

> 그러나 여러분은 택하심을 받은 족속이요, 왕과 같은 제사장들이요, 거룩한 민족이요, 하나님의 소유가 된 백성입니다. 그래서 여러분을 어둠에서 불러내어 자기의 놀라운 빛 가운데로 인도하신 분의 업적을, 여러분이 선포하는 것입니다. (베드로전서 2:9)

우리를 어둠에서 불러내신 분의 업적을 선포하고 알려서 하나님을 몰랐던 사람들이 하나님을 알게 되면, 그때 하나님 이름은 거룩하게 됩니다. 이런 일이 초기 교회에서는 일상처럼 일어났습니다. 당시 예루살렘 교회는 "모든 사람에게서 호감을 샀다. 주님께서는 구원받는 사람을 날마다 더하여 주셨다"(사도행전 2:47)라고 합니다. 개역개정성경은 "온 백성에게서 칭송을" 받았다고 표현합니다.

사도행전 11-13장에 등장하는 안디옥 교회 교인들은 최초로 "그리스도인"이라고 불렸는데, '그리스도의 것', '그리스도주의자'라는 뜻입니다. 잘 알듯이 그리스도는 메시아를 가리킵니다. 그러므로 안디옥 교인들은 메시아의 것, 메시아주의자, 메시아 족속이라고 여겨졌습니다. 그들의 삶이 대체 어땠길래 이런 별명이 붙었을까요?

데살로니가 교인들도 마찬가지였습니다. 바울 사도는 데살로니가전서 1장에서 데살로니가 교인들의 믿음과 삶이 아가야와 마케도니아 지역에 알려져 모범이 될 뿐 아니라 그 외 지역까지 두루 퍼져서 하나님이 영광을 받았다면서 매우 기뻐하고 감사해합니다. 초기 교회에서는 이런 일들이 여기저기서 일어났습니다. 하나님의 살아 계심이 삶으로 드러나는 것, 이것이 "그 이름을 거룩하게 하여 주시며"라고 기도하는 것입니다.

"하나님의 살아 계심을 증명하는 박물관, 우리 삶을 그렇게 만들자." 이디스 쉐퍼Edith Schaeffer가 한 말입니다. 우리 삶이 비록 완전하지 않고 부족해도 하나님의 살아 계심을 드러내는 증거물을 그 안에 계속 채우자고, 그래서 사람들이 그 증거물들을 보며 하나님을 인정하게 하자는 격려입니다. 그러면 우리 삶의 증거물들은 무엇일까요? 사람들은 그리스도인의 삶을 보고 이렇게 질문할 수 있습니다. "그렇게 큰 실패를 겪었는데, 어떻게 재기하셨어요?" "보통 사람들하고는 중요하게 생각하는 게 다르네요. 그렇게 사는 이유가 있어요?" "어떻게 그 사람들을 용서했어요?" "가진 게 많으시네요. 그런데 어떻게 그렇게 나누며 살아요?" "도대체 뭐가 당신을 그렇게 살게 해요?" 사람들은 이런 질문을 하면서 '하나님이 살아 있을 수도 있겠다'라고 내심 생각할지 모릅니다.

이 대목에서 우리는 마음속 깊이 신음하게 됩니다. 자기 모습과 한국 교회의 행태가 하나님 이름을 더럽히고 있지나 않은지 의구심이 들기 때문입니다. 불행히도 일부 그리스도인은 세상 사람들이 하나님을 모독한다고 생각합니다. 그러나 하나님은 그들의 모독에 전혀 개의치 않으십니다. 오히려 하나님은 자신이 사랑하고 아들의 생명까지 치르고 구해 낸 하나님나라 백성들이 하나님의 하나님 되심을 드러내지 않을 때 모욕당한다고 여기십니다.

하나님의 침묵

하나님나라 백성들이 하나님을 하나님으로 여기지 않으면, 다시 말해 하나님 이름을 거룩히 여기지 않으면, 어떤 일이 일어날까요? 사무엘서 초반부가 그 결과를 잘 보여 줍니다. 당시 이스라엘의 제사장은 엘리였고, 홉니와 비느하스라는 두 아들이 있었습니다. 둘은 행실이 바르지 않았습니다. "엘리의 아들들은 행실이 나빴다. 그들은 주님을 무시하였다"(사무엘상 2:12)라고 성경은 기록합니다. 이어서 그들이 어떻게 하나님을 무시하고 하나님께 드리는 제사를 멸시했는지를 보여 줍니다(사무엘상 2:13-17). 22절은 점입가경입니다. "엘리는 매우 늙었다. 그는 자기 아들들이 모든 이스라엘 사람에게 저지른 온갖 잘못을 상세하게 들었고, 회막 어귀에서 일하는 여인들과 동침까지 한다는 소문을 들었다." 두 아들은 가진 권력을 이용해 하나님께 드리는 제사를 모욕하고 이스라엘 백성을 괴롭혔고, 회막에서 시중드는 여인들과 동침한다는 소문에 오르내렸습니다. 엘리는 그 일을 상세하게 다 들었습니다. 하지만 엘리는 두 아들을 타일렀을 뿐 별다른 조처를 하지 않습니다. 아들들은 아버지의 꾸짖음을 흘려들었습니다. 그러자 하나님의 사람이 나타나 엘리를 책망하고 그 집안에 저주를 선포합니다. 하나님께서 이스라엘 백성과 제사장 가문을 택하신 역사와 엘리 집안의 잘못과 심판의 경고가 이어집니다(사무엘상 2:27-36). 책망의 핵심은 29절입니다.

> "그런데 너희는 어찌하여 나의 처소에서 나에게 바치라고 명한 나의 제물과 예물을 멸시하느냐? 어찌하여 너는 나보다 네 자식들을 더 소중하게 여기어 나의 백성 이스라엘이 나에게 바친 모든 제물 가운데서 가장 좋은 것들만 골라다가 스스로 살찌도록 하느냐?" (사무엘상 2:29)

하나님은 하나님보다 아들을 소중히 여기는 그들에게 경고합니다. 그런데 놀랍게도 사무엘상 2장이 끝나고 3장이 시작되어도 엘리는 반응하지 않습니다. 엘리와 두 아들이 하나님 앞에서 회개했다는 기록은 없습니다. 엘리도 두 아들도 하나님을 하나님으로 여기지 않았고 하나님을 경외하지 않았습니다. 그 결과 무슨 일이 벌어졌을까요? "어린 사무엘이 엘리 곁에서 주님을 섬기고 있을 때이다. 그때에는 주님께서 말씀을 해 주시는 일이 드물었고 환상도 자주 나타나지 않았다"(사무엘상 3:1). 개역개정 성경은 같은 구절을 "아이 사무엘이 엘리 앞에서 여호와를 섬길 때에는 여호와의 말씀이 희귀하여 이상이 흔히 보이지 않았더라"라고 옮깁니다.

    우리가 하나님을 하나님으로 여기지 않고, 하나님 이름을 거룩하게 하지 않을 때, 하나님은 천둥과 번개로 심판하시지 않습니다. 여러 사람과 다양한 사건을 통해 계속 경고하시다가 어느 순간 더 이상 깨달음도 도전도 감격도 없는 상태로 들어갑니다. 말씀도 희미해지고, 마음에 와서 부딪치는 것도 사라지는 상태, '하나님의 침묵'이 시작됩니다.

하나님의 침묵은 하나님나라 백성이 경험할 수 있는 최고의 슬픔이자 두려움입니다. 그래서 바울 사도는 성령을 근심하게 하지 말고(에베소서 4:30) 소멸하지 말라고(데살로니가전서 5:19) 권면합니다. 우리 안에 계신 성령께서 우리를 깨닫게 하시고 감격하게 하시는데, 그 일이 더 이상 일어나지 않는다면 정신을 차려야 합니다. 하나님의 침묵은 대부분 우리가 하나님을 하나님으로 여기지 않고, 하나님을 경외하지 않고, 하나님의 이름을 거룩하게 하지 않을 때 나타나는 현상이기 때문입니다.

하나님 자녀의 특권이 무엇일까요? 우리는 그분의 자녀로서 그분의 거룩하심을 깊이 묵상하고, 그분의 하나님 되심을 알아챌 수 있습니다. 우리 안에서 그 기쁨과 깨달음과 감격이 사라질 때, 하나님이 침묵하시기 시작할 때, 정신을 차려야 한다는 경고등이 켜졌음을 알아야 합니다. 하나님의 침묵이 일정 기간 지속된 다음에는 그분의 심판이 임하기 때문입니다. 실제로 사무엘상 4장에서 엘리의 두 아들은 전쟁에서 죽습니다. 그 소식을 들은 엘리 역시 의자에서 넘어져 목뼈가 부러져 죽고 맙니다.

오늘날 그리스도인들은 자신의 영적 메마름에 둔감합니다. 그 상태를 별로 두려워하지도 않고, 쉽게 다른 사람 탓으로 돌립니다. 저는 이런 경향이 무척 놀랍습니다. 영혼이 메마르고, 하나님을 향한 감격이 사그라들고, 성경을 읽어도 깨달아지는 바가 없고, 설교를 들어도 마음에 와닿는 메시지가 없을 때, 대개는 예배 방식이나 설교자가 잘못되어서 그렇다고 생각합니다. 아마도 요즘 교회들이 교인들에게 기쁨을 주고 영혼을 어루만지는 데 집중하고, 교인들도 그런 '서비스'를 받는 것에 익숙해져서 그런지, 교인들은 자신의 영적 상태가 메마르면, 쉽게 교회 탓, 영적 지도자 탓으로 돌립니다.

무척 슬픈 일입니다. 하나님 이름을 거룩하게 하지 않을 때 가장 먼저 일어나는 일은 우리 안에 계신 하나님의 침묵입니다. 하나님을 하나님으로 여기지 않을 때, 하나님의 근심은 깊어집니다. 하나님의 침묵은 현대 그리스도인을 향한 하나님의 두려운 경고입니다. 이것을 잊지 말아야 합니다.

주기도로 기도합니다 ④-②

-

거룩하신 하나님 아버지,
주님께서 우리를 위해 하신 일들은 놀랍고도 경이롭습니다.
우리가 살고 있는 세상이 인간의 교만과 탐심으로 깨어졌지만
하나님의 아름다움은 온 천지에 여전히 나타나고 있습니다.
하나님의 거룩하심과 아름다움을 찬양합니다.

오, 우리가 하나님의 이름을 욕되게 하다니요?
하나님을 모욕하는 것은 하나님을 모르는 자들이 아니었습니다.
하나님을 믿는다는 저와 우리 공동체가 주님을 욕되게 합니다.
저와 우리 죄를 용서하여 주옵소서.
저와 우리 공동체가 하나님의 명예를 지키게 하옵소서.

저로 하여금 영적 메마름에 민감하게 하셔서
성령께서 이끄시고 감동하시는 삶을 살게 하옵소서.
그리하여 제 삶으로 하나님 이름을 드러내게 하옵소서.

-

거룩하신 하나님,
'구별되다'의 의미를 알려 주셔서 감사합니다.
아버지 하나님의 거룩하심에 발맞춰
저의 선택이 변화하기를 원합니다.
단순한 느낌과 생각에 머무르지 않고
실제 삶의 선택이 변화하게 해 주세요.
그러기 위해서는 매 순간 깨어서
주님의 음성에 민감한 삶이어야 하겠지요.
순간순간 저의 경계를 새롭게 하시고,
삶 속에서 진실한, 자유로운,
하나님 안에서의 기쁨을 누릴 수 있게 해 주세요.

4. 하나님나라의 왕을 위한 기도

주기도를 배우며 기도합니다 ④—②

　　　　　　　　　　　　　　　　　　　년　　　월　　　일

　　　　　　　　　　　　　　　　　　　년　　　월　　　일

4-2. 거룩하게 하여 주시며

골방으로 더 깊이

④─③

| 년 | 월 | 일 |
| 년 | 월 | 일 |

매사에 하나님을 발견하고 즐거워하게 하소서

하나님 이름을 거룩히 여기는 기도를 시작합시다. 그 기도는 첫째, 그분을 발견하고 즐거워하며 고백하는 데서 출발합니다. 창조 세계 곳곳에는 하나님이 하신 일들이 새겨져 있습니다. 그 손길을 발견하고 그 안에 담긴 아름다움을 만끽해야 합니다. 새벽에 운전하다가 산기슭에 흐르는 안개를 보며, 찬란한 빛깔을 펼치며 지는 노을 앞에 서서, 가을을 수놓는 색색의 단풍과 하늘 가득 떨어지는 낙엽을 맞으며, 봄이면 어김없이 솟아나는 새싹을 만지며, "오! 하나님, 이것도 주님이 만드셨군요. 정말 놀랍습니다!"라고 고백합시다. 이런 고백은 하나님의 하나님 되심을 인정하는 것입니다. 그리고 아이들 눈을 보며, 사랑하는 사람 얼굴을 보며, 하나님이 만드신 세계를 보며 그분의 솜씨를 찬양할 때 그분 이름은 거룩하게 됩니다.

그 무엇보다 놀라운 일은 우리 삶에 새겨져 있습니다. 아무 자격 없는 우리를 하나님나라 백성이 되게 하려고 하나님이 하신 일들을 곰곰이 생각하면 저절로 그분을 예배하게 됩니다. 우리 삶에서 하나님의 손길을 발견하고 즐거워하고 고백하는 것이 바로 예배입니다.

주기도의 맨 처음 나오는 이 간구가 중요한 이유는 우리가 일상에서 하나님을 생각하며 하나님의 명예를 빛내며 살지 않기 때문입니다. 우리는 자기 자신을 위해 삽니다. 충분히 성숙하지 못했기 때문이지요. 그런데 기도할 때는, 자기에게 꽂혀 있던 시선이 하나님께로 향합니다. 찬양할 때도 마찬가지입니다. 자신만 바라보며 집중했던 시선이 자연스레 하나님께로 돌아갑니다. 하나님이 우리를 위해 무슨 일을 하셨는지 기억하고 되뇌며 묵상하게 됩니다. 그때 우리는 "아, 하나님! 당신이십니다. 주님께서 놀라운 일을 하셨습니다"라고 고백합니다. 그래서 예배가 중요합니다. 예배는 자기연민에서 벗어나 하나님의 영광을 바라보게 합니다.

우리는 자기연민에 잘 빠집니다. 저 역시 "하나님, 저는 이 놀라운 기도를 가르칠 자격이 안 됩니다. 하나님의 거룩하심을 어떻게 제 입에 올릴 수 있겠습니까? 아무리 생각해도 이 영광스러운 기도를 해석할 만한 능력이 없습니다. 자격 미달입니다"라는 생각이 들었습니다. 그러나 찬양 중에 하나님이 힘을 주셨습니다. "주는 나의 힘이요, 내 마음과 내 힘은 믿을 수 없네~" '맞다. 나는 내 힘을 의지할 수 없다. 주님이 나의 힘이다.' 그리고 이 글을 쓰면서 제가 묵상한 내용이 생각났습니다. '아, 주님이 나의 방패시다!'

우리는 그분 앞에 설 때마다 우리가 얼마나 형편없고 부족한지를 깨닫습니다. 그럼에도 자기연민에 빠지지 않고, 그 대신에 그분의 선하심과 아름다움과 깊은 사랑과 거룩하심을 묵상하며 깨닫고 즐거워합니다. 우리가 하나님 앞에 이렇게 나아갈 때, 하나님 이름은 거룩하게 됩니다.

발견한 하나님을 드러내게 하소서

둘째로, 이렇게 발견한 하나님을 생활에서 말과 행동으로 드러내야 하는데, 이를 위해 기도할 수 있습니다. 하나님 "그 이름을 거룩하게 하여 주시며"라는 기도는 말로만 고백하는 기도가 아니라, 개인의 삶과 공동체 활동을 통해 하나님의 하나님 되심을 드러내기 위해 드리는 기도입니다.

먼저, 개인 차원에서 각자의 삶을 가지고 하나님 앞에 나아가야 합니다. 자기가 하는 일, 맺고 있는 관계, 먹고 자는 가정에서 하나님의 하나님 되심을 드러낼 수 있도록 기도해야 합니다. "하나님, 제가 하는 일을 통해 하나님이 좀 더 드러나면 좋겠습니다. 제가 다른 사람을 섬길 때 하나님의 하나님 되심을 전할 수 있으면 좋겠습니다."

그리고 공동체의 여러 사역을 통해서도 하나님이 더 널

리 알려지도록 기도합니다. 나들목교회는 지역 주민을 위해 도서관을 운영하고, 중학생 공부방도 열었습니다. 왜 이런 일들을 할까요? 도서관과 공부방을 통해 하나님을 더 드러내기 위해서입니다. 하나님이 그들을 사랑하고 계심이 우리 삶을 통해 드러나는 것, 그것이 하나님의 뜻이기 때문입니다.

이처럼 그리스도인은 자신의 말과 행동, 또 공동체 사역을 통해 하나님을 더 널리 알리고, 하나님의 하나님 되심이 더 진지하게 인정받기를 소원합니다. 우리가 사는 모습을 본 주변 사람들이 "어떻게 그렇게 살 수 있어요?"라며 궁금해하기를 바라며 기도를 드립니다. 그 기도가 바로 하나님의 "그 이름을 거룩하게 하여 주시며"라는 기도입니다.

거룩한 하나님 이름을 더럽히는 우리를 불쌍히 여기소서

저는 개인적으로 인생의 최저점을 지날 때, 삶이 한계에 부딪혔을 때, 부족하고 약한 제 모습으로 인해 하나님 이름이 훼손될까 봐 두려웠습니다. 제게는 무척 큰 고통이었습니다. '내 실패와 부족함과 연약함이 하나님의 영광을 가려 내 주변 사람들이 실족하면 어쩌지?' 저를 사랑하고 아껴 주신 하나님에게는 너무나 송구한 일이었습니다. 그때 저는 이렇게 기도드렸습니다. "하나님, 제 인생을 통해 당신의 이름이 훼손되지 않기를 원합니다. 당신의 이름이 영광을 받기 원합니다."

우리가 회개해야 할 부분은 '드러난' 실패와 부족함만이 아닙니다. 아무도 안 볼 때 우리 모습은 어떤가요? 우리는 그 모습을 그다지 심각하게 생각하지 않습니다. 마음속에서 일어나는 일에 별로 두려움이 없습니다. 그러나 하나님 앞에서 우리가 책임지지 않아도 되는 자기 모습은 없습니다. 마음속에서나 자기만의 골방에서 일어나는 일이 하나님 이름을 영화롭게 할 수도 있고 모욕할 수도 있습니다. 그 또한 우리 삶의 일부임을 기억해야 합니다.

우리는 두려워하며 회개해야 합니다. 우리 자신과 우리 교회가 부족해서 하나님 이름을 훼손하고는 있지 않은지, 심지어 하나님을 모욕하고 있지는 않은지 살펴야 합니다. 마음에 그런 짐이 생길 때마다 "하늘에 계신 우리 아버지"에게 나아가 울어야 합니다. 한국 그리스도인은 한국 교회의 현실을 똑바로 보며 하나님 앞에서 울어야 합니다. "하나님, 주님의 이름을 드러내야 할 저희가 오히려 그 이름을 더럽히고 있습니다. 주님의 그 놀라운 사랑을 드러내기는커녕 훼손하고 있습니다. 저희를 불쌍히 여기시고 용서해 주십시오. 주님의 이름이 저희와 이 땅의 교회들로 인해 더럽혀지지 않게 하소서." 그래서 하나님 "그 이름을 거룩하게 하여 주시며"라는 기도는 오늘날 한국 그리스도인이 눈물로 드려야 하는 기도인지 모릅니다.

이때 한 가지 주의할 점이 있습니다. 우리가 눈물로 회개하며 이 기도를 드릴 때, 그 초점은 우리의 실패가 아닙니다. 우리의 실패가 아니라 하나님의 거룩하심을 드러내지 못했다는 사실에 집중해야 합니다. 실패를 들여다보기 시작하면 자기연민에 빠지거나, 원인을 분석해서 누구 잘못인지 누구를 책망해야 하는지를 찾아내는 데 골몰하기 쉽습니다. 아닙니다! 하나님의 거룩하심에 초점을 맞추면 누구 잘못인지 누구를 비난할지에 매이지 않습니다. 오히려 "하나님, 제 목숨은 무엇을 위한 것입니까? 저는 무엇을 해야 합니까? 주님의 영광스러운 이름을 위해 지금 이 상황에서 저는 무엇을 해야 합니까?" 이렇게 기도하게 됩니다. 이것이 바로 우리가 드려야 할 회개 기도입니다.

주기도로 기도합니다　④—③

-

거룩하신 하나님, 저는 늘 제 생각만 합니다.
저 자신에게 꽂혀 있는 눈을 주님의 거룩하심으로 옮겨 가게 하소서.
그리하여 하나님께서 창조하신 천지 만물 속에서
주님을 발견하고 즐거워하게 하소서.
하나님이 어떤 분이시고, 우리를 위해 무엇을 하셨는지를 기억하게 하시고
제가 발견하고 깨달은 하나님이 제 삶과 인격 속에서 드러나게 하옵소서.
저의 인생과 저의 공동체가 세상 속에서 하나님을 드러내게 하옵소서.
저와 우리 교회들이 하나님의 명예를 더럽힌 것을 용서해 주시고,
우리 모두 주님의 명예를 마음에 품고 살게 하소서.

-

주님, 저만 드러내기 위해 살아왔던 지난날을 용서해 주세요.
주님의 영광을 드러내기보다는 가리는 쪽으로 살아왔습니다.
누군가에게 보이지 않을 때 제 모습까지 생각하면 더더욱 그렇습니다.
주님, 도와주세요.
연약한 제가, 우리 공동체가 주님의 영광을 드러낼 수 있게 도와주세요.
주님, 저는 실패와 그 원인에 집중할 때가 많은데,
그것이 아니라 '하나님의 영광'에 집중하고 싶습니다.
영광을 받아 마땅한 주님의 신성과 사랑, 자비와 긍휼의 성품….
주님, 그것들이 제 삶에 묻어나기를 간절히 바랍니다.

주기도를 배우며 기도합니다 ④—③

　　　　　　　　　　　　　　　　　　　년　　월　　일

　　　　　　　　　　　　　　　　　　　년　　월　　일

4-3. 골방으로 더 깊이

하나님의 명예에 관심이 있나요

이 기도는 하나님의 명예를 소중히 여기는 이들의 기도입니다. "하나님 이름이 누구에게나 거룩한 이름이 되기를 바랍니다. 제 묵상과 고백만이 아니라 제 삶에서 하나님이 드러나기를 바라며, 그를 통해 하나님이 하나님 되시기를 원합니다." 하나님은 이같이 기도하는 사람을 찾고 계십니다. 그들은 자신에게로만 향하던 시선을 거두고 하나님에게 관심을 두기 시작합니다. 하나님나라의 주인이신 분의 영광을 추구하는 쪽으로 삶이 변화하기 시작합니다. 자신의 삶이 하나님의 살아 계심을 증거하고 하나님의 이름을 높이기를 바라며, 그러한 방향을 추구하게 됩니다.

이제 우리는 주기도로 기도할 때, "하늘에 계신 우리 아버지"를 부르고, 그분의 영광과 명예가 우리 개인의 고백뿐 아니라, 우리 삶과 한국 교회를 통해 드러나게 해 달라고 기도해야 합니다. 특히 교회가 세상을 걱정하는 것이 아니라 세상이 교회를 걱정하는 현 상황을 통회해야 합니다. 세상의 소금과 빛으로 부름 받은 교회(마태복음 5:13-16)가 새롭게 갱신되어 만물을 충만케 하시는 하나님(에베소서 1:23)을 드러내게 해 달라고 눈물로 기도해야 합니다. 하나님이 이 땅 가운데서 하나님으로 인정되고, 그 거룩하심이 드러나기를 소망하는, 그 비전을 위해 기도하며 애쓰는 백성을 주님은 오늘도 찾고 계십니다.

주기도로 기도합니다 ④

짧은 기도
저와 우리 공동체를 통해
우리 주님이 참 하나님으로 인정되게 하소서.

긴 기도
하나님은 세상의 그 무엇과도 구별되시는 분이십니다.
주님을 천지 만물과 일상에서 발견하고 찬양하게 하소서.
하나님의 이름을 가진 우리 그리스도인들과 교회가
삶과 증언으로 주님을 세상에 온전히 드러내게 하소서.
저희가 하나님의 명예를 위해 살아가게 하소서.
세상 사람들이 저의 삶과 우리 교회들의 모습을 보고
하나님을 발견하고 하나님께 돌아오게 하소서.
저희가 하나님의 이름에 걸맞은 백성으로 살게 하소서.

주기도를 배우며 기도합니다 ④

　　　　　　　　　　　　　　　　　　　　년　　월　　일

짧은 기도

긴 기도

주기도로 기도합니다 ④

짧은 기도

저와 우리 교회가 주님의 명예를 위해 살게 해 주세요.

긴 기도

저를 통해, 우리를 통해 영광을 받으시는 주님께
저의 삶과 우리 교회를 드리길 원합니다.
당신의 명예를 드러내고 사는 법을 배우게 해 주세요.
당신의 명예를 드높일 수 있는 삶을 배우게 해 주세요.
당신의 이름을 묵상하며 살게 해 주세요.
당신의 이름 때문에 구별되어 살게 해 주세요.

주기도를 배우며 기도합니다 ④

년　　월　　일

짧은 기도

긴 기도

"그 나라가 오게 하여 주시며"

⑤	하나님나라의 도래를 위한 기도	**200**
⑤-①	"그 나라가"	**202**
⑤-②	"오게 하여 주시며"	**212**
⑤-③	골방으로 더 깊이	**224**

하나님나라의 도래를 위한 기도 ⑤

년   월   일
년   월   일

 야구를 좋아하는 사람은 프로야구 시즌이 끝나면 새 시즌이 시작하는 다음 봄까지 무슨 재미로 사나 싶어서 살짝 풀이 죽습니다. 저는 축구를 사랑합니다. 하는 것도 좋아하고 보는 것도 좋아합니다. 특히 국가대표팀 경기는 챙겨서 보는 편이라 다음 경기를 늘 기다립니다. 우리가 스포츠만 기다리는 건 아니죠. 일 년 내내 휴가를 기다리는 사람도 있습니다. 물건을 주문해 놓고 언제 오나 싶어 배송 상태를 조회하고, 자동차나 집을 인생 처음 장만하면 큰 기대와 설렘으로 잠을 설칩니다. 상품이나 이벤트를 기다리고, 또 사람을 기다립니다. 젊은이들은 자신을 사랑해 줄 누군가를 고대합니다.
 이처럼 인간은 늘 무언가를 기다립니다. 참 이상하게도 기

다림이 없이는 살아지지가 않습니다. 그런데 어떤 기다림이든 채워지면 곧바로 또 다른 기다림이 시작됩니다. 오랜 기다림일수록 무산되면 크게 절망합니다. 그 경험이 반복되면 좌절에 빠져 다른 기쁨을 제대로 누리지 못합니다. 거듭해서 좌절한 사람은 인생에 더 이상 기다릴 것도, 아무런 희망도 없다며 삶을 포기하기에 이릅니다.

그리스도인은 어떤가요? 그리스도인은 무엇을 기다리며 사나요? 하나님나라 백성이 기다리는 것은 무엇인가요? "그 나라가 오게 하여 주시며"라는 주기도의 두 번째 간구는 하나님나라에 속한 사람과 세상에 속한 사람이 기다리는 것이 어떻게 다른지를 잘 보여 줍니다. 이 간구 역시 많은 그리스도인이 슬쩍 지나가듯 읊조리고 말지만, 그 뜻은 무척 깊습니다. 이 간구는 우리가 간절히 기다리며 소망하는 그 '나라'를 바라는 기도입니다. 이를 놓친 그리스도인은 세상 사람과 별반 다르지 않은 것을 기다리고 추구하며 살아갈 수밖에 없습니다. 지금은 "하나님나라가 오게 하소서"라는 기도에 담긴 간절한 기다림을 회복해야 할 때입니다.

"그 나라가"

년   월   일
년   월   일

하나님나라와 천당

하나님나라를 잘 이해하고 있다면, "그 나라가 오게 하여 주시며"라는 간구 역시 수월하게 이해할 수 있습니다. 하지만 오늘날 한국 그리스도인은 교회에서 하나님나라에 관한 설교를 자주 듣지 못합니다. 그래서인지 하나님나라에 관해 잘 모를 때가 많습니다. 한국 교회와 그리스도인이 허약해진 이유 중 하나도 이 때문입니다. 하나님나라는 성경의 핵심 주제이며, 예수님의 중심 사상입니다.

    마태·마가·누가복음에는 셀 수 없을 만큼 자주 하나님나라가 등장합니다. 그런데 유독 마태복음만 하나님나라kingdom of God 대신에 천국kingdom of heaven이라는 표현을 사용합니다. 마태복음의 독자인 유대인들이 '하나님'이라는 단어를 입에 올리는 일을 불경하게 여겨서 하나님나라 대신에 천국이라고 표현했습니다. 그런데 그 천국을 우리말로 옮길 때 '하늘나라'라고 했으면 얼마나 좋았을까요(다행히 새번역성경은 하늘나라로 번역했습니다). 천국이라는 단어는 우리에게 혼란을 일으킵니다. 우리나라의 오래된 기복 신앙이나 불교적 세계관에서 내세를 가리키는 천당과 비슷한 곳으로 쉽게 착각합니다. 하지만 하나님나라는 죽은 후에 가는 내세나 천당과는 전혀 다른 개념입니다.

그렇다면 예수께서 가르치신 하나님나라의 중요한 내용은 무엇일까요? '하나님나라'라는 단어에서 '나라'에 해당하는 원어는 '마르쿠스'히브리어와 '바실레이아'헬라어입니다. 이 둘은 어떤 영역이나 장소를 가리키기보다는 '통치권'이라는 의미가 강합니다. 영어로는 'kingdom'이지만, '다스림'을 뜻하는 'kingship'왕권이나 'sovereignty'주권 같은 단어에 가깝습니다. 그런데 왕의 다스림, 왕 되심과 하나님나라에는 조금 차이가 있습니다. 하나님의 다스림과 왕 되심은 천지창조 때부터 지금까지 변함없이 이어지고 있습니다. 사람들이 인정하든 인정하지 않든 하나님은 지금도 왕이십니다. 그렇다면 하나님나라는 어떨까요. 하나님나라의 핵심은 왕이신 하나님과 어떤 관계를 맺고 있는가입니다. 하나님의 다스림 아래 있는지, 그분의 사랑과 보살핌을 받으며 살고 있는지가 중요합니다. 다시 말해, 하나님나라는 하나님의 왕 되심에 그분과의 관계까지 더해져야 비로소 열립니다.

예수님이 가르치고 시작하신 나라

예수님의 가르침을 잘 살펴보면, 하나님나라가 핵심입니다. 성경을 열심히 읽는 사람은 하나님나라에 대해 무지할 수가 없습니다. 예수님은 성령에 이끌려 광야에서 악마에게 시험을 받은 후에, 마침내 "회개하여라, 하늘나라가 가까이 왔다"라고 선포하기 시작합니다(마태복음 4:17). 예수님의 첫마디가 바로 하늘나라, 하나님나라였습니다. 그리고 마가복음 1장 15절에서는 "때가 찼다. 하나님의 나라가 가까이 왔다. 회개하여라. 복음을 믿어라"라고 하십니다. 예수님이 온 삶을 걸고 전한 메시지가 응축된 핵심 문장인데, 여기서도 하나님나라가 중심입니다. 요한복음에는 하나님나라라는 단어가 거의 등장하지 않으나 나다나엘이 예수님을 가리켜 "선생님, 선생님은 하나님의 아들이시요, 이스라엘의 왕이십니다"라고 합니다(요한복음 1:49). 예수님이 이스라엘을 다스리는 왕, 곧 그 나라를 가져오실 분이라는 뜻입니다. 실제로 누가복음에서 예수님은 자신의 사명을 다음처럼 분명히 밝히십니다. "나는 다른 동네에서도 하나님나라의 복음을 전해야 한다. 나는 이 일을 위하여 보내심을 받았기 때문이다"(누가복음 4:43). 이처럼 하나님나라는 예수님이 온 삶을 바쳐서 가르치고 이루신 일의 핵심입니다.

불행히도 우리는 하나님의 다스림을 받으며 하나님과 인격적 관계를 맺을 수 없는 사람들이었습니다. 우리는 하나님나라와는 도저히 어울리지 않는, 형편없는 존재였습니다. 하나님을 인정하지 않았고 자기 소견에 옳은 대로 살았습니다. 그런 우리가 어떻게 하나님 아래서 그분의 다스림을 받으며, 그분의 사랑과 보호를 바랄 수 있을까요? 하나님나라는 아무나 갈 수 없고, 또 함부로 갈 수 없는 곳입니다. 그런데 요즘은 하나님나라를 그렇게 생각하는 그리스도인이 드뭅니다. 오히려 당연하게 여깁니다. 오늘날은 하나님을 따르는 신앙의 신비도 희미해지고, 엄청난 선물을 받았는데도 잘 감격하지 않습니다. 아무것도 아닌 우리가 하나님나라에 들어가 그분의 극진한 사랑과 자상한 보살핌과 보호를 받고 있는데도 그 신비를 잘 깨닫지 못합니다. 안타까운 일입니다.

그렇다면 지금까지 하나님나라와 아무 상관 없이 살아온 사람에게 하나님나라가 가까이 왔다는 소식은 어떻게 들릴까요? "하늘나라가 가까이 왔다"라는 예수님의 선포는 기쁜 소식이기보다는 심판의 소식입니다. 정의로운 심판관 앞에 서서 하나님을 무시하고 살아온 날들에 대한 심판을 먼저 받아야 합니다. 그런데 놀라운 소식이 들립니다. 아무 자격 없는, 오히려 심판 대상인 우리가 예수 그리스도를 통해 하나님나라에 들어갈 수 있다는 소식입니다. 이것이 바로 예수님이 전한 '하나님나라 복음'입니다. 하나님 없이 어둠의 나라에 살던 우리를 불러내어 하나님의 사랑과 영광이 넘치는 나라에 들어가게 하려고 예수님은 이 땅에 오셨고 십자가에 달리셨습니다. 그에 힘입어 우리는 아무런 값도 치르지 않고 하나님나라에 들어가 하나님나라 백성이 되었습니다. 이것이 은혜이며 복음입니다.

그런데 이 과정에서 빠질 수 없는 아주 중요한 요소가 있습니다. 은혜로 복음을 받아들일 때 반드시 '회개'해야 합니다. 회개하지 않고는 하나님나라에 들어가는 은혜를 누릴 수 없습니다. 그전까지 우리는 하나님을 왕으로 인정하지 않았고, 세상을 주인으로 여겼으며, 제 욕심을 따라 자기 마음대로 살았기 때문입니다. 이를 돌이켜야 합니다. 따라서 복음을 받아들이는 것은 지금까지 살아온 방식을 버리고, 예수를 따르고 사랑하며 그분에게 충성을 다하는 것입니다. 그분이 우리를 변화시킬 수 있도록 그분의 다스림을 즐거이 받아들이고 그분에게 주도권을 양도하는 것입니다. 다시 말해 회개는 그분의 나라와 그분의 뜻을 위해 우리 자신을 드리는 것입니다. 이 같은 진실한 회개를 거쳐서 우리는 하나님나라에 들어갑니다.

그럴 때 비로소 우리 인격은 조금씩 변합니다. 하나님을 사랑하면서 우리 시각과 관심사가 변하면, 전에는 전혀 하지 않았던 고민을 조금씩 하기 시작합니다. '어떻게 사는 게 주님을 위하는 걸까? 어떻게 해야 나와 세상을 향한 주님의 뜻을 분별할 수 있을까?' 이런 고민을 시작하면 세상에서 배운 방식을 하나씩 내려놓게 됩니다. 그래서 일요일에 아무리 날씨가 좋아도 교회로 모여서 예배를 드리고, 전혀 아까워하지 않습니다. 하나님을 예배하는 아름다움이 무엇인지, 형제자매와 교제하는 즐거움이 무엇인지 서서히 알아 갑니다. 교회가 깨진 세상에서 무엇을 해야 하는지도 어렴풋하게나마 손에 잡히기 시작합니다.

하나님나라에 들어간 사람들이 받은 이 복을 뭐라고 할까요? 요한복음은 "영생"이라고 합니다. 그런데 이 영원한 생명을 죽은 후가 아니라, 예수의 제자라면 이미 받아서 누리고 있다고 강조합니다(요한복음 6:40, 47). 영원한 생명이 벌써 우리 안에 들어와서 일하고 있습니다! 일상에서 만나는 그리스도인들을 떠올려 봅시다. 별다른 것 없는 평범한 모습입니다. 하지만 그 속에는 하나님의 새로운 생명이 발아해서 일하고 있으며, 하나님이 극진한 사랑으로 그들을 보살피며 다스리고 계십니다. 게다가 그리스도의 영인 성령께서 우리 안에 거하시면서, 우리가 하나님나라 백성답게 살도록 은혜를 주시고 세세히 이끄십니다. 우리는 모두 하나님나라 백성들입니다. 형제자매와 이웃과 세상을 하나님 관점으로 바라보며 하나님의 다스림 아래에서 살면서 성령님과 동행하는 것, 이것이 영생이며, 예수님께서 몸소 가르쳐 주신 하나님나라의 핵심입니다.

하나님나라 맥락에서 주기도 읽기

예수님이 선포하셨던 하나님나라는 실제로 임했습니다. 그 결과 아무 소망 없었던 우리가 하나님나라에 속한 사람이 되어서 예수 그리스도를 따라 변화하며 의미 있게 살고 있습니다. 그 하나님나라가 성경 전체의 중심입니다. 예를 들어 신약성경 첫 책인 마태복음만 살펴보아도 하나님나라가 중심 뼈대이며, 그 안의 산상수훈과 주기도도 마찬가지입니다.

　　마태복음 1장에는 우리에게 익숙하지 않은 이름들이 계속 나옵니다. 아브라함에서 다윗의 자손으로 이어지는 족보입니다. 왕의 족보는 마지막 한 사람, 예수를 향합니다. '예수'라는 이름은 자기 백성을 죄에서 해방하는 분이라는 뜻입니다. 예수님의 별명인 '임마누엘'은 하나님이 세상 끝 날까지 자기 백성과 함께하신다는 뜻입니다. 이처럼 마태복음 1장은 하나님나라의 왕이 어떤 분이신지를 설명해 줍니다. 그분의 족보와 함께 그분이 장차 하실 일과 영원히 하실 일을 보여 줍니다.

2장에서는 세상의 왕 헤롯이 갓 태어난 하나님나라의 왕을 없애려고 합니다. 헤롯은 세속 권력을 동원해 잔혹하게 예수 그리스도를 죽이려 합니다. 그런데 예수의 탄생 때, 아무도 찾지 않을 것 같은 그때, 하늘을 바라보며 연구하던 현자들이 왕이 나셨음을 알아보고 먼 곳 동방에서 찾아와 경배합니다. 이때부터 예수는 이미 열방을 다스리는 왕이셨습니다.

3장에는 왕이 오실 길을 예비하는 세례자 요한이 나옵니다. 그는 자기 뒤에 오실 분을 심판하실 왕으로 소개합니다. 4장에서는 예수님이 등장해 하나님나라 복음을 선포하십니다. 이어지는 5-7장이 산상수훈입니다. 하나님나라의 왕을 받아들인 백성의 삶이 어떠한지를 보여 줍니다. 마태복음에는 설교 묶음이 모두 다섯 편이 실려 있는데, 첫 번째가 산상수훈입니다. 그 후에 예수님은 제자들을 부르시고, 10장에서 하나님나라 백성인 제자들을 파송하면서 주시는 당부 말씀이 두 번째 설교입니다. 13장의 세 번째 설교에서는 여러 비유를 들어 가시며 본격적으로 하나님나라가 무엇인지를 알려 주십니다. 18장의 네 번째 설교에서는 하나님나라 백성이 서로 어떻게 관계를 맺으며 살지를 가르치시고, 24-25장의 다섯 번째 설교에서는 하나님나라가 임할 때 어떤 징조가 있을지를 종말론적으로 설명해 줍니다. 그리고 마태복음 끝에서는 왕이신 하나님이며 전권을 부여받은 예수님이 세상 끝 날까지 우리와 함께하시겠다고 다시 한번 약속하십니다.

> "나는 하늘과 땅의 모든 권세를 받았다. 그러므로 너희는 가서, 모든 민족을 제자로 삼아서, 아버지와 아들과 성령의 이름으로 세례를 주고, 내가 너희에게 명령한 모든 것을 그들에게 가르쳐 지키게 하여라. 보아라, 내가 세상 끝 날까지 항상 너희와 함께 있을 것이다." (마태복음 28:19-20)

이처럼 마태복음 전체가 예수 그리스도가 왕이시고, 그의 다스림이 드러나기 시작했다고 기록합니다. 더불어 그의 다스림 아래에 있는 사람들이 어떤 관계를 맺고 어떻게 살아야 하는지, 그리고 마지막 날을 어떻게 대비해야 하며, 마지막까지 무슨 일을 해야 하는지를 알려 줍니다. 마태복음은 하나님나라를 가리키는 내용으로 꽉 차 있습니다. 그러므로 산상수훈을 비롯한 예수님의 설교뿐 아니라 주기도 역시 하나님나라 맥락에서 읽어야만 바르게 이해할 수 있습니다. 이는 마태복음에만 나타나는 현상이 아닙니다. 네 복음서는 예수께서 직접 전하신 하나님나라를 들려주고, 신약성경의 나머지 책들은 그 하나님나라를 살아 낸 사람들 이야기이며, 구약성경은 하나님나라가 왜 필요한지를 알려 줍니다.

주기도로 기도합니다 ⑤-①

-

하나님나라의 왕이신 하나님,
자격 없는 저를 위해 독생자를 보내 주셔서 감사합니다.
그가 십자가에서 저의 죄를 대신해 죽으심으로
저는 하나님나라에 들어가 하나님나라 백성이 되었습니다.
예수께서 평생을 통해서 가르치신 하나님나라를
제가 더욱더 알아 갈 수 있게 도와주십시오.
또한 하나님나라 백성이 마땅히 드릴 기도를 가르쳐 주셔서
하나님나라 백성답게 살아 내게 하소서.

-

주님, 저는 당신의 나라에 갈 자격이 없는 사람이었습니다.
당연한 줄 알았던 당신의 은혜가 아니고서는
감히 당신을 알아 갈 수도,
당신의 다스림을 받을 수도 없었습니다.
주님! 당신 백성으로 삼아 주심에 감사하고 감격합니다.
당신의 나라를 상속받을 자로서,
상속인답게 살아갈 수 있도록 저를 빚어 주세요.

주기도를 배우며 기도합니다

⑤—①

년   월   일

년   월   일

5-1. 그 나라가

"오게 하여 주시며"   ⑤―②

년   월   일

년   월   일

이미 시작된 하나님나라

앞서 살펴본 대로 하나님나라는 예수님의 핵심 사상입니다. 그 나라의 특성을 제대로 이해한 사람만이 "그 나라가 오게 하여 주시며"라는 기도의 본뜻을 알고 기도할 수 있습니다. 이제 하나님나라의 특성을 가장 잘 설명해 주는 성경 본문을 살펴봅시다. 마태복음 13장입니다. 여기서 예수님은 하나님나라에 관한 여러 비유를 직접 들려주십니다.

    씨를 뿌리는 사람의 비유는 마태복음뿐 아니라 마가복음과 누가복음에서도 가장 먼저 나오는 하나님나라 비유입니다. 그만큼 익숙하고 널리 알려졌으나, 놀랍게도 많은 사람이 '네 가지 땅의 비유'로 기억합니다. 이 비유를 가르치는 많은 설교 역시 씨앗이 떨어진 네 가지 땅, 길가와 돌밭과 가시덤불과 좋은 땅에 주목합니다. 그런데 예수님은 "너희는 이제 씨를 뿌리는 사람의 비유가 무슨 뜻을 지녔는지를 들어라"(마태복음 13:18)라고 하시며, "씨를 뿌리는 사람의 비유"라고 제목까지 직접 붙이십니다. 이 비유는 하나님나라의 특성을 설명하는 마태복음 13장 초반에 등장해 서론 역할을 하는, 매우 중요한 말씀입니다. 그런데 이 비유가 중요한 이유는 우리가 어떤 땅이 되어야 하는지를, 돌밭 같은 우리 심령이 어떻게 해야 좋은 땅이 될 수 있는지를 알려 주기 때문이 아닙니다. 그보다는 예수님이 오셔서 이미 씨를 뿌리셨다는 사실 때문에 중요합니다. 하나님나라는 이미 시작되었습니다. 씨는 벌써 뿌려졌고, 그래서 제목도 "씨를 뿌리는 사람의 비유"입니다.

하나님나라 비유에는 씨앗이 종종 등장합니다. 겨자씨 비유, 밀과 가라지 비유도 씨앗 이야기입니다. 이 비유들은 하나같이 이미 씨가 뿌려졌다고 이야기합니다. 예수님이 가르치신 하나님나라의 가장 중요한 특성은, 예수님이 오셔서 하나님나라가 시작되었다는 것입니다. 이는 그물 비유(마태복음 13:47-50)에서도 마찬가지입니다. 하나님나라는 바다에 그물을 던져서 온갖 고기를 잡아 올리는 것과 같은데, 아직 고기를 다 잡아 올린 것은 아니나 그물은 이미 내려져 있습니다. 하나님나라는 이미 시작되었습니다.

처음에는 겨자씨같이 너무 작아서 아무도 눈치채지 못했으나 하나님나라는 놀랍게 퍼져 나갑니다. 사람들이 예수 그리스도를 주목한 때는 십자가 사건이 있고 100여 년이 지난 후입니다. 예수를 믿고 따르는 이들이 빠른 속도로 늘어나자 역사가들이 그 기원을 되짚어 갔고, 그 시작에서 예수 그리스도의 죽음과 부활 사건을 발견합니다. 예수님 당대에는 그분이 인류 역사를 이렇게 뒤집어 놓을 줄 아무도 몰랐습니다. 예수의 제자들도 아마 몰랐을 것입니다. 하지만 예수 그리스도께서 오시자 하나님나라가 시작되었고 들불처럼 퍼져 나갔습니다.

하나님나라는 지금 이곳에

예수 그리스도께서 계신 곳이 하나님나라였습니다. 그분이 가시는 곳 어디서나 병이 낫고 귀신이 쫓겨났습니다. 온갖 어그러진 것들이 바로잡혔습니다. 예수님이 계신 곳은 해방구처럼 하나님이 다스리는 곳이 되었고, 그로 인해 질병과 귀신 들림과 온갖 어그러짐이 사라졌습니다. 빛이 비치면 어둠이 사라지듯이 예수님이 움직이시는 곳마다 회복이 일어났습니다. 하나님의 다스림이 드러났습니다. 그러자 바리새인들은 예수가 귀신의 두목 바알세불의 힘을 빌려서 귀신을 쫓아낸다고 비방했습니다. 그때 예수님은 "내가 하나님의 영을 힘입어서 귀신을 쫓아내는 것이면, 하나님의 나라는 너희에게 왔다"(마태복음 12:28)라고 말씀하십니다. 예수님을 통해 하나님의 다스림이 완전히 이루어졌기 때문에 그분이 계시면 병약함도, 귀신 들림도, 자연의 훼방까지도 힘을 잃었습니다. 이렇듯 예수님이 오시자, 하나님나라가 임했습니다.

오늘날도 하나님은 사람들의 병을 고치십니다. 지금도 여전히 자기 백성을 돌보시므로 병이 낫는 기적이 일어납니다. 하지만 누구나 믿음만 있으면 병이 낫는다는 생각은 네 복음서를 잘못 읽어서 생겨난 결과입니다. 복음서가 가르치는 믿음은 병이 낫는다는 믿음이 아니라 예수님이 다윗의 자손, 곧 메시아 그리스도임을 받아들이는 믿음입니다. 성경적 믿음은 자기가 원하는 것이 이루어진다고 믿는 것이 아닙니다. 하나님이 약속하신 것, 하나님이 하신 일과 하시는 일, 하실 일을 온 마음으로 받아들이는 것입니다. 네 복음서에 기록된 병 고침 사건들이 오늘날과 다른 점은, 그때는 예수께서 실제로 계셨고, 오늘날은 예수께서 성령으로 우리와 함께 계신다는 것입니다. 언젠가는 다시 오셔서 우리와 실제로 함께하실 것입니다. 그때는 하나님나라가 온전히 이루어져 온갖 질병과 어려움이 모두 완전히 사라질 것입니다. 하지만 그전까지는 우리 중에 어떤 사람은 병이 낫고 어떤 사람은 병이 낫지 않을 것입니다. 이는 전적으로 하나님의 주권에 달린 일입니다. 그분이 원하시면 이루어집니다. 하지만 열심히 기도하고 믿음이 좋으면 반드시 병이 낫는다는 이야기는 하나님나라에 관한 이해가 부족한 데서 비롯합니다. 하나님은 어떤 사람의 믿음에 따라서 병을 고쳐 주시는 분이 아닙니다. 성경에 기록된 병 고침은 예수님이 그곳에 계셨기 때문에 일어난 일입니다. 예수님이 계신 곳에서는 이미 임한 하나님나라가 선명하게 드러났습니다.

예수께서 오셨을 때, 하나님나라는 이미 이 땅에 왔습니다. 하나님나라가 예수 그리스도를 통해 이미 '임했다'라는 말은 이미 '왔다'라는 뜻입니다. 예수님은 자신이 이 세상에 '왔다'라는 표현을 자주 쓰셨습니다. "나는 의인을 부르러 온 것이 아니라, 죄인을 부르러 왔다"(마태복음 9:13). "너희는 내가 세상에 평화를 주려고 온 줄로 생각하지 말아라. 평화가 아니라 칼을 주려고 왔다"(마태복음 10:34). "인자는 섬김을 받으러 온 것이 아니라 섬기러 왔으며, 많은 사람을 위하여 자기 목숨을 몸값으로 치러 주려고 왔다"(마태복음 20:28). 예수님은 자신이 구약 시대부터 그토록 기다려 온 메시아이며 하나님나라를 오게 하려고 "왔다"라고 말씀하십니다. 예수님과 함께 하나님나라는 이미 임했습니다.

하나님나라는 마지막 날에

마태복음에 기록된 하나님나라는 이미 왔다는 '현재성' 말고도 또 다른 특성을 보입니다. 씨를 뿌린 다음에는 반드시 '추수할 때'에 관한 이야기가 이어집니다. 아직 그때가 이르지는 않았으나, 수확할 때가 옵니다. 그때는 알곡과 쭉정이가 나뉩니다. 밀과 가라지가 나뉩니다. 누룩이 섞여서 가루 서 말이 마침내 부풀어 오르는 때가 찾아옵니다. 바다에 내렸던 그물이 가득 차면 끌어 올려서 좋은 물고기와 쓸 수 없는 물고기를 나눌 것입니다. 모두 심판하는 이야기입니다. 심판은 하나님나라의 '미래적 특성'입니다.

    하나님나라 복음을 받아들이고 예수께 충성하며 산 사람

은 칭찬받으며 좋은 열매로, 좋은 물고기로 가려질 것입니다. 하지만 하나님께로 돌이킬 기회를 끝까지 거부했거나 예수를 받아들였다가도 다시 세상을 좇아서 돌아선 사람은 심판을 피할 수 없습니다. 또 하나님 없이 번영했던 문화와 사회 역시 하나님의 엄중한 심판 아래 놓일 것입니다.

예수님은 성경 곳곳에서 '인자가…올 때'라는 표현을 사용하십니다. 이때 사용된 '오다'라는 단어는 주기도의 '그 나라를 오게 하여 주시며'에서 사용된 '오다'와 같습니다. 인자가 오실 때 그 나라도 완전히 옵니다. 예수님이 다시 오실 때 하나님나라는 비로소 완성됩니다.

마태복음에 다섯 묶음으로 나뉘어 나오는 예수님의 가르침 중 마지막 묶음24-25장은 하나님나라의 미래적 특성을 강조합니다. 예수님은 청지기 비유, 열 처녀 비유, 양과 염소의 비유 등을 통해 인자가 언제 올지 아무도 모른다고 말씀하십니다. 그러니 정신 차리고 깨어 있어야 한다고 반복해서 강조하십니다.

예수님이 오심으로 이미 시작된 하나님나라, 예수님이 다시 오실 때 완전히 임할 하나님나라. 마태복음이 전하는 하나님나라는 이 두 가지를 모두 담고 있습니다. 하나님나라는 이미 왔으나 마지막 때 완전히 임합니다. 이것이 마태복음과 세 복음서, 그리고 성경 전체가 가르치는 하나님나라의 요체입니다.

이미와 아직 사이에서

이미 임한 하나님나라와 완전히 임할 하나님나라, 그 둘 사이에서 살아가는 우리는 갈등을 피할 수 없습니다. 씨 뿌리는 사람의 비유도 그 갈등을 잘 보여 줍니다. 뿌려진 씨가 모두 잘 자라지는 못합니다. 길가에 떨어진 씨는 새가 쪼아 먹습니다. 악한 자는 우리가 하나님 말씀을 깨닫지 못하도록 막습니다. 돌밭에 떨어진 씨는 시련이 닥치면 뿌리가 약해서 말라 버리고, 가시덤불에 떨어진 씨는 세상 염려와 욕심으로 제대로 자라지 못합니다. 악한 자는 우리가 하나님나라 복음을 받아들인 후에도 우리를 공격하려고 만반의 준비를 하고 있습니다. 항상 기회를 엿보면서 시련과 핍박, 유혹과 시험으로 우리를 뒤흔듭니다. 악한 자는 우리가 핍박과 유혹 사이에서 좌충우돌하며 하나님나라의 복음을 따라 살지 못하도록 끊임없이 고통을 가합니다. 씨 뿌리는 사람의 비유는 이 점을 정확히 보여 줍니다.

밀과 가라지 비유는 이 갈등 상황을 더 자세히 설명해 줍니다. 보통은 가라지 비유라고 부르나 주인공이 가라지일 이유는 없습니다. 내용은 다 아시듯 간단합니다. 주인이 좋은 밀 씨앗을 밭에 뿌렸는데, 밤중에 원수가 와서 가라지를 뿌립니다. 그래서 밀과 가라지가 같이 자랍니다. 종들이 자라는 가라지를 보고 주인에게 묻습니다. "가라지를 뽑을까요?" 이때 주인은 뜻밖의 답을 합니다. "가라지를 뽑다가 밀까지 상할 수 있으니 그냥 두어라." 이 말씀을 들을 때마다 주님께 고마운 마음이 가득 차오릅니다. 가라지는 '악한 자의 아들들'이며, 그들이 만들어 내는 하나님의 방식이 아닌 세속의 방식, 하나님의 가치관이 아닌 세상의 가치관입니다. 가라지의 영향력이 우리 속에 얼마나 많이 들어와 있는지 모릅니다. 개인뿐만 아니라 공동체, 사회, 문화 속에 무섭게 자리 잡고 있습니다. 그 가라지들을 뽑아 버리면 어떻게 될까요? 우리 자신마저 온전히 남아나지 못할 수 있습니다. 그래서 주인은 뽑지 말고 내버려두라고 합니다. 우리를 보호하기 위해서입니다. 또한 우리 안에 계신 예수 그리스도의 생명력이 결국은 싸워서 이긴다고 믿기에 내버려둬도 괜찮다고 이야기합니다. 우리는 갈등하고 유혹에 흔들리고 핍박에 시달려도 결국에는 승리합니다. 씨앗의 힘, 그 생명의 힘이 있기 때문입니다. 하나님나라 복음의 힘, 예수 그리스도의 힘으로 우리는 결국 이길 것입니다.

그래서 우리는 이 땅에서 사는 동안 어려움 없이 편히 살 수 없습니다. 오히려 바울 사도는 돌에 맞아 죽을 뻔한 후에 "우리가 하나님나라에 들어가려면, 반드시 많은 환난을 겪어야 합니다"(사도행전 14:22)라고 이야기합니다. 그리고 자신과 함께 고난을 겪은 디모데에게 이렇게 이야기합니다. "나는 그러한 박해를 견디어 냈고, 주님께서는 그 모든 박해에서 나를 건져 내셨습니다. 그리스도 예수 안에서 경건하게 살려고 하는 사람은 모두 박해를 받을 것입니다"(디모데후서 3:11-12). 하나님나라 백성들은 하나님을 부인하는 세상에서 핍박과 유혹을 경험하면서 살 수밖에 없습니다.

하지만 기뻐하십시오. 악한 자의 끊임없는 노력에도 하나님나라 복음은 멈추지 않습니다. 팔레스타인 지역에 겨자씨처럼 떨어진 후에 2천 년간 줄기차게 자랐고, 지금 우리에게까지 왔습니다. 대한민국은 유라시아 대륙 끝에 붙은 작은 나라인데, 그 반도 끝까지 하나님 복음이 흘러 들어왔습니다. 청년 예수가 팔레스타인의 한 마을에서 보잘것없는 제자들을 모아 놓고 "내가 가르치는 이 복음이 지금은 아주 작은 겨자씨 같아도 훗날에는 새들이 깃들 만큼 자랄 거야"라고 했을 때, 제자들은 그 의미를 과연 이해했을까요? 교회가 생겨나고 복음이 활발히 전파되었던 1세기 그리스도인들은 복음이 세상 끝까지 전해져서 조선이라는 나라에 그리스도인이 생길지 상상이나 했을까요? 아마 조선이라는 나라조차 몰랐겠죠. 하지만 하나님나라는 온갖 유혹과 핍박을 뚫고 우리에게까지 전해졌습니다. 하나님나라 복음의 힘은 그토록 강인합니다. 그 힘으로 오늘날 우리가 여기에 있습니다.

하나님나라는 이미 시작되어 현재 우리 가운데 임했고, 수많은 어려움을 뚫고 전진하고 있으며, 장차 완전히 도래합니다. 하나님나라의 이러한 특성을 이해한 이들은 "그 나라가 오게 하여 주시며"라고 기도할 수 있습니다. 하나님나라가 오게 해 달라고 기도하는 것은 역사의 흐름을 깨닫고 기도하는 것입니다. 세상이 어디로 흘러가는지를 바라보며 기도하는 것입니다.

주기도로 기도합니다 ⑤–②

-

하나님나라를 시작하신 주님,
그리고 마침내 완성하실 주님!
주님이 오셔서 죽으시고 부활하심으로 시작된 하나님나라를 기뻐합니다.
우리 주님 다시 오실 때 완성될 하나님나라를 기다립니다.
이미 시작된 하나님나라 백성이 될 수 있게 저를 부르신 주님,
이미와 아직 사이를 살아가며 때로 어려움을 피할 수 없겠지만,
완성될 나라를 기다리는 소망으로 견디게 하소서.
이 세상에서의 삶이 영원한 나라로 이어질 수 있도록 이끄시고
일상에서 주님과 동행하여, 이 땅에서 하나님나라를 살아 내게 하소서.
다시 오실 왕이신 주님!
찬양을 올려 드립니다.

-

이미 임한 하나님나라의 왕이신 하나님 아버지, 감사합니다.
오늘날 저에게까지 복음이 전해져서
제가 빛 가운데 살게 된 것이 얼마나 신비하고 감격스러운지 모릅니다.
그렇지만 주님, 저는 세상 유혹과 핍박에 너무 약합니다.
청지기라고 하기에는 소유하고 싶은 것도 너무 많고,
제 마음대로 에너지와 시간을 쓰는 일도 참 많습니다.
사람들의 인정을 바라느라 거절도 잘 못하고,
갈등으로 인한 불편함에도 취약합니다.
주님, 그렇지만 제 안에 생명의 씨앗이 자라나기를 기대합니다.
그 강인한 생명이 저의 삶을 하나님나라 백성답게 이끌 것을 기대하며
포기하지 않고, 합리화하지 않고,
세속의 여러 가치를 뿌리 뽑게 해 주세요.
하나님나라가 완성될 날을 고대합니다.

주기도를 배우며 기도합니다 ⑤-②

년   월   일

년   월   일

5-2. 오게 하여 주시며

골방으로 더 깊이

⑤—③

년   월   일
년   월   일

역사의 주인을 알게 하소서

오늘날 많은 그리스도인은 하나님나라가 오게 해 달라고 기도하지 않습니다. 왜 그럴까요? 세상이 끊임없이 환상을 불어넣기 때문입니다. 거대 자본이, 최신 기술이, 더 나은 국가가 살 만한 세상을 가져다주리라는 환상입니다. 누구나 걱정 없이 자기 꿈을 위해 노력하면서 행복과 만족을 누리고, 건강하게 오래 살 수 있는 세상이 눈앞에 왔으니, 국가를 신뢰하고 자본의 힘을 믿고 기술의 능력을 의지하라고 말합니다. 1989년에 개인용 컴퓨터가 대중화되기 시작했을 때 이런 광고 문구가 있었습니다. "과학과 인간이 함께 숨 쉬는 테크노피아의 세계." 과학기술테크놀로지의 발전으로 낙원유토피아의 삶이 찾아온다고 선전했습니다. 컴퓨터가 보여 주는 놀라운 능력에 사람들은 정말 '테크노피아'가 멀지 않았다고 생각했습니다. 20여 년이 지난 2012년에는 섬뜩한 광고 문구가 등장했습니다. "기술이 인간을 자유롭게 하리라." 많은 사람이 정말 그렇게 생각하는 것 같습니다. 최근 생성형 인공지능 기술의 눈부신 발전 덕분에 이런 생각은 더욱 공고해지는 듯합니다. 기술이 발전하면 인간은 그 덕에 점점 자유로워지고 세상은 더 나아진다고 은연중에 믿고 있습니다.

요즘 스마트폰을 사용하지 않는 사람은 거의 없습니다. 그 작은 기계로 전 세계 수많은 사람과 친구가 되고, 자신의 개인적 의견을 세상에 알리고, 온갖 정보에 접촉하고, 많은 업무를 손바닥 안에서 처리합니다. '야, 정말 세상이 내 손안에 들어와 있구나' 하고 착각할 만합니다. 아주 대단하지요. 진보는 분명한 사실입니다. 어떤 사람은 그 덕분에 어마어마한 부를 쌓습니다. 하지만 잘 생각해 봅시다. 인간이 맞닥뜨리는 근본적인 문제는 여전히 그대로입니다.

가끔 서울을 벗어나 다른 도시를 방문하면 상전벽해桑田碧海라는 말을 실감합니다. 몇 달 만에 높은 건물이 들어서고 심지어는 몇 년 새 도시 하나가 조성됩니다. 개발이라는 이름으로 막대한 돈을 끌어 모아 산을 깎고 바다를 메워 도시를 만들어 내는, 거대 자본의 엄청난 능력입니다. 정말 대단해 보입니다. 인간의 능력에는 한계가 없어 보입니다. 자본의 힘, 기술의 힘, 인간이 지닌 이런 능력으로 무언가 대단한 변화가 찾아오겠구나 하는 기대를 하게 됩니다. 하지만 이런 방식으로 인류가 과연 더 나아질까요? 진보할까요?

자크 엘륄은 공산주의와 자본주의를 모두 비판하면서 "인간의 경제 문제는 체제의 문제가 아니라 마음의 문제다"라고 진단했습니다. 여기서 마음의 문제는 인간의 탐심과 자기중심성입니다. 인간이 탐심과 자기중심성을 여전히 붙들고 포기하지 않는데도, 기술과 자본의 힘으로 역사가 점점 진보하리라는 착각에 빠져서 더 많이 향유하고 누리는 것에만 초점을 맞춥니다. 하지만 그런 방식으로 인간의 문제는 해결되지 않습니다. 기술과 자본의 발달만으로는 인류의 딜레마가 해결되지 않습니다.

성경은 하나님나라가 임할 때 하나님이 "그들의 눈에서 모든 눈물을 닦아 주실 것"(요한계시록 21:4)이라고 합니다. 예수님은 마지막 날에 대해 말씀하시면서 "주님께서 그날들을 줄여 주지 않으셨다면, 구원받을 사람이 하나도 없을 것이다. 그러나 주님께서는, 주님이 뽑으신 선택받은 사람들을 위하여, 그날들을 줄여 주셨다"(마가복음 13:20)라고 하셨습니다. 하나님나라가 마침내 임하겠지만, 그 과정에서 세상은 점점 하나님을 떠나 하나님 없이 더 악해질 것입니다. 하나님을 두려워하는 이들과 세상의 약자들은 점점 더 견디기 어려운 세상이 될 것입니다.

인류 역사가 어디로 흘러가는지를 알아야 합니다. 역사는 마지막 목적지를 향해 가고 있습니다. 하나님나라가 온전히 임하면, 이 땅의 고통과 슬픔이 치유되고, 하나님이 하나님 되시는 새로운 세계, 우리가 상상조차 못 했던 신비하고 놀라운 세계가 열립니다. 그곳으로 지금도 우리를 이끌어 가고 계십니다.

저는 1980년대에 대학을 다녀서 소위 '운동권' 친구들이 주변에 많았고, 그들과 공부 모임도 했습니다. 당시에 변증법적 유물론을 공부한 학생들은 사회가 역사적 법칙에 따라 진보한다고 생각했습니다. 자본주의의 모순이 심해지면 계급 갈등이 격화하고, 결국 프롤레타리아 혁명이 일어나 자본가 계급은 제거된다고 봤습니다. 그렇게 공산주의 사회가 형성되고, 변증법적 발전 과정을 거쳐 사회주의 국가가 탄생한다고 믿었습니다. 역사의 발전 법칙을 추호도 의심하지 않았습니다. 자신이 희생해 민중이 해방하고 역사가 진보한다면 기꺼이 자기 삶을 던지겠다는 마음이 충만했습니다. 그래서 자기 미래를 돌아보지 않고 역사의 진보를 위해 산화한 청년들이 실제로 있었습니다.

마르크스주의가 역사의 흐름에 대해 선명하고 강력하게 주장을 펼칠 때는 그리스도인들이 그 반대편에 서서 외칠 수 있었습니다. "역사가 흘러가는 방향은 그쪽이 아니라 이쪽입니다!" 역사는 변증법적 발전을 통해 사회주의로 나아가는 것이 아니라, 예수께서 오셔서 하나님나라가 이미 시작되었고 그가 다시 오실 때 그 나라는 완성된다고, 역사는 그렇게 흘러간다고 논쟁할 수 있었습니다. 두 거대 담론이 대치하면서 진정한 비전이 무엇인지를 겨룰 수 있었습니다.

그런데 현실 세계에서 마르크스주의가 무너졌습니다. 그때 저는 굉장한 위기감을 느꼈습니다. 아니나 다를까, 그리스도인들도 더 이상 역사의 흐름 같은 것에는 관심을 두지 않습니다. 하나님이 어떻게 역사의 큰 물줄기를 열어 가시는지에 대한 비전을 잃어버렸습니다. 그러고는 빠른 속도로 개인주의 영성에 함몰되었습니다. 이제 사람들은 역사의 흐름 같은 거창한 이야기는 안 듣고 싶어 합니다. 그런 이야기를 하는 책도 잘 팔리지 않습니다. 개인의 치유와 회복과 변화에 관한 이야기에 이목이 쏠립니다. 이제는 자신에게 직접 이익이 되지 않는 거대한 이야기에 삶을 던지지도 않습니다.

하지만 하나님나라 이야기를 들은 사람은 그 안에 담긴 비전을 옆으로 제쳐둘 수가 없습니다. 하나님이 예수 그리스도를 통해 이미 시작하신 그 나라는 지금도 자라고 있으며, 예수께서 다시 오실 때 심판과 함께 완성된다는 사실을 가벼이 여길 수가 없습니다. '이미'와 '아직' 사이에는 유혹과 핍박과 갈등이 반드시 있겠지만, 이 땅의 그 무엇으로도 진정한 진보와 행복을 실현할 수 없음을 우리는 알아 버렸습니다. 그분이 다시 오시고 그 나라가 완전히 임할 때 비로소 우리의 깊은 슬픔과 모든 아픔은 해결될 것입니다. 그 비전이 우리를 하나님나라의 역사 속으로 초청하고 있습니다.

하나님나라를 선택하고, 그 값을 기꺼이 치르게 하소서

하나님나라가 임할 때 이루어지는 일들이 자신의 비전이 되려면 하나님의 초청에 응해야 하고, 하나님나라 백성이 먼저 되어야 합니다. 하나님나라에 속한 사람이 아닌 데도 그 나라의 역사적 비전에 동참할 수 있다고 말하는 것은 어불성설입니다. 하지만 여기서 우리가 반드시 잊지 말아야 할 것이 있습니다. 초청에 응해서 하나님나라 백성이 되는 것은 단지 출발점에 불과합니다. 절대 결승점이 아닙니다. 그런데도 많은 그리스도인은 하나님나라에 속한 사람이 되면 마치 결승점을 통과한 것처럼 착각합니다. 그것으로 끝났다고 생각합니다. 나는 구원받았는가, 그 구원의 근거는 무엇인가를 묻는 질문은 중요합니다. 하지만 이 두 질문에 분명히 답한 사람은 다음 걸음을 내디뎌야 합니다.

하나님나라에 속한 사람에게 그다음 필요한 것은 하나님나라를 위해 기꺼이 대가를 치르는 삶입니다. 심지어 예수님은 다음처럼 이야기하셨습니다.

> "그러나 나는 너희에게 말한다. 여자를 보고 음욕을 품는 사람은 이미 마음으로 그 여자를 범하였다. 네 오른 눈이 너로 하여금 죄를 짓게 하거든, 빼서 내버려라. 신체의 한 부분을 잃는 것이, 온몸이 지옥에 던져지는 것보다 더 낫다. 또 네 오른손이 너로 하여금 죄를 짓게 하거든, 찍어서 내버려라. 신체의 한 부분을 잃는 것이, 온몸이 지옥에 던져지는 것보다 더 낫다." (마태복음 5:28-30)

당연히 이 말씀은 실제로 눈을 뽑고 손을 찍어 버리라는 명령이 아닙니다. 그만큼 강력하게, 하나님나라 백성으로 사는 것을 방해하는 그 무엇도 용납하지 말라는 뜻입니다. 대가를 치른다는 것은 우리를 불러 주신 예수 그리스도를 사랑하고 따르기 위해서는 그 어떤 타협도 거부한다는 의미입니다.

마태복음 13장의 '밭의 보화 비유'와 '값진 진주 비유'에는 똑같은 표현이 등장합니다. 예수님은 "가진 것을 다 팔아서" 밭과 진주를 사는 것이 당연하다고 말씀하십니다. 물론 모든 것을 다 팔아서 하나님나라를 산다는 말씀이 재산을 다 처분해서 교회에 바쳐야 한다는 뜻은 아닙니다. 하나님나라를 얻는다는 것은, 자기가 가진 모든 것에 대해 소유권을 주장하지 않는 것입니다. 하나님이 임시로 맡겨 주신 것이므로 능력도, 재물도, 자질도, 경험도, 시간도 '필요하시면 주님께서 쓰세요'라고 드릴 수 있습니다. 이것이 하나님나라를 위해 모든 것을 다 판 사람의 태도입니다. 모든 것을 위임하여 하나님이 원하시면 언제든지 하나님나라와 그 의를 위해 쓰실 수 있도록 내어 드리는 자세입니다. 이렇듯 하나님에게 자신을 드린 사람은 언제든 준비가 되어 있습니다. 이러한 태도를 오늘날 그리스도인은 특히 주의 깊게 새겨야 합니다.

우리는 생각보다 가진 것이 많습니다. 전 세계를 기준으로 하면 우리는 거의 천국에 가까울 정도로 풍족하게 생활하고 있습니다. 하지만 정작 우리는 부족하다고 생각합니다. 서로 비교하기 때문입니다. 우리 중에는 조금 더 누리는 사람도 있고 그렇지 못한 사람도 있습니다. 정작 그 차이는 중요하지 않습니다. 어느 위치에 있든, 얼마나 누리며 살든, 주님이 원하시면 언제든 드릴 준비가 되어 있어야 합니다. 크든 작든 무엇이든 "이것만은 안 됩니다. 이건 제 거예요. 이것까지 달라고 하시면 곤란하죠"라고 말하지 않고, "제가 가진 모든 것이 본래는 주님 것입니다. 주님 뜻대로 언제든지 가져다 쓰세요"라고, 소유권을 유보하는 삶이 바로 하나님나라를 위해 대가를 치르는 삶입니다.

한국에서 중산층이라는 단어가 앞으로 얼마나 유효할지는 모르겠으나, 집도 있고 차도 있는 소위 중산층은 자기가 가진 모든 것을 '내 것'이라고 생각할 위험이 더 큽니다. 손에 쥐고 있는 것들이 자신을 보호해 준다고 여기며, 가장 확실한 기반으로 생각합니다. 집과 차가 커지고 비싸지고 소유가 많아질수록 안전해지고 보호받는다는 느낌이 듭니다. 그들 앞에서 "필요한 양식을 내려 주시고"라는 주기도는 힘을 잃습니다. 냉장고에 보름은 족히 먹을 양식이 있는데, 오늘 당장 필요한 양식을 구하는 기도를 하려니 머쓱해집니다.

그러면, 어떤 사람이 필요한 양식을 달라고 기도할 수 있을까요? 자신의 모든 것이 하나님 소유이고, 오늘이라도 하나님이 요구하면 내어놓겠다는 사람은 자연히 이 기도를 할 수밖에 없습니다. 그분을 의지하게 됩니다. 반면, 자신이 가진 것을 의지하면 할수록 필요한 양식을 구할 필요도 없어지고, 하나님나라도 시야에서 사라집니다. 오직 자신이 지금 쥐고 있는 것들만 눈에 들어옵니다. 그것들이 하나님처럼 자신을 지켜 주고 평안과 기쁨을 보장해 준다는 착각에 빠집니다. 이 위험은 오늘날 대다수 그리스도인 마음속에 도사리고 있습니다.

따라서 하나님나라를 선택하고 그 역사에 동참한다는 것은, 자신이 가진 모든 것을 하나님 소유로 생각하고, 손을 편 상태로 하나님 앞에서 살아가는 것입니다. 그것이 하나님나라를 위해 그 값을 기꺼이 치르는 삶입니다.

하나님나라를 선택하고 그 역사에 동참하는 사람은 지금 당장 그 값을 기꺼이 치를 뿐만 아니라, 하나님나라가 완전히 오기를 언제나 소망합니다. 하나님나라를 기다리는 기도는 현재 자신의 고통과 세상의 비극을 직시할 때 더욱 깊어집니다. 인생은 때로 너무나 힘들고 어렵습니다. 정말이지 죽고 싶다는 생각이 절로 들 정도로 극한의 궁지에 몰린 이들도 있습니다. 우리 인생을 힘들고 괴롭게 만드는 원인은 참 많습니다. 하지만 감히 말씀드립니다. 죽을 만큼 힘든 것은 '복'입니다. 죽고 싶어질 정도로 힘들 때 우리는 지금 이곳이 살 곳이 못 된다는 사실을 처절하게 인식합니다. 그때 하나님나라를 사모할 수 있다면 고통과 괴로움은 복이 됩니다. 물론 이곳이 살 만하다는 사람도 있습니다. 그들은 하나님나라가 오기를 바라지 않습니다. 하지만 사는 게 힘들고, 숨쉬기조차 힘들 정도로 애통하는 사람은 이 땅의 비뚤어진 현실을 온몸으로 경험합니다. 그들은 하나님나라가 오기를 간절히 기다립니다. "하나님나라가 어서 와서 깨지고 망가진 세상을 바꿔 주세요. 해결되지 않는 우리 문제를 풀어 주세요." 그래서 슬퍼하는 사람이 복이 있습니다.

이처럼 고통과 결핍이 때로는 하나님나라의 소망을 키우는 약이 됩니다. 평안하고 풍요롭고 아무 문제 없이 만사가 잘 돌아가면 하나님을 간절히 사모하기가 어렵습니다. 놀 것, 누릴 것, 즐길 것이 너무 많아서 주일 예배조차 가끔 또는 자주 건너뜁니다. 그래서 차라리 고통과 결핍을 경험하는 쪽이 하나님에게 자신을 의탁하게 하는 놀라운 선물이 되기도 합니다.

물론 개인적 아픔이나 슬픔, 고통이나 결핍이 없는 사람도 있습니다. 이들도 세상을 정직하게 주시하면 세상이 그냥 이대로 흘러가서는 안 된다는 사실을 금방 알게 됩니다. 80억 명이 넘는 세계 인구 중에서 7억 명 가까이가 절대빈곤에 시달리고 있습니다. 이들은 언제 굶어 죽을지 알 수 없습니다. 북한은 인구의 60퍼센트가 절대빈곤 상태라고 합니다. 우리가 사는 세상의 실상이 이러합니다.

노동 문제는 어떤가요? 1989년에 우리나라 전자업계 노동자의 시간당 임금은 300원이었고, 섬유업계는 230원이었습니다. 지금 이 정도 낮은 임금을 받고 일하는 노동자는 한국에 없습니다. 그 자리를 제3세계 노동자들이 다 채웠습니다. 아동 문제 역시 심각합니다. 2021년 기준으로 전 세계 5-17세 아동 노동자 수는 약 1억 6천만 명이며, 최근 4년간 840만여 명이 증가했습니다. 아동 노동에 종사하는 5-11세 아동의 약 28퍼센트, 12-14세 아동의 약 35퍼센트는 학교에 다니지 않습니다. 아동 노동의 약 70퍼센트는 농업 부문에서 발생하며, 농촌 지역의 아동 노동 발생률은 도시 지역보다 거의 세 배가 높다고 합니다. 우리가 사는 세계의 본모습이 이러합니다.

한국은 이제 경제적으로 살기 좋아졌으니 남의 문제에 불과할까요? 우리 삶은 괜찮나요? 그렇지 않다는 사실을 우리는 잘 압니다. 이미 너무 많이 들은 이야기지만, 우리나라 자살률은 OECD 전체 회원국 중에서 최상위권입니다. 인구 10만 명당 자살한 사람의 숫자가 2011년에 31.7명으로 정점을 찍은 후 20명대 중반에서 더 내려오고 있지 않습니다 2022년에 25.2명, OECD 평균은 10.6명. 자살이 10대부터 30대까지의 사망 원인 1위이며, 40대와 50대에서는 2위입니다. 우리 사회 곳곳에 절망이 퍼져 있습니다. 이것이 우리의 맨얼굴입니다.

　자기 방에 앉아서 음악을 듣고 온라인 게임을 즐길 때는 세상이 별문제 없이 돌아가는 듯 보일 수 있습니다. 하지만 자신에게 심각한 고통이 찾아오거나 주변 누군가가 슬픈 일을 당하면, 우리는 불가항력적 문제들에 눈을 뜹니다. 그리고 신음합니다. "하나님, 어서 와 주세요! 깨지고 망가진 세상을 이제는 좀 고쳐 주세요!" 이것이 하나님나라를 오게 해 달라는 기도입니다. 그래서 요한계시록 22장 20절은 "아멘, 오십시오. 주 예수님!"이라고 기도합니다.

교회로 함께 하나님나라를 드러내게 하소서

하나님나라가 오게 해 달라는 기도에서 교회는 빼놓을 수 없는 자리를 차지합니다. 하나님은 교회를 통해 하나님나라를 드러내시기 때문입니다. 그러므로 하나님나라가 오게 해 달라고 기도하는 사람은 그 나라가 꾸며 낸 이야기가 아니라 실재하는 곳임을 교회를 통해 미리 보여 줄 수 있고, 또 그래야 합니다. 하지만 모두가 잘 알듯이 교회를 통해 드러나는 하나님나라는 불완전합니다. 그러므로 예수 그리스도께서 다시 오실 때 완전해질 교회의 모습을 소망하며 기도해야 합니다. 우리는 때때로 자신이 속한 교회의 부족함으로 인해 마음이 상하고 절망하기까지 합니다. 주님의 이름을 교회 공동체가 더럽힐 때 우리는 회개하며 기도합니다. 동시에 우리는 "하나님나라가 어서 오소서"라고 기도하며 그 나라가 임하는 날에 우리 공동체가 부끄럽지 않은 신부로 주님 앞에 서게 될 것을 소망합니다. 마지막 날에 순결한 신부가 될 우리 자신들을 떠올리며 인내하게 됩니다. 하나님의 교회는 주님이 다시 오셔서 수많은 고통과 슬픔과 눈물을 거두실 그날을 소망하며 날마다 "주님, 어서 오세요"라고 기도합니다. 이것이 교회의 영광스러운 사명입니다.

사실은 이 기도가 교회뿐만 아니라 우리 자신을 지켜 줍니다. 하나님나라가 완전히 오기를 기도하면, 그때마다 우리는 그때 완전히 이루어질 하나님의 다스림과 보편적 사랑과 공의를 생각하게 됩니다. 삶을 돌아보면서 자신이 가진 것들이 제 것이 아니라 하나님 소유임을 다시 한번 곱씹게 됩니다. 지금 이곳의 말초적 기쁨과 즐거움에 인생을 허비하지 않고, 좀 더 고상하고 의미 있는 일에 힘을 쏟게 됩니다. 이것이 바로 우리를 지켜 주는 이 기도의 능력입니다. 하나님나라를 기다리며 어서 오게 해 달라고 기도하는 사람과, 그런 기도를 하지 않고 하나님나라가 마침내 임하는 비전이 없는 사람의 삶이 어떻게 같을 수 있을까요? 두 사람의 삶은 전혀 다를 수밖에 없습니다.

그런데 이 기도는 낙심하지 말고 꾸준히 드려야 합니다. 예수님의 비유 하나를 살펴봅시다.

> 예수께서 제자들에게, 늘 기도하고 낙심하지 말아야 한다는 뜻으로 비유를 하나 말씀하셨다. "어느 고을에, 하나님도 두려워하지 않고, 사람도 존중하지 않는, 한 재판관이 있었다. 그 고을에 과부가 한 사람 있었는데, 그는 그 재판관에게 줄곧 찾아가서, '내 적대자에게서 내 권리를 찾아 주십시오' 하고 졸랐다. 그 재판관은 한동안 들어주려고 하지 않다가, 얼마 뒤에 이렇게 혼자 말하였다. '내가 정말 하나님도 두려워하지 않고, 사람도 존중하지 않지만, 이 과부가 나를 이렇게 귀찮게 하니, 그의 권리를 찾아 주어야 하겠다. 그렇게 하지 않으면, 그가 자꾸만 찾아와서 나를 못 견디게 할 것이다.'" 주님께서 말씀하셨다. "너희는 이 불의한 재판관이 하는 말을 귀담아들어라. 하나님께서 자기에게 밤낮으로 부르짖는, 택하신 백성의 권리를 찾아 주시지 않으시고, 모른 체하고 오래 그들을 내버려두시겠느냐? 내가 너희에게 말한다. 하나님께서는 얼른 그들의 권리를 찾아 주실 것이다. 그러나 인자가 올 때에, 세상에서 믿음을 찾아 볼 수 있겠느냐?" (누가복음 18:1-8)

우리가 잘 아는 '악한 재판관 비유'입니다. 주로 '강청 기도'의 근거로 사용됩니다. 이 과부처럼 하나님에게 원하는 것을 간절히 구하면 들어주신다고 가르칩니다. 하지만 이는 잘못된 접근입니다. 이 성경 구절 바로 앞에는 예수님의 재림에 관한 이야기가 나옵니다. 하나님나라가 언제 오는지, 그리스도의 재림이 어떻게 일어나는지를 사람들이 묻고 예수님이 답하십니다. 그 말씀 다음에 "늘 기도하고 낙심하지 말아야 한다"라는 뜻으로 이 비유를 들려주십니다. 그러므로 우리가 강청해야 하는 내용은 다른 것이 아니라 하나님나라가 오게 해 달라는 것입니다.

우리는 하나님나라가 오게 해 달라고 기도하면서 종종 낙심합니다. 깨진 이 땅에는 고통과 눈물이 가득하고 어제나 오늘이나 여전하기 때문입니다. 그때 주님께서 이렇게 말씀하십니다. 낙심하지 말고 끊임없이 하나님나라를 구하면, 반드시 그 기도를 들으시겠다고 말씀하십니다. 땅의 슬픔과 눈물을 안고 밤낮으로 부르짖는 하나님나라 백성의 기도를 하나님이 모르는 체하거나 오래 내버려두시겠냐고 반문하십니다.

주기도로 기도합니다 ⑤—③

-

역사의 주인이신 하나님,
인간의 기술과 자본, 국가가 번영과 안전을 제공해 준다고 하지만
저는 하나님나라 백성으로 주님만 의지하며 살렵니다.
주님의 다스림이 온전히 임하는 날이 올 때야
세상의 고통과 슬픔이 치유되고 정의로운 심판이 시행될 것입니다.

깨진 세상을 회복하고 계신 주님,
이 땅의 깨진 현실에 저의 어두운 눈이 밝아지게 하시고,
그 속에서 제가 감당해야 할 몫을 찾아서 살게 하소서.
이 땅의 깨진 현실에 민감하게 하시고, 고통당하는 자들의 이웃으로 살며,
하나님나라가 임할 그날까지 함께 견디게 하옵소서.
그날이 저의 생애 가운데 오지 않더라도 낙심치 않고
주님의 다시 오심을 간청하는 기도를 드리게 하소서.
오! 주여, 어서 오시옵소서.

-

인격적이신 하나님,
우리 기도를 통해 하나님나라의 일을 하기 원하시는 주님의 마음이 감동입니다.
아주 작은 저의 기도, 우리 교회의 기도를 통해 하나님 뜻을 분별하고,
하나님이 원하시는 바를 마음 깊이 새기고
우리 삶을 통해 실천할 수 있도록 인도해 주세요.
제 욕심과 뜻을 관철하려는 기도를 돌이키게 하시고,
하나님의 뜻과 마음을 알아 가며 그에 맞게 구하는,
주님과 동역하는 기도를 드리게 해 주세요!

주기도를 배우며 기도합니다 ⑤-③

　　　　　　　　　　　　　　　년　월　일

　　　　　　　　　　　　　　　년　월　일

5-3. 골방으로 더 깊이

사랑이 깊어지면 소망도 깊어진다

하나님과 이웃을 더 깊이 사랑하면 할수록 하나님나라가 더 절실하게 필요해집니다. 자기 몸 하나, 자기 인생 하나만 생각하면 자신만 안 아프고 별일 없는 한 하나님나라는 안중에 안 들어옵니다. 불행히도 이것이 우리의 본질입니다. 자신이 아플 때는 세상이 다 아픈 듯 고통을 호소하지만, 자신에게 별문제가 없으면 세상은 살 만한 곳이 되어 버립니다. 이것이 얄팍한 우리 모습입니다.

하지만 하나님과 타인에 깊이 공감해서 하나님나라를 간절히 구하는 사람은 다릅니다. 자신만 바라보는 시야를 벗어나 이 땅의 현실과 역사의 흐름을 봅니다. 하나님이 하시는 일을 보며, 끊임없이 그 나라를 바라고 자신을 깨우치며, 주님이 다시 오실 날을 간절히 소망하며 기다립니다.

이제는 "그 나라가 오게 하여 주시며"라고 기도할 때 무심코 지나가지 않기를 바랍니다. 자신과 깨진 세계의 현실을 품에 안고, 자신과 우리의 몫을 감당하면서, "지금 이곳에 하나님나라가 오게 해 주세요. 그 나라에서 영원히 살게 해 주세요. 그것만이 유일한 소망입니다"라고 기도하는 하나님나라 백성이 되기를 간절히 소망합니다.

주기도로 기도합니다 ⑤

짧은 기도

이미 시작된 하나님나라에서 제 몫을 감당하게 하시는 주님,
완성될 그날을 기다립니다.

긴 기도

예수께서 세상에 오셔서 하나님나라를 시작해 주셔서 감사합니다.
그 나라를 지금까지 세상 속에 드러내 주셔서 감사합니다.
다시 오셔서 하나님나라를 완성하시겠다고 약속하시니 감사합니다.
그 나라가 온전히 임할 때까지 이 세상에 마음 뺏기지 않고
제 몫을 감당하며, 정신을 차리고 깨어 있게 하소서.
하나님나라가 임하기를 간절히 사모합니다.
주님, 어서 오셔서 깨진 이 땅을 치유하시고
우리의 눈물을 닦아 주십시오.

주기도를 배우며 기도합니다 ⑤

　　　　　　　　　　　　　　　년　　월　　일

짧은 기도

긴 기도

주기도로 기도합니다 ⑤

짧은 기도
역사의 주인이신 하나님,
이미 이루어진 하나님 나라를 살아가며 다시 오실 주님을 소망합니다.

긴 기도
세상의 유혹과 핍박과 갈등 속에서
제 안에 주신 하나님의 생명의 힘으로
승리하며 살게 하시니 감사합니다.
믿음의 눈으로 세상을 보게 하소서.
저의 현실과 깨진 세상의 현실을
품에 안으며 하나님나라가 오기를 소망합니다.
저 자신을 하나님께 드리며 살아가겠습니다.
바라기는 하나님의 부르셔서 세우신 우리 공동체를 통해
하나님나라를 드러내게 하소서.

주기도를 배우며 기도합니다 ⑤

　　　　　　　　　　　　　　　　　　　　　년　　　월　　　일

짧은 기도

긴 기도

> "그 뜻을 하늘에서 이루심같이
> 땅에서도 이루어 주십시오"

⑥	하나님나라의 동역을 위한 기도	248
⑥-①	"그 뜻을 하늘에서 이루심같이 땅에서도"	250
⑥-②	"이루어 주십시오"	268
⑥-③	골방으로 더 깊이	278

하나님나라의 동역을 위한 기도 ⑥

년   월   일
년   월   일

 "요즘 기도 생활, 어떠세요?" 이런 질문을 받으면 괜히 움츠러들고 겸손해집니다. 마땅히 해야 할 만큼 기도를 하지 못한다고 느껴서겠지요. 그런데 막연한 느낌만이 아니라 실제로도 기도를 많이 하지 않습니다. 평소에는 잘 기도하지 않다가 문제가 생기면 열심히 기도합니다. 새벽 예배 참석자 대부분이 인생에 닥친 어려움을 해결하기 위해 새벽 기도를 시작한다고 합니다. 이른 새벽에 나와서 문제를 해결해 달라고 하나님에게 열심히 간구하다가, 문제가 풀리고 화급한 필요가 사라지면 새벽 기도를 멈춥니다. 또다시 기도 생활이 게을러집니다. 그러다가 문제가 생기면 다시 열심히 기도하고, 해결되면 기도를 멈추는 식의 패턴이 그리스도인들 사이에서 일반적입니다.

 그리스도인이 기도하지 않는 이유는, 열심히 기도할 문제가 없어서기도 하지만, 여러 차례 경험을 통해 어떤 사실을 알아차렸기 때문입니다. 자신이 바라는 바를 아무리 기도해도 기도한 대로 이루어지지 않더라는 거죠. 그래서인지 '응답이 잘 되는 기도법', '기도의 비결' 같은 책이 잘 팔립니다. '응답받는 기도'에 대한 갈망이 얼마나 큰지를 잘 보여 주는 현상입니다. 열심히 기도해도 아무런 응답이 없을 때, 사람들은 하나님에게 실망을 넘어 분노하기도 하고 기도를 포기하기도 합니다.

한편, 신앙이 날로 성숙하는 그리스도인은 성경을 공부할수록 기복 기도가 그다지 건강한 기도가 아님을 알게 됩니다. 하나님에게 이것저것 구하는 기도만으로는 하나님을 기쁘게 할 수 없음을 깨닫습니다. 그러면서 취업이나 결혼을 바라거나 병 낫게 해 달라고 기도하기가 머쓱해집니다. 그런데 그런 기도를 그만두니 기도할 내용이 없어집니다. 게다가 신학 지식이 조금 생기면, 하나님 뜻은 이미 정해져 있고, 그 뜻은 반드시 하나님이 이루신다고 생각해서 기도할 이유와 의욕은 점점 더 옅어집니다. 주기도의 "그 뜻을 하늘에서 이루심같이 땅에서도 이루어 주십시오" 역시 하나님 뜻은 반드시 이루어진다는 의미로 받아들입니다. 그리고 하나님 뜻을 이루는 것은 하나님 일이니, 우리 기도가 들어설 여지는 없다고 생각하기 쉽습니다.

하지만 정말 그럴까요? 이 간구는 '하나님나라를 위해 동역하는 기도'입니다. 하나님나라 백성으로 일하면서 드리는 기도입니다. 여러 이유로 기도 생활에서 점점 멀어진 어린 그리스도인이나 성숙한 그리스도인 모두 이 기도를 드릴 때, 기도할 이유, 전에 없던 그 이유를 찾을 수 있습니다.

"그 뜻을 하늘에서 이루심같이 땅에서도" ⑥-①

년   월   일
년   월   일

다른 두 세계관

성경은 두 가지 세계관을 이야기합니다. 먼저, 땅의 세계관입니다. 이 땅에서 일어나는 일을 전부라고 생각하는 세계관입니다. 오감으로 느끼는 세상이 전부이며, 그 밖의 개입은 있지도 않고, 만에 하나 있더라도 알 수 없다고 생각합니다. 그래서 인류는 눈에 보이는 세상 안에서 인간 사회를 연구하고 과학을 발전시켜 왔습니다. 그러나 그리스도인은 땅의 세계가 전부가 아님을 깨달은 사람들입니다.

    3장 "하늘에 계신 우리 아버지"에서 살펴보았듯이, '하늘'은 이 땅과는 다른 세계입니다. 우리가 알지 못하는 하나님의 세계입니다. 그 세계는 인간의 언어로 다 설명하거나 이해할 수 없습니다. 다만 그리스도인은 신비한 하나님의 세계인 그 하늘이 있다고 믿습니다. 우리는 그 하늘을 잘 모릅니다. 일부를 맛보기는 해도, 전부를 완전히 알 수는 없습니다. 그 세계에 대해 우리가 아는 것 중 하나는, 그곳에서는 하나님 뜻이 온전히 이루어진다는 것입니다. 그곳은 하나님의 주권이 완벽하게 드러나고 하나님의 다스림이 직접 임하는 곳이기 때문입니다.

그리스도인은 그런 하늘의 세계와 땅의 세계가 다 존재한다고 믿습니다. 경험과 과학적 탐구, 인과관계가 지배하는 땅의 세계에 살면서도, 하나님이 다스리시는 하늘의 세계 또한 있다고 믿습니다. 그래서 그리스도인의 세계관은 땅의 세계관과 달리 열린 세계관입니다.

땅에서 하늘로

그런데 하늘과 땅이 어떤 관계인지를 살펴보아야 합니다. 성경은 하늘과 땅의 관계에 대해 충분히 설명해 줍니다. 대표적인 성경 구절이 마태복음 18장 15-20절입니다. 사례를 들어 가며 성경적 원칙을 가르쳐 주는데, 사례의 설명으로 시작합니다.

> "네 형제가 [너에게] 죄를 짓거든, 가서, 단둘이 있는 자리에서 그에게 충고하여라. 그가 너의 말을 들으면, 너는 그 형제를 얻은 것이다. 그러나 듣지 않거든, 한두 사람을 더 데리고 가거라. 그가 하는 모든 말을, 두세 증인의 입을 빌어서 확정 지으려는 것이다. 그러나 그 형제가 그들의 말

도 듣지 않거든, 교회에 말하여라. 교회의 말조차 듣지 않거든, 그를 이방 사람이나 세리와 같이 여겨라."

(마태복음 18:15-17)

공동체의 어떤 형제나 자매가 죄를 짓고 하나님 앞에서 바르게 살지 못하면, 그 사실을 발견한 사람이 직접 충고하고, 받아들여지지 않으면, 그 문제를 걱정하고 안타까워하는 두세 사람과 함께 만나라고 합니다. 그마저 거절당하면, 교회 공동체에 알려서 그 문제를 다루고, 교회의 권면도 듣지 않고 회개하지 않으면 이방인이나 세리처럼 여기라고 합니다. 여기서 이방인과 세리는 구원받지 못한 사람을 통칭하는 단어입니다. 그 사람을 구원받지 못한 사람으로 교회가 선언하라는 명령입니다. 이 사례는 하늘과 땅의 관계를 반영하고 있습니다.

"내가 진정으로 너희에게 말한다. 무엇이든지, 너희가 땅에서 매는 것은 하늘에서도 매일 것이요, 땅에서 푸는 것은 하늘에서도 풀릴 것이다." (마태복음 18:18)

우리는 하늘에서 매면 땅에서도 매이고, 하늘에서 풀면 땅에서도 풀린다고 생각합니다. 하나님의 뜻이 하늘에서 정해지면 그 뜻이 이 땅에서 이루어진다고 생각하지요. 그런데 놀랍게도, 예수님은 우리가 땅에서 매면 하늘에서도 매이고, 땅에서 풀면 하늘에서도 풀린다고 말씀하십니다. 우리가 형제자매를 회복하려고 노력하고 교회 공동체가 다 같이 애썼는데도 그가 듣지 않으면 그를 구원받지 못한 사람으로 여기라고 하십니다. 이는 우리가 이 땅에서 하나님의 뜻을 이루어야 하고, 그럴 때 하늘에서도 뜻이 이루어진다는 말입니다.

> "내가 [진정으로] 거듭 너희에게 말한다. 땅에서 너희 가운데 두 사람이 합심하여 무슨 일이든지 구하면, 하늘에 계신 내 아버지께서 그들에게 이루어 주실 것이다. 두세 사람이 내 이름으로 모여 있는 자리, 거기에 내가 그들 가운데 있다." (마태복음 18:19-20)

땅과 하늘의 관계가 또 나옵니다. 여기서도, 땅에서 우리가 합심해 기도하면 하늘에 계신 하나님이 들어주신다고 합니다. 합심해 기도한다는 말은 하나님의 뜻을 분별해 한마음으로 기도한다는 뜻입니다. 땅에서 하는 우리 행위가 하늘의 행위를 결정짓는다고 다시 한번 이야기합니다. 이 땅에서 드리는 우리 기도가 하나님의 뜻을 이루는 초석이 된다는 놀라운 말씀입니다.

　우리는 흔히, 하늘에 계신 하나님의 뜻은 이미 정해져 있고, 우리는 그저 하나님이 일하실 때를 기다리면 된다고 생각합니다. 그러나 이 성경 구절은 우리가 이 땅에서 하나님의 뜻에 따라 기도하면 하늘에 계신 하나님이 일하신다고 합니다. 마치 땅이 하늘을 움직이는 것처럼 표현하고 있습니다. 이것이 성경에서 말씀하는 하늘과 땅의 관계입니다.

하나님의 동역자

바울 사도는 이 둘의 관계를 잘 이해했습니다. 고린도전서를 보면 그가 자신을 어떻게 인식했는지를 알 수 있습니다.

> 나는 심고, 아볼로는 물을 주었습니다. 그러나 하나님께서 자라게 하셨습니다. (고린도전서 3:6)

바울이 심고 아볼로는 물을 주었습니다. 그렇게 땅에서 바울과 아볼로가 함께 일하며 애썼더니 하늘에서 하나님이 자라게 하셨습니다. 그런 다음 바울은 놀랍게도 이렇게 이야기합니다.

> 우리는 하나님의 동역자요, 여러분은 하나님의 밭이며, 하나님의 건물입니다. (고린도전서 3:9)

바울은 자신을 동역자, 무려 하나님의 동역자라고 칭합니다. 하늘에 계신 하나님의 뜻을 이 땅에서 이루어 드리는 일꾼이라고 밝힙니다. 하나님은 하늘에서 일하시고 자신과 동료들은 땅에서 일하는, 협력 관계라고 합니다. 바울은 땅에 있는 인간이 하늘에 계신 하나님과 어떻게 동역하는지 알았고, 그래서 감히 자신을 하나님의 동역자라고 소개할 수 있었습니다. 바울만이 아니라, 하나님이 일하는 방식을 깨달은 그리스도인이라면 누구나 담대하게 이같이 고백할 수 있습니다. 바울이 깨달은 동역자 의식은 예수님이 말씀하신 하늘과 땅의 관계에 근거하며, 그 관계는 성경 전반에 걸쳐 하나님의 일하시는 방식을 통해 잘 알 수 있습니다.

구약 시대 동역자들

하나님은 땅에서의 행위와 기도를 통해 줄곧 일해 오셨습니다. 먼저 구약성경의 중요한 사건들을 살펴봅시다.

먼저, 출애굽기 17장 8-13절입니다. 이스라엘 백성이 이집트를 나와 가나안을 향해 가는 중에 광야에서 생긴 일입니다. 아직 진영도 제대로 못 갖춘 이스라엘을 아말렉 사람들이 공격합니다. 모세는 여호수아를 보내 싸우게 하고, 자신은 산 위에 올라가서 지팡이를 들고 섭니다. 모세가 손을 들고 있으면 이스라엘이 이기고, 손을 내리면 졌습니다. 그래서 모세 옆에 두 사람이 서서 모세의 두 팔을 들어 올렸습니다. 그렇게 해서 결국 이스라엘이 승리합니다.

모세 손에 들린 지팡이에 무슨 신령한 힘이라도 있었을까요? 아닙니다. 하나님의 뜻이 그만큼 확실했습니다. 하나님은 이스라엘 백성이 이집트에서 나와서 가나안에 정착하기를 바라셨습니다. 광야의 힘난한 길을 통과하면서 세력이 점점 줄어들어 멸망하는 것이 아니라, 온전히 보호받은 끝에 결국 가나안에 무사히 들어가기를 원하셨습니다.

하지만 아무 일 없이 가나안에 들어가지는 못했습니다. 공격을 당했습니다. 아말렉과의 전쟁에서 이길지 질지는 전장에서 치열하게 싸우는 여호수아보다는 산 위의 모세에게 달려 있는 것처럼 보입니다. 모세가 지팡이를 들었다는 표현은 하나님에게 기도했다는 뜻입니다. 하나님에게 기도를 드리는 동안에는 이스라엘이 이겼습니다. 하나님은 이스라엘 백성이 앞으로 광야에서 치를 전쟁이 어떨지를 아말렉과의 첫 전쟁을 통해 명확하게 가르쳐 주셨습니다. "너희는 직접 나가서 싸워야 한다. 하지만 승패는 너희 전력이 아니라 하나님의 뜻을 이루는 기도에 달렸다."

다음은 열왕기상 18장, 엘리야 이야기입니다. 이스라엘 땅에 3년째 비가 내리지 않았습니다. 그때 하나님이 엘리야에게 "내가 땅 위에 비를 내리겠다"라고 말씀하십니다. "많은 날이 흘러서 삼 년이 되던 해에, 주께서 엘리야에게 말씀하셨다. '가서, 아합을 만나거라. 내가 땅 위에 비를 내리겠다'"(열왕기상 18:1).

3년 가뭄 끝에 비를 내리겠다는 하나님 뜻은 이미 정해져 있었습니다. 그렇다고 바로 비가 오지는 않았습니다. 엘리야가 아합에게 "빗소리가 크게 들리니 이제는 올라가셔서 음식을 드십시오"라고 말했을 때까지도(열왕기상 18:41) 하늘은 쾌청합니다. 엘리야가 환청을 들었을까요? 엘리야는 아합에게 올라가서 식사하라고 말한 후에 갈멜산 꼭대기로 올라갑니다. 그때까지도 비는 전혀 내리지 않습니다. "엘리야는 갈멜산 꼭대기로 올라가서, 땅을 바라보며 몸을 굽히고 그의 얼굴을 무릎 사이에 넣었다. 그리고는 그의 시종에게 올라가서 바다 쪽을 살펴보라고 하였다"(열왕기상 18:42-43).

갈멜산은 이스라엘 서쪽 해안 끝에 있는 가장 높은 산이며, 여기서 서쪽을 바라보면 지중해가 펼쳐집니다. 엘리야는 그 산 정상에 올라가 무릎 사이에 머리를 집어넣습니다. 무슨 요가 자세 같은 동작이지만, 모세가 지팡이를 들어 올렸듯이 엘리야가 하나님에게 기도했다는 뜻입니다. 무릎 사이에 머리를 집어넣고 기도한 후에 시종에게 가서 바다 쪽을 살펴보라고 합니다. 하지만 하늘은 쾌청합니다. 엘리야는 그런 식으로 일곱 번을 반복해서 기도합니다. 그 결과를 성경은 이렇게 전합니다. "일곱 번째가 되었을 때에, 그 시종은 마침내, 사람의 손바닥만 한 작은 구름이 바다에서부터 떠올라 오고 있다고 말하였다. 그러자 엘리야는 아합에게 사람을 보내어서, 비가 와서 길이 막히기 전에 어서 병거를 갖추고 내려가라는 말을 전하라고 하였다"(열왕기상 18:44). 지중해 저 멀리 손바닥만 한 구름이 떠오르자 엘리야는 기도를 멈춥니다. 그 후 실제로 구름이 곧 커져서 하늘을 덮고 비가 억수같이 쏟아집니다.

비를 내리겠다는 하나님 뜻은 이미 정해져 있었습니다. 그런데 엘리야는 그 뜻을 땅에서 이루려고 일곱 번이나 반복해서 기도했습니다. 그러고는 손바닥만 한 구름을 보더니 하나님 뜻이 이미 이루어졌다는 듯 믿고 내려옵니다. 엘리야는 하나님과 함께 일하는 데는 전문가여서 손바닥만 한 구름을 보고도 벌써 알아차렸습니다. '아, 하나님이 움직이시는구나. 내 기도는 끝났다.' 이것이 기도입니다. 하나님 뜻은 이미 정해져 있습니다. 하지만 그 뜻이 땅에서 이루어지려면 우리 기도가 필요합니다.

에스겔 36장도 살펴봅시다. 이스라엘이 하나님의 이름을 더럽히자, 하나님이 직접 자신의 명예를 회복하겠다는 예언이 나옵니다. 하나님의 거룩한 이름을 회복하기 위해 이스라엘 민족을 회복하겠다고 약속하십니다. 이스라엘 민족을 위해서가 아니라, 자신의 거룩한 이름을 회복하기 위해 이스라엘을 회복하겠다는 약속입니다. "나 주가 말하였으니 내가 이룰 것이다"(에스겔 36:36)라고 확증하십니다. 그런데 그다음에 바로 이 같은 말씀이 이어집니다. "그래도 이스라엘 족속이 이같이 자기들에게 이루어 주기를 내게 구하여야 할지라"(에스겔 36:37, 개역개정성경). 하나님 뜻은 이스라엘을 회복하기로 이미 정해져 있었지만, 그 뜻이 이루어지려면 이스라엘 백성이 하나님께 구해야 한다는 말씀입니다.

이것이 구약성경의 역사입니다. 중요한 사건 때마다 하나님의 일하는 방식이 선명하게 드러납니다. 하나님 뜻은 이미 정해져 있었고, 그 뜻은 하나님의 뜻을 알고 기도하는 사람들을 통해 이 땅에서 이루어졌습니다. 이것이 하나님이 일하시는 방식입니다.

신약 시대 동역자들

구약성경에는 아주 중요한 하나님의 약속이 끊이지 않고 계속 나옵니다. "메시아가 온다, 그가 이스라엘을 회복할 것이다." 예수님이 오시기 오래전부터 정해 놓은 하나님의 뜻이었습니다. 그런데 그 약속이 예수 그리스도가 이 땅에 오심으로 실현됩니다. 오랫동안 기다린 약속이 마침내 이루어진 놀라운 사건입니다. 그런데 이때를 기다린 두 사람이 있었습니다. 마리아와 요셉이 갓 태어난 예수를 데리고 예루살렘에 간 날이었습니다. 거기서 두 사람, 시므온과 안나를 만납니다(누가복음 2:22-38).

성경은 시므온이 "이스라엘이 받을 위로를 기다리고 있었고, 또 성령이 그에게 임하여 계셨다"(25절)라고 적습니다. 또 그는 "그리스도를 보기 전에는 죽지 아니할 것이라는 성령의 지시를 받은 사람"이었습니다(26절). 이스라엘의 회복을 위해 평생을 간절히 기도한 그가 예수님을 만나고 나서 이렇게 말합니다. "이제는 말씀하신 대로 종을 평안히 놓아주시는도다"(29절, 개역개정성경). "놓아주시는도다"release me라는 말은 포로처럼 잡혀 있다가 풀려났다는 뜻입니다. 시므온이 아기 예수를 만난 순간은 엘리야가 지중해 저 끝에서 손바닥만 한 구름을 보았던 때보다 더 감격스럽고 흥분되는 순간이 아니었을까요. 그래서 시므온은 주님께서 자신을 평생의 기도에서 이제 놓아주셨다고 고백합니다. 또 다른 한 사람 안나는 "일곱 해를 남편과 함께 살고, 과부가 되어서, 여든네 살이 되도록 성전을 떠나지 않고, 밤낮으로 금식과 기도로 하나님을 섬겨" 온 예언자였습니다(36-37절). 그 역시 예수를 만나고 나서 하나님께 감사를 드렸고, 예루살렘의 구원을 기다리는 모든 사람에게 자신이 만난 아기에 대해 이야기했습니다(38절).

누가는 시므온과 안나를 소개하면서, 약속된 메시아를 간절히 기다리며 기도한 사람들이 있었다고 기록합니다. 메시아가 온다는 것은 하나님이 오래전에 정하신 뜻이었으나, 그 메시아를 간절히 기다리며 기도하는 사람들이 있었습니다. 그래서 그들은 아기 예수가 예루살렘에 왔을 때 강보에 싸인 어린 메시아라고 알아볼 수 있었습니다.

예수의 탄생만이 아니라 죽음 또한 오래전부터 정해진 하나님의 뜻이었습니다. 예수님은 체포되기 전에 겟세마네 동산에서 간절히 기도합니다(누가복음 22:42). "내게서 이 잔을 거두어 주십시오." 하지만 곧이어 "그러나 내 뜻대로 되게 하지 마시고, 아버지의 뜻대로 되게 하여 주십시오"라고 기도합니다. 예수님도 "그 뜻을 땅에서도 이루어 주십시오"라고 기도했습니다.

예수님은 자신의 죽음에 대해 처음부터 아셨습니다. 이미 정해진 하나님의 뜻이었고, 그래서 제자들이 예수님을 메시아로 알아보자, 자신은 죽게 된다고 예고하셨습니다. 예수님은 사역 초기부터 자신의 죽음에 대해 알고 계셨고, 겟세마네에서 그 죽음을 놓고 기도하셨습니다.

예수님의 죽음은 하나님의 뜻이 땅에서 이루어진 사건 중에서 가장 중요합니다. 예수님의 탄생과 부활도 물론 중요하지만, 하나님이 인간을 위해 죽으신 이 사건이야말로 하나님의 뜻이 땅에서 이루어진 일 중에 가장 도드라집니다. 예수님은 그 일을 이루시려고 겟세마네에서 땀이 피가 되도록 기도했습니다. 그 기도의 마지막 결론은 "아버지의 뜻대로 되게 하여 주십시오"였습니다. 하나님의 뜻은 이미 정해져 있었으나 예수님 역시 기도로 그 뜻을 이 땅에서 이루셨습니다.

예수님의 제자들도 하나님의 뜻을 이루기 위해 기도했습니다. 예수님은 제자들에게 "성령이 너희에게 내리시면 너희는 능력을 받고,…내 증인이 될 것"(사도행전 1:8)이라고 말씀했습니다. 예수님은 제자들에게 예루살렘을 떠나지 말고 보혜사 성령을 기다리라는 당부까지 했습니다. 성령이 오시는 것은 이미 정해진 하나님의 뜻이었으나, 예수님은 제자들에게 기다리라고 하십니다.

예수님의 말씀을 따라 성령을 기다린 사람은 "그 수가 백이십 명쯤"이었습니다(사도행전 1:15). 그런데 부활한 예수님을 목격한 사람은 500명이 넘습니다(고린도전서 1:15). 부활하신 예수님은 제자들에게 거듭해서 "너희는 위로부터 오는 능력을 입을 때까지, 이 성에 머물러 있어라"(누가복음 24:49)라고 말씀하십니다. 그런데도 500명이 넘는 목격자 가운데 120여 명만 예루살렘에서 보혜사 성령을 기다립니다. 이들에게 성령이 임했습니다. 그렇다면 나머지 380여 명은 어디 있었을까요? 물론 이들이 주님을 떠났다는 말은 아닙니다. 나중에는 돌아와 함께 모였겠지요. 하지만 성령이 임하는 현장에는 없었습니다. 성령이 오시는 것은 하나님의 뜻이었습니다. 기도하며 성령을 기다린 사람에게는 그 일이 실제로 이루어졌습니다.

하나님의 뜻이 땅에서 이루어질 때는 같은 패턴이 계속해서 나타납니다. 이 패턴이 바로 하나님의 뜻이 이 땅에서 이루어지는 방식입니다. 하나님의 뜻은 이미 정해져 있으나 하나님 나라 백성들의 기도로 이 땅에서 이루어집니다. 이 같은 방식은 성경 전반에 걸쳐 반복해서 등장합니다. 하나님나라 복음이 땅끝까지 펴져 나가는 양상도 살펴봅시다.

> 안디옥 교회에 예언자들과 교사들이 있었는데, 그들은 바나바와 니게르라고 하는 시므온과, 구레네 사람 루기오와 분봉왕 헤롯과 더불어 어릴 때부터 함께 자란 마나엔과 사울이다. 그들이 주님께 예배하며 금식하고 있을 때에, 성령이 그들에게 말씀하셨다. "너희는 나를 위해서 바나바와 사울을 따로 세워라. 내가 그들에게 맡기려 하는 일이 있다." (사도행전 13:1-2)

복음이 예루살렘과 유다를 넘어 땅끝까지 전파되는 것은 하나님의 뜻이었습니다. 그런데 예루살렘 교회는 이를 위해 기도하거나 힘쓰지 않고, 자기들끼리 모이는 데 만족했습니다. 그때 스데반이 순교하는 사건이 일어나고, 이를 계기로 예루살렘 교회가 이방 지역으로 흩어집니다. 그중 일부가 안디옥에 이르러 이방인에게 복음을 전하면서 안디옥 교회가 세워집니다. 안디옥 교회 지도자들은 "주님께 예배하며 금식"할 때(사도행전 13:2), 하나님의 뜻이 이 땅에서 이루어지게 해 달라고 기도했을 것입니다. 그러자 성령이 그들 가운데서 말씀하셨고, 이방인에게 복음을 전하는 대선교의 역사가 드디어 시작됩니다.

    이방인 선교는 하나님의 뜻이었습니다. 하지만 그 일은 예루살렘 교회가 아니라 하나님의 뜻을 이루려고 모여서 예배하고 기도한 사람들을 통해 이루어집니다. 다시 강조하지만, 하나님의 뜻은 이미 정해져 있습니다. 하지만 그 뜻은 그냥 이루어지지 않고, 이 땅에서 기도하는 사람들을 통해 이루어집니다.

하나님은 땅에 사는 하나님나라 백성들이 자신의 뜻을 알기를 원하십니다. 늘 알려 주고 싶어 하시며, 또 기꺼이 알려 주십니다. 그렇다면 그 일은 어디서 어떻게 일어날까요. 하나님을 진심으로 예배하는 공동체에서 일어납니다. 안디옥 교회처럼 공동체의 핵심 지도자들이 모여서 하나님을 예배할 때 하나님은 자신의 뜻을 알려 주십니다. 지도자들이 함께 모여 예배하고 기도드리는 이유가 무슨 특별한 목적을 달성하기 위해 힘을 모으는 것이 되어서는 안 됩니다. 함께 모여서 드리는 예배 그 자체가 목적이어야 합니다. 하나님의 뜻을 분별하고 그 뜻을 이 땅에서 이루는 것이 우리의 목적입니다. 교회 지도자들이 모여서 하나님을 바라며 예배하고 찬양할 때, 하나님은 자신의 뜻을 보이시고 이 땅에서 그 뜻을 이루십니다.

당신이 속한 교회에서 하나님의 놀라운 일이 일어나기를 바라시나요? 하나님의 신비한 개입과 일하심을 기대한다면, 공동체의 핵심에 있는 사람들이 순전하게 하나님을 바라고 예배해야 합니다. 기도와 예배 없이는 하나님의 뜻이 이 땅에서 이루어지지 않습니다. 정직하고 사려 깊은 사람들이 모여서 아무리 합리적으로 교회를 운영해도 그런 일은 일어나지 않습니다. 하나님의 뜻은 하나님을 바라며 예배하고, 하나님의 뜻을 구하는 이들을 통해 이루어집니다.

지금까지 구약 시대 모세부터 신약 시대 안디옥 교회까지 하나님이 땅의 사람들과 함께 일하시는 방식을 살펴보았습니다. 하나님의 뜻은 이미 정해져 있었고, 그 뜻을 이 땅에서 이루려고 기도하는 사람들에 의해 비로소 열매를 맺었습니다. 여기서 분명한 사실은 하나님의 뜻이 아니면 아무리 기도해도 이루어지지 않는다는 것입니다. 우리는 때로 간절히 기도하면 하나님의 뜻을 바꿀 수 있다고 생각하지만, 사람 마음도 어지간해서는 잘 바뀌지 않습니다. 그런데 하나님이 마음을 바꾸시는 이유가 딱 하나 있습니다. 심판하기로 했다가도 회개하면 심판을 거두시거나 미루십니다. 구약성경에서 자주 목격하는 장면입니다. 하지만 그 이유 말고는 하나님의 뜻이 바뀌는 때는 거의 없습니다. 하나님의 뜻이 아닌 일은 아무리 붙잡고 기도해도 이루어지지 않습니다. 하나님은 우리가 조작할 수 있는 분이 아닙니다.

주기도로 기도합니다

-

하늘에 계신 하나님 아버지,
땅에 있는 저를 이리도 귀하게 여기십니까?
이미 하늘에서 정해진 하나님 뜻이 이 땅에서 이루어지기 위해
저의 기도가 필요하시단 말입니까?
이제 주님의 동역자가 되겠습니다.
주님의 뜻이 이 땅에 이루어지도록
주님과 동역했던 선배들의 반열에 서겠습니다.
부족한 종을 기도의 일군으로 자라가게 하옵소서.

-

하나님이 저 같은 사람과 동역하기를 원하신다니, 놀랍습니다.
보통은 능력 있는 사람과 함께 일하고 싶은 마음이
오늘날 사람들 마음인데,
능력과 조건 필요 없이 하나님 뜻을 기다리며
기도하고 소망하는 사람이면
누구나 하나님의 일하심을 맛볼 수 있다니!
큰 축복이지 않을 수 없습니다.
그 소망을 품고 이 시간 하나님과 동역하는 기도를 드립니다.

주기도를 배우며 기도합니다

년   월   일

년   월   일

"이루어 주십시오"

⑥―②

년   월   일

년   월   일

하나님 '역사' 가운데서

앞서 우리는 하나님이 어떻게 일하시는지를 살펴보았습니다. 하나님이 일하는 방식은 구약 시대부터 신약 시대를 거쳐 현재까지도 면면히 이어지고 있습니다. 그렇다면 우리는 이제 무엇을 구해야 할까요? 하나님의 뜻을 "이루어 주십시오"라고 기도해야 합니다. 지금부터는 하나님과 함께 일하는 동역자로서 기도해야 합니다. 기도는 크게 '사귐의 기도'와 '사역의 기도'로 나눌 수 있습니다. 사귐의 기도는 우리가 얼마나 큰 사랑을 하나님께 받았는지, 그분이 우리를 얼마나 그분 품 안에 꼭 안고 계신지를 발견하는 것입니다. 그리고 우리도 하나님을 그만큼은 못해도 사랑하고 있다고 표현하는 것입니다. 그 과정에서 그분이 얼마나 관대하고 아름다운 분인지를 매일 새롭게 알아 가며 즐거워하는 것입니다. 그분의 영광과 위엄 가운데 머무르면서, 찬양하며 그분 앞에 서는 것입니다. 이것이 하나님을 예배하는 것이며, 하나님을 사랑하는 것입니다. 이와 달리 사역의 기도는 하나님의 뜻이 이 땅에서 이루어지도록 땀 흘리며 드리는 기도입니다. 노동하며 힘들게 드리는 기도입니다. 우리는 그 기도를 통해 하나님과 동역할 수 있습니다.

사역의 기도로 하나님과 동역하려면 하나님의 역사歷史와 하나님의 역사役事를 먼저 알아야 합니다. '역사'라는 글자가 우리말로는 같지만, 전자는 하나님이 주도해서 이루어 가시는 역사history이고, 후자는 하나님이 일하심을 가리키는 역사ministry입니다. 지난주에 살펴보았듯이 하나님의 역사history는 하나님 나라의 완전한 도래를 향해 줄달음질하고 있습니다. 하나님나라는 예수 그리스도를 통해 이미 도래했고 예수께서 다시 오실 때 완전하게 임합니다. 우리는 그사이 어느 시점에 서 있습니다. 하나님은 도도히 흐르는 역사history 속 어느 한 시점에 개입해서 역사ministry하십니다. 하나님의 뜻을 이해한 사람들이 그 뜻을 이루어 달라고 기도할 때, 하나님은 그 뜻을 이루시려고 역사에 개입하십니다. 하나님은 역사history 속에서 역사ministry하십니다.

그렇다면 하나님은 지금 무슨 일을 하고 계실까요? 어떤 일을 이루기 위해 여전히 역사ministry하고 계실까요? 하나님은 지금도 사람들을 부르셔서 새 생명을 주고 회복하시며, 자신의 다스림 안에 있게 하십니다. 그리고 그들을 통해 또 다른 사람들을 회복하시고, 결국에는 세상의 변화를 이끄십니다. 이것이 인류 역사 가운데 끊이지 않고 이어지는 하나님의 사역입니다.

대학 시절, 같은 과 학생 50명 중에 교회 다니는 사람이 3명뿐이었습니다. 그때 저는 다른 47명에게 복음을 전해야 한다고 생각했고, 3년 동안 30명 가까운 친구와 복음을 나눴습니다. 그중에서 10명 넘는 친구들이 예수님을 영접했습니다. 당시 스무 살 갓 넘은 제가 뭘 알았겠습니까? 하지만 한 가지만은 분명했습니다. 제 친구들이 돌아오기를 하나님이 원하신다는 사실만큼은 확실했습니다.

전도를 통해 많은 이들이 회심하는 것을 도와 왔지만, 저는 지금도 전도하는 은사가 제게 있는지 잘 모르겠습니다. 복음을 전해도 사람들이 잘 믿지 않습니다. 그런데도 가끔 믿는 사람이 있습니다. 어쩌다 예수 믿는 사람이 생깁니다. 왜 그럴까요? 하나님의 뜻이기 때문입니다. 하나님이 이끄시는 역사history의 흐름이기 때문입니다. 하나님은 아들을 희생하면서까지 우리를 살리고 싶어 하십니다. 저나 우리 몇몇을 살리고 끝내려는 마음이 없으십니다. 복음이 땅끝까지 전해지고 허다한 사람들이 주께 돌아오는 것, 이것이 오래전에 정하신 하나님의 뜻입니다.

우리가 하나님의 뜻에 관해서 심오한 신학이나 숨은 비밀 같은 것을 모른다고 해도 한 가지만은 확실히 알 수 있습니다. 우리를 구원하신 하나님이 우리를 통해 우리 주변 사람들을 구원하기를 원하신다는 것입니다. 도도히 흘러온 역사 가운데 친히 역사해 오신 하나님을 알면, 가까운 사람들에게 복음을 전하지 않을 수 없습니다. 따라서 하나님의 뜻을 "이루어 주십시오"라고 사역의 기도를 드리려면, 하나님의 역사와 그 안에서 지금도 일하고 계시는 하나님의 역사를 이해하는 일이 가장 먼저 필요합니다.

하나님 뜻대로

그다음 할 일은 하나님의 뜻을 분별하는 것입니다. 바울 사도는 "하나님의 선하시고 기뻐하시고 완전하신 뜻이 무엇인지를 분별하도록 하십시오"(로마서 12:2)라고 확실하게 명령합니다. 그런데 하나님의 뜻을 분별하는 데는 자격이 필요합니다. 바울 사도는 바로 앞 절에서 이렇게 적습니다. "형제자매 여러분, 그러므로 나는 하나님의 자비하심을 힘입어 여러분에게 권합니다. 여러분의 몸을 하나님께서 기뻐하실 거룩한 산 제물로 드리십시오"(로마서 12:1). 누가 하나님의 뜻을 분별할 수 있을까요? 하나님께 자신을 드린 사람이 하나님의 뜻을 분별할 수 있습니다. 하나님과 동역하기로 결단하고 '주님, 제 인생을 써 주십시오'라고 의탁할 때, 하나님은 자신의 뜻을 보여 주십니다. 헌신한 만큼 하나님의 뜻을 볼 수 있고 또 분별할 수 있습니다.

그런데 우리의 헌신은 늘 온전하지 않습니다. 저도 젊을 때는 하나님께 백 퍼센트 헌신했다고 생각했습니다. 그런데 세월이 지나고 보니 아니었습니다. 시간이 지나면 지날수록 주님께 나 자신을 완전히 드린다는 것은 거의 불가능하다는 사실을 알게 되었습니다. 물론 젊은 날에 하나님께 백 퍼센트 헌신하겠다고 선언하는 열정 어린 청년들에게 박수를 보냅니다. 하지만 그 헌신은 백 퍼센트가 아닙니다. 인생에는 그들이 미처 알지 못하는 많은 영역이 있고, 하나둘 새롭게 열리는 그 영역들에서도 백 퍼센트 헌신할 수 있을지는 미지수입니다. 그럼에도 젊은 나이에 최선을 다해 헌신한 만큼 주님께서는 자신의 뜻을 보여 주십니다. 그리고 우리가 나이가 들면서 조금씩 더 자기 자신을 드릴수록, 하나님도 자신의 뜻을 좀 더 선명하게 보여 주십니다. 그러면서 우리를 이끌어 가십니다.

이렇게 자신을 드려서 하나님의 뜻을 분별할 수 있을 때 우리는 비로소 그 뜻을 "이루어 주십시오"라는 사역의 기도를 드릴 수 있습니다. 자기 욕심을 채우며 세상 방식으로 교회를 이끄는 사람이 하나님의 음성을 듣고 순종한다고 하면 믿을 수 있을까요? 하나님께 자신을 드려서 세상 욕심을 제거하고 깨끗해지지 않은 사람이 하나님의 뜻을 분별할 수 있을까요? 산상수훈의 여덟 가지 복에 나오듯이, 마음이 청결한 사람이 하나님을 봅니다. 어떤 교회가 아무리 큰일을 하고 사역의 능력을 자랑해도 그것을 하나님의 뜻으로 바로 연결하면 속기 쉽습니다. 하나님의 뜻은 하나님께 자신을 드린, 마음이 청결한 사람에게 보입니다.

그래서 이 기도는 "하나님, 당신 뜻이라면 이루어 주십시오"라는 기도와 다릅니다. 하나님 뜻이면 이루어 달라는 기도는 하나님께 전적으로 순복하는 듯 보여도 한 발 빼고 드리는 기도일 수 있습니다. 그 기도에는 확신도 없고 열정도 없습니다. 하나님의 주권을 완전히 인정하는 기도라면 아무 문제가 없으나, '하나님의 뜻이라면 들어주시고 아니면 말고'라는 자세로 기도하는 때가 너무나 많습니다. 우리는 기도할 때 하나님의 뜻을 분별하려고 애써야 하며, 그 뜻을 분별하기 어려울 때는 "당신의 뜻을 이루어 주십시오"라고 기도하며 하나님의 뜻이 이 땅에서 이루어지기를 기다려야 합니다.

담대하게

하나님의 '역사'도 이해했고, 하나님의 뜻이 무엇인지도 분별해서 알았다면, 그다음에는 어떻게 할까요? 하나님께 그 뜻을 이루어 달라고 담대하게 요청해야 합니다. 예수님은 제자들에게 이렇게 말씀했습니다.

> "너희가 내 이름으로 구하는 것은 내가 무엇이든지 다 이루어 주겠다. 이것은 아들로 말미암아 아버지께서 영광을 받으시게 하려는 것이다." (요한복음 14:13)

예수님은 "내 이름으로 구하는 것은…다 이루어 주겠다"라고 하십니다. 여기서 예수님의 이름으로 구한다는 것은 "예수님의 이름으로 기도드립니다"라는 말을 기도 끝에 꼭 붙여서 무슨 주술처럼 기도하라는 뜻이 아닙니다. 예수님의 뜻을 분별해서 그것에 맞게 기도하라는 말씀입니다. 그러면 "무엇이든지 다 이루어 주겠다"라고 하십니다. 그러므로 우리가 하나님의 뜻을 분별했다면, 담대하게 요청해야 합니다. 이는 단순히 하나님께 "…해 주세요"라는 기도가 아니라, 당당하게 요구하는 기도입니다. "하나님, 이것이 하나님의 뜻이지 않습니까? 속히 이루어 주십시오. 주님께서 말씀하신 대로 예수님의 이름으로 구합니다. 응답해 주십시오." 이렇게 우리는 주님께 담대하게 요청할 수 있습니다.

앞서 살펴보았듯이 "하나님 뜻이면 이루어 주시고 아니면 마십시오"라는 기도가 아니라, "이것은 당신의 뜻입니다. 오래 전에 정하신 뜻입니다. 이루어 주십시오"라며 담대하게 드리는 기도입니다. 자신이 원하는 바를 하나님께 빌어서 얻어 내는 기도가 아니라, 하나님께서 뜻하셨던 바를 이루어 달라고 당당하게 요청하는 기도입니다. "주님, 이 일을 하셔야 합니다. 하시겠다고 하지 않으셨습니까? 하나님의 뜻을 하늘에서 이루심같이 땅에서도 이루어 주십시오. 땅에서 먼저 당신의 뜻을 믿으며 매고 또 풉니다. 당신께서 이루어 주십시오."

이런 기도를 드릴 때 다음 말씀이 우리에게 이루어집니다. "너희가 기도하면서 구하는 것은 무엇이든지, 이미 그것을 받은 줄로 믿어라"(마가복음 11:24). 우리는 구한 것을 이미 받았다고 믿고 그렇게 행동하게 됩니다. 참된 기도는 이처럼 행동을 유발합니다. 그래서 이 기도는 "그 나라가 오게 하여 주시며"라는 기도와도 맥이 닿습니다. "하나님나라가 임할 줄 믿습니다. 그 나라를 오게 하셔서 고통스러운 역사를 끝내고 새 나라를 세워 주십시오"라는 기도는 하나님 뜻대로 하나님나라가 이 땅에 이루어지게 해 달라고 담대하게 요청하는, 하나님과 동역하는 기도입니다.

우리는 하나님께 담대하게 기도해야 합니다. 소극적으로, '되면 좋고 안 되면 할 수 없고' 하는 자세로 기도하지 말고, 하나님과 동역하는 자세로 담대하게 기도해야 합니다. 모세처럼, 엘리야처럼, 에스겔처럼, 초대교회 교인들처럼, 그 누구보다 예수님처럼 하나님의 뜻을 분별하고 그 뜻을 이루어 달라고 강력히 요청해야 합니다.

주기도로 기도합니다

-
주님!
제가 하나님의 뜻을 분별할 수 있도록
저 자신을 주님께 '산 제물'로 드리게 하소서.
제 마음이 청결하여 하나님의 뜻을 분별하게 하소서.
분별한 하나님의 뜻을 담대하게 구하게 하소서.
무엇보다 주님은 제 주변의 사랑하는 사람들이 구원받기를
원하시오니, 그들의 구원을 위해 담대히 기도합니다.
깨진 세상을 회복하고 계시는 주님이
이 세상을 온전히 회복하시는 날을 약속하셨으니
그날이 어서 임하도록 지치지 않고 기도하겠습니다.

-
주님, 제게 보여 주실 때 볼 수 있게 하시고,
주님, 제게 들려주실 때 들을 수 있게 하소서.
주님, 주님의 뜻이 어디에 있는지
저로 분별하게 하시고
주님의 뜻대로 기도하며 살아가게 하소서.
이것이 빛 된 삶, 소금의 삶인 줄로 압니다.
매사에 주님과 함께하기를 게으르지 않게 하소서.

주기도를 배우며 기도합니다 ⑥—②

년　　월　　일

년　　월　　일

6-2. 이루어 주십시오

골방으로 더 깊이 ⑥—③

년   월   일

년   월   일

제 필요를 하나님 뜻인 양 구하지 말게 하소서

하나님의 뜻을 땅에서 이루는 기도를 드리려면, 앞서 살펴보았듯이 하나님의 뜻을 먼저 분별해야 합니다. 우리는 분별한 만큼 기도할 수 있고, 또 분별한 만큼 기도해야 합니다. 그런데 우리가 이미 분별하고 있는, 이미 잘 알고 있는 하나님의 뜻이 있습니다. 하지만 놀랍게도 우리는 이미 잘 알고 있는 그 뜻을 위해서는 잘 기도하지 않습니다. 그 뜻은 무엇일까요?

하나님은 우리 한 사람 한 사람을 통해 영광 받기를 원하십니다. 맞습니다. 이것은 너무나 명확한 하나님의 뜻입니다. 하지만 정작 우리는 "하나님, 당신의 영광을 위해 제 인생을 써 주십시오"라고 잘 기도하지 않습니다. 우리 인생 여정을 통해 하나님이 영광 받으시기를 소망하며 자기 인생을 드리는 기도는 우리가 마땅히 드려야 하는 기도입니다.

"제 인생을 통해 영광 받으소서"라는 기도는 어떤 문제나 어려움을 없애 달라는 기도와 당연히 다릅니다. 이 기도를 드리는 사람은 인생에 어려움이 닥쳤을 때 오히려 이렇게 기도합니다. "제 인생에 문제가 생겼습니다. 하나님, 이 어려움을 통해 어떻게 영광을 받기 원하시나요?" 하나님이 어떻게 영광을 받으시려고 그 문제들을 내버려두시는지를 묻고 기도합니다.

사람들은 자신을 위해 기도하면서도 하나님의 영광을 위해서라고 말합니다. "제 병을 낫게 하셔서 하나님께 영광을 돌리게 하소서"라는 기도는 거짓말입니다! 병이 낫지 않아도 하나님께 영광을 돌릴 수 있으며, 오히려 그 병으로 인해 하나님께 더 큰 영광을 돌릴 수 있습니다.

열등감으로 어려움을 겪는 분은 이렇게 기도할 수 있습니다. "열등감에 시달리는 생활이 하나님 뜻이 아닌 줄 잘 압니다. 제가 하나님을 믿고 자신감을 얻게 해 주세요." 이런 기도는 하나님께 영광을 돌리는 기도입니다. 좌절감에 사로잡혀 의기소침한 상태로 아무것도 하지 못하는 사람은 반드시 기도해야 합니다. "하나님, 이런 제 모습을 바꾸어 주십시오." 우리는 자기 자신을 위해 기도하되 인간적 욕심이 아니라, 우리 삶을 통해 하나님이 어떻게 영광을 받으실지를 놓고 기도해야 합니다.

부부 관계가 좋지 않거나 배우자가 집을 나갔을 때는 주로 어떤 기도를 드리나요? "그 사람과 관계가 좋아져서, 집으로 돌아와서 하나님께 영광을 돌리게 해 주세요." 하지만 이 기도는 하나님의 뜻이 아니라 자기 마음을 따라 드린 것일 수 있습니다. 어쩌면 배우자가 한동안 집 밖에 머물며 떠나 있는 것이 하나님께 영광을 돌리는 데 도움이 될 수도 있습니다.

대학 입시에 실패해 시험을 다시 준비하는 청년이 많습니다. 한국의 입시 제도에서는 별다른 일이 아닙니다. 생각해 보면 그 시간을 통해 사람이 다듬어지기도 합니다. 재수나 삼수 그 이상이 하나님의 뜻일 수도 있습니다. 그러므로 "우리 아이가 꼭 원하는 대학에 가게 해 주세요"라는 기도를 드리는 부모의 마음은 이해할 수 있으나, 그 기도는 어긋난 기도입니다. 아이를 정말로 위한다면 다음처럼 기도합시다. "우리 아이가 실패를 통해서든 성공을 통해서든 자기 인생을 통해 하나님의 영광을 드러내게 해 주세요."

하나님에게는 이미 정하신 뜻이 있습니다. 우리의 속사람이 성령의 능력으로 강건하게 살면서 하나님의 영광을 드러내는 것입니다. 이를 위해 쉬지 말고 기도해야 합니다. 그것이 하나님의 뜻입니다.

제가 아는 하나님의 뜻이 점점 더 넓어지고 깊어지게 하소서

이제 한 걸음 더 나아가 봅시다. 우리 자신을 향한 하나님 뜻만 있을까요. 이미 정해진 하나님의 뜻은 우리 자신에 관한 것 말고도 아주 많습니다.

먼저, 주변 사람과 사랑하며 사는 것 또한 하나님의 뜻입니다. 우리는 미워하는 사람이 있습니다. 마음에 걸리는 사람이 있습니다. 이들을 위해 기도하는 것이 하나님의 뜻입니다. 이들과 서로 사랑하며 사는 것은 오래전부터 정해진 하나님의 뜻입니다. 그런데 우리는 자신을 힘들게 하거나 미워하는 사람과 사랑하며 살게 해 달라고 잘 기도하지 않습니다. 하지만 이 기도 역시 하나님의 뜻을 이 땅에서 이루는 기도입니다.

복음 전도 역시 하나님의 뜻입니다. 우리가 복음을 전해야 하는 사람들이 있습니다. 그들이 하나님께 돌아오는 것이 하나님의 뜻입니다. 자신이 복음을 전해야 하는 사람이 누구인지 한 번 써 볼까요. 적은 이름들을 놓고 매일 기도합시다. 하나님은 모든 사람이 구원받는 지식에 이르기를 원하십니다.

한국 교회가 하나님의 영광을 회복하는 것 또한 하나님의 뜻이라고 저는 믿습니다. 4주 차에 기도했듯이 하나님의 이름을 거룩하게 하고 그분의 명예를 소중히 지키는 것이 하나님의 뜻입니다. 당신이 속한 교회가 그 뜻을 이 땅에서 이루는 교회가 되기를 바랍니다. 이를 위해서 각자 자신이 속한 교회를 놓고 기도해야 하며, 이 또한 하나님과 동역하는 기도입니다.

또한 우리는 고통당하는 사람들을 위해 기도해야 합니다. 하나님은 사람들이 고통 속에서 비명을 삼키고 눈물 흘리기를 원치 않으십니다. 그들의 비통한 눈물은 하나님의 뜻이 아닙니다. 그럼에도 세상에는 고통당하는 사람이 너무나 많습니다. 그들을 위해 막연하게 "하나님이 위로해 주세요"라거나 "그들의 고통을 없애 주세요"라고 기도하기보다는 구체적으로 기도해야 합니다.

아주 슬픈 일이 있었습니다. 한 중학생이 아버지의 폭력에 시달리다 못해 집에 불을 질렀고, 자기를 제외한 온 가족이 다 죽었습니다. 죽은 동생은 교회 옆 초등학교 학생이었습니다. 우리 교회 목사님이 그 학교에서 가르쳤는데, 하루는 수업하러 들어갔더니 책상에 꽃과 사탕이 놓여 있었다고 합니다. 뉴스에서 볼 때만 해도 끔찍한 사건이 일어났구나 했는데, 바로 옆 동네 사건이었습니다. 죽은 동생도 동생이지만, 온 가족을 죽음으로 몰아넣은 그 아이가 평생 어떻게 살아갈지를 생각하면 가슴이 먹먹합니다. 이것이 우리가 사는 세상입니다. 학대당하는 아이들이 곳곳에 있습니다. 그들을 위해 드리는 기도 역시 하나님의 뜻을 이 땅에서 이루는 기도입니다. "고통 속에 있는 그 아이를 보살펴 주세요." 그리고 진정한 기도는 행동을 유발합니다. 기도만 하고 끝나는 기도는 기도가 아닙니다. 그 아이를 위해 기도했다면, 그 같은 다른 아이들, 가까이 있는 다른 아이들을 돌아보게 되고, 실제로 돕게 됩니다.

우리가 사는 세상은 깨져 있습니다. 그 안에서 자기 어려움과 복락에만 관심을 두면, 우리 기도가 하나님 뜻을 분별한다고 해도 그 범위를 벗어나지 못합니다. 하지만 주님은 우리에게 이웃을 자기 몸처럼 사랑하라고 하셨습니다. 이미 드러난 하나님 뜻에 따라 자신을 위해 기도하며 내면이 강건해지면, 당연히 기도의 지경이 주변 이웃을 향해 넓어집니다. 세상 가운데서 고통받는 '이웃'을 하나님 마음으로 바라보며 기도하고, 그들을 위해 실제로 움직이기 시작할 때, '사회와 세상'을 위해서도 기도하게 됩니다. 깨진 세상을 위해 기도하지 않는 사람이 그 세상을 회복하는 일에 참여하기는 어렵습니다. 그 세상에서 하나님 뜻이 이루어지게 해 달라고 기도할수록 '교회'가 감당해야 할 놀라운 사명에도 눈이 뜨입니다. 그때 우리는 교회를 위해서도 기도하며, 교회가 더욱더 교회 되게 해 달라고 하나님께 구하며 또 행동합니다.

우리는 하나님의 뜻을 분별하기 위해 애써야 하고, 그 뜻을 이 땅에서 이루어 달라고 기도해야 합니다. 그런데 그전에 이미 분명하게 드러나서 알게 된 하나님의 뜻에 먼저 순종하고, 그 실현을 위해 기도해야 합니다. 기도하며 행동해야 합니다. 그러면 하나님은 우리에게 자기의 뜻을 더 세밀하게 보여 주실 것입니다. 명확하게 보여 준 뜻을 위해서도 기도하지 않는데, 순종하지 않는데, 어떻게 아직 보이지 않은 신비한 뜻을 우리에게 보여 줄 수 있을까요? 그렇게 우리 기도는 이미 알고 있고 너무나 명확한 하나님의 뜻을 이 땅에서 이루는 데서 시작해서, 더욱 세밀하고 확장된 영역, 곧 이웃과 사회와 세상, 그리고 하나님이 지으신 만물(생태 환경)을 위한 기도로 나아가게 됩니다.

주기도로 기도합니다   ⑥—③

-

저의 마음과 동기를 아시는 주님,
제가 기도할 때 주님의 영광을 운운하며
저 자신의 이익을 찾는 자가 되지 않게 도와주세요.
모든 상황 속에서 진정으로
하나님께 영광이 되는 것이 무엇인지 분별하게 하시고,
이를 위해 기도하며 살아가게 하소서.
주님이 사랑하시는 세상, 그러나 깨져 있는 세상을 마음에 품고
이미 드러난 하나님의 뜻을 위해 기도하며 행동하게 하소서.
그리하여 저의 시각이 이웃을 넘어서서 우리 사회와 세상,
그리고 최근 들어 더욱 신음하고 있는 '만물'을 위해 기도하여
주님의 동역자가 되게 하소서.

-

하나님,
하나님이 정하신 이웃, 세상, 교회, 여러 영역들을
알아 갈 수 있도록 이끌어 주세요.
저는 저 외에는 관심이 없었습니다.
이제는 하나님이 관심 가지시는 영역들을
더 넓고 깊이 알아 가게 도와주세요.

주기도를 배우며 기도합니다 ⑥-③

년   월   일

년   월   일

우리 기도를 기다리시는 하나님

하나님은 우리의 기도를 기다리십니다. 하나님은 이 땅을 회복하시되, 이 땅에서 하나님의 뜻을 분별하고 그 뜻을 이루려고 기도하는 사람과 동역하시기 때문입니다. 하나님은 참으로 기도하는 사람을 찾고 계십니다. 하나님의 뜻에 따라 이 땅에서 매고 푸는 사람을 간절히 찾고 계십니다.

그런데 우리는 기도하지 않습니다. 기도하지 않으면서 인생이 바뀌기를 바라고, 기도하지 않으면서 가정이 나아지기를 바라고, 기도하지 않으면서 자신이 속한 교회가 건강해지기를 바라고, 기도하지 않으면서 한국 교회가 새로워지기를 바랍니다. 기도하지 않으면서 혼란스러운 한국 사회가 변화하기를 바랍니다. 기도하지 않으면서 기후 위기를 말로만 염려합니다. 하나님이 일하시는 방식을 몰라서 벌어지는 일입니다. 하나님과 동역했던 바울 사도가 볼 때는 얼마나 답답하고 안타까운 모습일까요.

우리는 이 땅에서 기도합니다. "그 뜻을 하늘에서 이루심같이 땅에서도 이루어 주십시오." 이 기도는 무척 담대합니다. 하나님의 동역자가 되는 영광을 누리는, 전혀 다른 차원의 기도입니다. 이제 이렇게 기도합시다. "주님, 오셔서 일하십시오. 내 인생에 오시옵소서. 내 가정에, 내 직장에, 내가 속한 교회에 오시옵소서." 이렇게 우리가 땅에서 기도할 때, 하나님은 우리 기도를 들으시고 하늘에서도 매고 또 풀어 주십니다.

주기도로 기도합니다

짧은 기도

저는 주님의 동역자입니다.
주님의 뜻을 분별하여 담대히 사역의 기도를 드리게 하시고,
그 뜻을 이루기 위해 행동하게 하소서.

긴 기도

인간의 역사 속에서 역사하시는 하나님 아버지,
제가 하나님 역사history의 한 부분이 되게 하시고,
하나님 역사ministry의 동역자로 여겨 주시니 감사합니다.
제가 드리는 기도의 영역에서
하나님의 뜻을 선명하게 분별하게 하시고,
분별된 하나님의 뜻을 가지고 담대하게 주님 앞에 나아가
사역의 기도를 드리게 하소서.
주님과 동역하는 사역의 기도를 드리는 자로서
깨진 세상 안에서 주님과 동역하는 삶을 살게 하소서.

주기도를 배우며 기도합니다 ⑥

　　　　　　　　　　　　　　　　　　년　　　월　　　일

짧은 기도

긴 기도

주기도로 기도합니다 ⑥

짧은 기도
주님의 뜻을 이 땅에 이루는 사역의 기도를 드리며 동역하겠습니다.

긴 기도
제 기도를 기다리시는 주님,
제 마음이 청결하여 하나님의 뜻을 알기를 원합니다.
사귐의 기도에 그치지 않고
사역의 기도로 나아가게 하소서.
하나님과 동역하는 영광의 삶을 살고 싶습니다.
구원의 역사를 이루어 가시는 하나님의 그 크신 사역에
저와 우리 가정, 우리 교회가 함께하기를,
그리하여 하나님나라가 지금 이곳에 오기를
담대히 기도하며 동역하게 하소서.

주기도를 배우며 기도합니다 ⑥

　　　　　　　　　　　　　　　　　　　년　　　월　　　일

짧은 기도

긴 기도

"오늘 우리에게 일용할 양식을 내려 주시고"

⑦	하나님나라 백성의 생존을 위한 기도	294
⑦-①	"일용할 양식을"	295
⑦-②	"오늘 우리에게…내려 주시고"	310
⑦-③	골방으로 더 깊이	318

하나님나라 백성의 생존을 위한 기도 ⑦

년	월	일
년	월	일

　지금 우리에게 '일용할 양식'을 내려 달라는 기도가 무슨 의미가 있을까요? 우리는 오늘 먹을 양식을 위해서는 기도하지 않습니다. 오늘 하루 먹을 것은 당연하고, 일주일이나 길게는 한 달까지도 버틸 만한 식량이 집 안 곳곳에 있을지 모릅니다. 그래서 자신이나 가족을 위해 매일 기도하면서도 일용할 양식을 구하지는 않습니다.

　그런데 예수님은 하나님의 이름과 하나님나라와 하나님의 뜻을 위해 위대하고 장엄한 기도를 드리라고 한 다음에 갑자기 일용할 양식을 위해 기도하라고 합니다. 기도의 수준이 갑자기 떨어지는 느낌입니다. 더군다나 이 기도는 우리 자신을 위한 기도의 맨 처음에 등장합니다. 그렇다면 예수님은 왜 일용할 양식을 달라는 기도를 제일 먼저 하라고 가르치셨을까요?

"일용할 양식을"　　　　　　　　　　　⑦-①

　　　　　　　　　　　　년　　　월　　　일

　　　　　　　　　　　　년　　　월　　　일

갑자기 일용할 양식?

"일용할"의 원어는 헬라어 '에피우시오스'ἐπιούσιος입니다. 이 단어는 성경과 기독교 관련 문헌에만 나올 뿐 일반 헬라어 문헌에는 거의 등장하지 않습니다. 따라서 단어의 뜻을 확정하기가 어렵습니다. 학자들은 대략 네 가지 뜻으로 파악하는데, 그중 세 가지를 소개합니다.

　먼저, '당일에 필요한', '그날을 위한', '오늘을 위한'이라는 뜻입니다. 다음은, '생존을 위해 필수적인', '생존에 꼭 필요한'이라는 뜻입니다. 마지막은, '오는 날이나 다음 날을 위한'이라는 뜻으로, 다가올 날은 구체적으로 지금부터 앞으로 24시간을 가리킵니다. 가령, 지금이 밤이면 내일 밤까지를 의미합니다.

　초대교회 교부인 테르툴리아누스는 '그날을 위한'으로, 오리게네스는 '생존을 위해서 필수적인'으로 보았습니다. 최근 발견된 파피루스 단편에도 이 단어가 등장하는데, 물건을 사기 위한 메모지여서 '그날에 필요한'이라는 뜻으로 흔히 사용한 단어였음을 알 수 있습니다. 따라서 "일용할"의 원어는 이런 의미를 포괄하고 있다고 볼 수 있습니다. 정리하면, '지금부터 앞으로 24시간 동안 생존을 위해서 필요한'이라고 볼 수 있습니다. 그러니까 아침에 일용할 양식을 내려 달라고 기도했다면, 오늘 하루 동안의 양식을 위해 기도한 셈입니다. 밤중에 잠들기 전에 기도했다면, 내일 하루 동안의 양식을 위해 기도한 것입니다. 따라서 일용할 양식이란 24시간 동안 필요한 양식입니다.

그런데 이 기도는 너무 격이 떨어지는 것 같습니다. 다른 것이 아니라 밥을 달라는 기도이니 말입니다. 일용할 '양식'이라고 하면 좀 그럴듯하게 들릴지 모르겠습니다. 하지만 예수님은 하루치 빵, 우리 식으로 하면 하루치 밥을 구하라고 하십니다. 지금까지 하나님의 명예, 하나님나라, 하나님의 뜻, 하나님의 역사 같은 큰 주제로 기도하다가 갑자기 '오늘 하루'로 뚝 떨어집니다. 더군다나 겨우 세끼 밥입니다. 우리에게 24시간 동안 필요한 것이 밥뿐일까요? 각종 고지서에 자질구레한 살림살이, 학비나 의료비 같은 제법 큰돈이 들어갈 때도 있습니다. 그런데 고작 먹을 밥을 달라고 기도하라니요. 많은 그리스도인이 일용할 양식을 구하지 않습니다. 기도의 낙차가 너무 클뿐더러 그 필요가 간절하지 않기 때문입니다.

예수님이 갑자기 이런 기도를 가르치신 이유를 다양하게

해석합니다. 먼저, 사회학적 해석입니다. 당시 경제 상황이 너무 어려워서 하루하루 먹고살기도 힘들었고, 그래서 이만큼 절박한 기도가 없었다는 주장입니다. 부분적으로 옳습니다. 요즘도 절대 빈곤층에는 절실한 기도입니다. "내일 하루 배곯지 않고, 따뜻한 밥 먹게 해 주세요." 슬프지만 한국 사회에도 당장 먹을 것이 없어서 걱정해야 하는 사람이 있습니다. 양극화하는 사회에서, 어쩌면 잘 보이지 않는 곳에서 더 늘고 있는지도 모릅니다. 하지만 대다수는 사는 게 아무리 힘들어도 먹을거리가 완전히 떨어져서 배고픔에 허덕일 일은 거의 없습니다. 일용할 양식을 구하는 기도가 피부에 와닿는 사람은 아주 소수입니다. 그래서 그 당시에도, 지금은 더욱, 사회학적으로 해석하는 데 한계가 있습니다.

어떤 사람은 이 기도를 영적으로 해석합니다. "오늘 하루 먹고살 수 있게 영적 양식을 주십시오." 하지만 이 같은 주장은 영과 육을 분리하는 이원론적 해석입니다. 물론 영적인 것과 육적인 것을 나누는 전통도 있지만, 우리가 잘 알듯이 예수님은 영과 육을 분리하신 적이 없습니다. 그러므로 "오늘 먹을 밥을 주세요"라는 기도에서 밥은 말 그대로 진짜 밥입니다.

우리를 위로하는 기도라는 정서적 해석도 있습니다. 크고 위대하신 하나님, 역사의 끝을 바라보시며 당신의 뜻을 이 땅에서 이루시는 하나님이, 오늘도 우리 한 사람 한 사람을 돌보고 계시므로 이 기도를 통해 큰 위로를 얻는다고 합니다. 하지만 하나님은 단지 정서적 위로만 주시는 분이 아닙니다. 그리고 우리를 위로하려면 다른 것을 구하게 하셔도 될 텐데 왜 굳이 24시간 동안 먹을 밥을 위해 기도하라고 했을까요? 따라서 정서적 해석 역시 만족할 만한 답을 주지 못합니다.

"일용할 양식"에 담긴 의미는 아주 풍성합니다. 그 의미를 먼저 살펴보고, "오늘 우리에게…내려 주시고"에 담긴 의미까지 살펴보려고 합니다. 그러면 일용할 양식을 구하는 기도가 오늘날 우리에게 어떤 의미인지, 하나님나라 백성이 왜 매일 이 기도를 드려야 하는지를 알 수 있을 것입니다.

육체적 생존

일용할 양식 하면 제일 먼저 이스라엘 백성이 광야에서 먹었던 '만나'가 떠오릅니다. 이집트에서 탈출한 이스라엘 백성이 광야에서 먹을 것이 없을 때, 하나님은 매일 아침 만나를 내려 주셨습니다.

> 주님께서 모세에게 말씀하셨다. "너희가 먹을 것을 하늘에서 비처럼 내려 줄 터이니 백성이 날마다 나가서 그날그날 먹을 만큼 거두어들이게 하여라. 이렇게 하여 그들이 나의 지시를 따르는지 따르지 않는지 시험하여 보겠다."
>
> (출애굽기 16:4)

"그날그날 먹을 만큼"이라고 새번역성경은 풀어 썼고, 개역개정성경은 "일용할 것"이라고 옮겼습니다. 주기도의 "일용할 양식"이라는 헬라어와 출애굽기의 히브리어 표현이 상당히 비슷합니다. 이스라엘 백성이 만나를 매일 거두어들여서 먹고살았듯이, 하나님나라 백성 역시 매일 하나님에게 기대어 육체적으로 생존해야 한다고 말씀하십니다. "일용할 양식"을 구하는 기도는 하나님나라 백성의 육체적 생존 방식을 설명해 줍니다.

하나님이 아침에 만나를 안 주시면 이스라엘 백성은 도리 없이 굶어야 했습니다. 광야에는 달리 먹을 것이 없었습니다. 그들이 매일 육체적 생명을 유지할 근거는 하나님의 은혜뿐이었습니다. 하나님의 은혜로 그들은 살아남았습니다. 하나님은 그 일을 40년간 이어 가셨습니다. 40년간 매일 아침 만나를 주고 하나님에게 의존하는 법을 가르치셨습니다. 하나님이 주시지 않으면 굶을 수밖에 없고 생명을 유지할 수 없다는 사실을 40년간 매일같이 보여 주셨습니다.

이스라엘 백성의 이 같은 생존 방식은 현대인에게도 똑같이 적용됩니다. 현대인들은 착각합니다. 오늘 자신이 살아 있는 것은 자신이 번 것으로 먹고살기 때문이라고 착각합니다. 오늘 아침 먹은 밥은 자신이 값을 치르고 구한 양식이라고 생각합니다. 그런데 성경은 다르게 가르칩니다. 우리가 살아 있는 것은 하나님이 매일 먹을 것을 주시기 때문이고, 지금 이 순간에도 하나님이 우리에게 생명을 불어넣어 주셔서 우리가 살아 있는 것이라고 가르칩니다. 하나님이 주시는 생명 없이는 살 수 없고, 그분이 주시는 생명력으로 오늘도 살아가고 있다고 말합니다.

많은 사람이 세상에서 가장 확실한 것은 자신이 살아 있다는 것이고, 가장 불확실한 것은 자신이 죽는 것이라고 생각합니다. 언제 어떻게 죽을지 모른다는 것입니다. 하지만 정신 바짝 차리고 다시 생각해 보면, 세상에서 가장 확실한 것은 자신이 죽는다는 사실이고, 가장 불확실한 것은 자신이 살아 있다는 것입니다. 우리는 종종 착각합니다. 살아 있음이 현실로 느껴지니까 온전히 자기 힘으로 살아 있으며 하나님과는 상관없다고 생각합니다.

그러나 광야의 이스라엘 백성은 달랐습니다. 하나님이 자신들을 하루라도 잊으시면 전부가 굶어야 한다는 사실이 너무나 자명했습니다. "여호와의 인자와 긍휼이 무궁하시므로 우리가 진멸되지 아니함이니이다 이것들이 아침마다 새로우니 주의 성실하심이 크시도소이다"(예레미야애가 3:22-23, 개역개정성경). 만나의 전통 위에 서 있는 이스라엘 선지자의 고백입니다. 이처럼 우리도 매일 아침 하나님의 인자와 긍휼이 없으면 진멸될 존재입니다. 하나님이 끝없이 인자와 긍휼을 베풀어 주시므로 우리는 새날을 맞을 수 있습니다. 아침마다 일어나 보면 진멸되어도 전혀 이상하지 않은 우리가 살아 있습니다. 그래서 선지자는 "아침마다 새로우니 주의 성실하심이 크시도소이다"라고 찬양합니다. 하루도 잊지 않고 인자와 긍휼을 베푸시는 하나님의 성실하심에 감사할 수밖에 없습니다.

저 역시 오늘 하루 살아 있는 것이 하나님의 은혜라는 사실을 살면서 점점 더 깊이 깨닫습니다. 육체의 생명을 보존하는 것이 하나님의 은혜임을 절실히 배웁니다. 오래전에 선교단체

여름수련회 디렉터로 섬길 때 일입니다. 같이 일하던 부디렉터가 예비군 훈련을 가야 했습니다. 그간의 수고가 고마워서 훈련장까지 태워 주려고 함께 차를 타고 나왔습니다. 편도 1차선 도로였는데 뒤차가 자꾸 저희 차를 추월하려고 했습니다. 지금도 그렇지만 저는 성격상 추월을 잘 허용하지 않습니다. 그런데 그때 갑자기 앞쪽으로 뭔가 시커먼 게 지나가더니 바로 저희 뒤차를 들이받았습니다. 반대편 차선에서 달려오던 자동차였습니다. 만취한 운전자가 앞차를 추월하려고 반대편 차선을 침범했다가 저희 차를 지나 뒤차와 정면충돌했습니다. 저희는 차를 세우고 사람들을 구하려고 튀어 나갔습니다. 사고 차량에는 세 명이 타고 있었습니다. 차에서 사람들을 끄집어내고 큰 소리로 도움을 요청했습니다. 다행히 병원이 가까이 있어서 다친 사람들을 빨리 옮길 수 있었습니다. 그럼에도 다음날 신문에는 한 명이 사망했다는 기사가 실렸습니다. 병원 앞에서 저희 둘이 피 묻은 손을 보며 "우리가 아직 살아 있네요"라고 했던 말이 아직도 선명합니다. 그때 저희가 뒤차에 추월을 허용했다면 어떻게 됐을까요. 마주 오던 차와 저희 차가 충돌했겠지요. 생각만 해도 끔찍합니다. 정말 간발의 차였습니다.

우리는 살아 있다는 사실을 너무 당연히 여기지만, 사실은 하나님이 매일 은혜를 베푸시기 때문에 살아 있습니다. 2007년 심근경색이 왔을 때 저는 확실히 깨달았습니다. 심장의 아주 미세한 실핏줄이 막혀서 생긴 문제였습니다. 큰 관상동맥이 아니라 그 뒤의 작은 동맥이라서 처음에는 병원에서 찾아내지도 못했습니다. 고통스러워하며 여덟 시간을 대기하다가 다른 병원으로 옮긴 다음에야 원인을 알아냈습니다. 그 사이 제 심장은 20퍼센트 정도 기능을 상실했습니다. 만약 두 번째 병원에서도 막힌 실핏줄을 찾아내지 못했다면 저는 죽었거나 지금보다 더 심한 후유증을 겪고 있겠지요. 몇 밀리미터 안 되는 실핏줄 하나만 막혀도 사람은 죽습니다. 이것이 우리의 실존입니다.

하나님이 우리에게 매일매일 생명을 주시므로 우리가 살아 있습니다. 주님이 매일 만나를 주시듯이 성실하게 하루도 잊지 않고 생명을 주시므로 우리가 살아 있습니다. 그러므로 "일용할 양식"을 구하는 기도는 절실한 고백입니다. 이스라엘 백성이 만나를 먹고 하루하루 생존했듯이, 하나님이 우리에게 은혜를 베푸시지 않으면 다가오는 하루를 생존할 수 없다는 간절한 외침입니다.

경제적 생존

하나님은 왜 만나를 매일 줍게 하셨을까요? 가령 한 주에 한 번씩 일주일 치를 거두게 해도 됐을 텐데, 왜 그렇게 하지 않으셨을까요? 만나 자체로 생명을 유지하는 것이 아니라, 매일 만나를 주시는 하나님으로 생명을 유지하고 있다는 사실을 깨닫게 하기 위해서입니다. 재물을 축적하면 우리 마음은 하나님을 떠납니다. 쌓아 놓은 재물에 기대기 시작합니다. 그래서 일용할 양식을 매일 구하는 행위는, 일주일 치, 한 달 치 식량을 쌓아 놓고 하나님 없이도 든든해하는 마음을 버리겠다는 결단입니다.

이 기도는 경제적 안정을 위해 살지 않겠다는 기도이며, 내가 벌어서 나 자신을 보호하고 책임지겠다는 생각을 거부하는 기도입니다. 따라서 이 기도는 철저히 물신주의mammonism를 배격합니다. 대신, 자신이 가진 것은 모두 하나님이 주신 것이며, 그래서 언제든지 하나님이 거두어 가실 수 있다고 생각합니다. 하루하루 사는 것 또한 하나님이 주신 것으로 사는 것이지, 자신이 쌓은 것으로 살아가는 것이 아니라고 명백하게 밝히는 선언입니다.

그래서 이 기도는 경제적 가치를 최우선으로 하는 현대인에게는 매우 곤혹스러운 기도입니다. 대개 우리는 자신이 번 돈, 배우자가 번 돈, 부모가 벌어 놓은 돈으로 산다고 생각합니다. 또한 우리 냉장고에는 음식이 가득 차 있습니다. 가정마다 냉장고 크기도 다르고 개수도 달라서 어느 집에는 냉장고가 7대나 있다고 합니다. 그 집은 일용할 양식이 아니라 매일 양식이 썩지 않도록 기도해야 할 듯합니다. 그렇게까지는 아니어도 우리 냉장고에는 음식이 가득하고 쌀통에는 쌀이 있고 통장에는 잔고가 있습니다. 그래서 우리는 하나님을 의지하지 않습니다.

물론 경제적으로 자신을 보호하기 위해 여러 방도를 찾아 준비하는 것이 나쁜 일은 아닙니다. 문제는 그 여러 방법에 의존하는 우리의 내면 자세입니다. 차라리 절대 빈곤 상황이라면, 가난한 사람이 복이 있다고 하신 말씀처럼 하나님만 찾을 것입니다. 하지만 이스라엘 백성이 가나안 땅에 들어가 심지 않은 포도나무와 무화과나무에서 열매를 따 먹고, 짓지 않은 집에 살면서 하나님을 잊었듯이, 우리 역시 하나님이 풍성하게 베푸신 것을 누리면서도 하나님이 주셨다는 사실을 쉽게 잊어버립니다. 그러고는 우리 손에 있는 그 선물들을 숭배하며 그 힘으로 살아가고 있다고 착각합니다. 이 같은 위험은 언제나 우리 안에 도사리고 있으며, 특히 자본주의 사회에서는 더욱 심각합니다.

우리 속에는 자기가 벌어서 스스로 안전을 확보하겠다는 생각이 가득합니다. 그래서 많이 번 사람은 거만해지고, 적게 번 사람은 위축되어 더 많이 가진 사람을 부러워합니다. 우리가 실제로 의지하는 것은 하나님이 아니라 자신이 벌어서 확보한 경제적 부일 때가 많습니다. 하지만 너무나도 어리석은 생각입니다. 경제적 부는 언제나 상대적이어서 아무리 열심히 돈을 모아도 자신보다 더 많이 쌓은 사람이 있습니다. 그래서 또 죽어라 돈을 법니다. 하지만 자신보다 더 가진 사람이 또 나옵니다. 끝이 없는 경쟁입니다. 경제적 부에 의존해 안전을 확보하고 자신을 증명하려는 가련한 굴레를 벗어나지 못합니다.

"일용할 양식"을 구하는 기도를 드림으로써 우리는 자신이 가진 모든 것이 하나님에게서 왔다고 인정합니다. 그래서 가진 것이 많다고 우월감에 빠지거나 적다고 열등감에 빠지지 않습니다. 오늘 주신 것에 만족하며, 우리가 노력해서 얻은 것, 하나님이 허락하신 것을 누리며 살겠다고 기도합니다. 그리고 생존에 필요한 것 이상으로 주시면 형제자매들과 나누며 살겠다고 기도합니다. 이 기도는 돈을 적게 벌겠다는 기도가 아니라, "돈의 노예가 되지 않겠습니다. 주신 것들을 잘 쓰겠습니다"라는 기도입니다.

사탄이 우리를 공격하고 싶을 때는 우리의 소유물을 먼저 공격합니다. 그다음은 피붙이를, 그다음은 우리 육체를 공격합니다. 욥의 고난이 그랬습니다. 소유물을 가장 먼저 치는 이유는 그것들이 우리의 존재 근거처럼 보이기 때문입니다. 하지만 "일용할 양식"을 위해 기도하는 사람은 그에 맞서 이렇게 고백합니다. "아닙니다. 제가 경제적으로 안전한 이유는 하나님 당신 때문입니다. 매일매일 하나님이 저를 지켜 주시지 않으면, 통장 잔고가 아무리 많아도 아무 의미가 없습니다. 그 숫자들은 언제든 한순간에 날아갈 수 있으며, 저의 안전을 절대로 담보하지 못합니다." 이 같은 고백과 태도에서 하나님나라에 속한 사람들이 경제적으로 어떻게 생존하는지가 잘 드러납니다.

영적 생존

이스라엘 백성은 광야에서 만나를 주우며 하나님에게 의존하는 법을 배웠습니다. 우리는 "일용할 양식"을 매일 구하며 육체적·경제적 생존뿐 아니라 영적 생존까지도 하나님에게 의존할 때 가능하다는 사실을 배웁니다. 예수님이 가르쳐 주신 핵심 내용도 동일합니다. 생명의 근원이신 하나님이 흘려보내 주시는 생명을 우리가 받아서 누리고 있으며, 그렇게 우리는 하나님에게 철저히 의지해서만 살아갈 수 있습니다.

예수께서 그들에게 말씀하셨다. "내가 생명의 빵이다. 내게로 오는 사람은 결코 주리지 않을 것이요, 나를 믿는 사람은 다시는 목마르지 않을 것이다." (요한복음 6장 35절)

"생명의 빵"의 빵과 "일용할 양식"의 양식은 같은 단어입니다. 헬라어 '아르토스' ἄρτος인데, 주식이라는 뜻이므로 우리말로는 '밥'입니다. 예수님은 우리가 매일 먹고 힘을 얻는 '생명의 밥'입니다. 우리는 그분 없이는 절대 살 수 없고, 그분을 통해서만 하나님과 살아 있는 관계를 맺을 수 있습니다. 예수님이 생명의 밥인 이유는 그분을 통해서만 생명의 근원인 하나님과 연결되기 때문입니다. 우리는 예수님을 통해서 하나님에게 연결되고 그래야 하나님에게 의존하며 살 수 있습니다.

우리 조상 아담의 가장 근본적인 문제가 무엇이었나요? 하나님 대신에 다른 것에 의존하겠다는 마음이었습니다. 다른 데서 해결책을 찾았습니다. 아담 이후 사람들은 하나님 없이 스스로 살겠다고 했습니다. 오늘날 영적으로 하나님에게만 의존해 살겠다는 생각은 점점 희귀해지고 있습니다. 이것이 우리 인간의 근본적 문제입니다.

인간은 하나님 없이 살기 위해 많은 것을 만들어 냈습니다. 텔레비전을 생각해 볼까요? 많은 사람이 집에 가면 텔레비전부터 켭니다. 특히 혼자 사는 사람 중에 집에 있으면 무조건 텔레비전을 틀어 놓는다는 사람이 많습니다. 텔레비전을 켜지 않으면 집에 아무도 없는 것 같아서 외롭고 허전하다고 합니다. 사실, 우리는 외로울 때 하나님을 찾습니다. 허전하고 마음이 가난할 때 하나님을 찾게 됩니다. 그런데 텔레비전 때문에 우리 마음이 허전해질 기회가 사라져 버립니다. 이제는 텔레비전 정도가 아니라 손바닥 위의 스마트폰이 언제든 무엇이든 보여 주고 들려줍니다. 우리는 이런 장난감들에 휩싸여 우리의 영적 빈곤과 허무를 잊어버립니다. 수많은 문화 상품이 인간 정신을 고양한다고 하지만, 때로는 인간의 영적 필요를 채워 주기보다는 하나님을 찾을 기회를 빼앗아 버립니다.

하나님나라 백성들은 오늘 하루 필요한 영혼의 양식을 위해 이렇게 기도합니다. "이 땅에 좋은 것들이 수없이 많으나, 그 어떤 것도 저의 영적 필요를 채우지는 못합니다. 제 영혼이 오늘 하루 하나님과 올바른 관계를 맺으며 생명력 넘치게 사는 길은 오직 예수 그리스도를 통해서만 가능합니다. 오늘 저는 예수 그리스도만 의지합니다. 제 허무와 허전함을 이 땅의 모조품으로 채우지 않겠습니다." 이것이 하나님나라에 속한 사람들이 영적으로 생존하는 방식입니다.

지금까지 살펴본 바대로 "일용할 양식"이라는 짧은 단어 안에 하나님나라 백성들의 육체적·경제적·영적 생존 방식이 담겨 있습니다. 우리가 당연하다고 생각하는 육체적 생명도 하나님이 오늘 하루 잘 보살피셔서 숨이 붙어 있고, 오늘 우리가 먹고살아가는 경제생활의 기반 역시 하나님이 베풀어 주신 것이며, 우리의 허무와 영적 갈급함 역시 하나님만으로 채워진다는 고백입니다. 그렇게 우리는 하나님께 전적으로 의지하며 살아가고 있습니다.

주기도로 기도합니다

-

오늘도 저에게 생명을 주시는 하나님,
제가 가진 재정과 건강과 능력으로 살고 있다고
생각하며 살아온 것을 회개합니다.
주님을 의지하지 못하게 하는 것들에 마음을 두지 않겠습니다.
매일 살아갈 수 있도록 모든 것을 공급해 주시는 분만을 의지하렵니다.
매일 아침 주님이 주시는 생명을 감사하게 하소서.
순간순간 다가오는 하루를 주님께 의탁하게 하소서.
주님을 의지하는 것이 저의 생존 방식입니다.

-

오늘도 제게 생명을 주시는 하나님 아버지,
살면서 늘 가진 것이 없어 불만이었던 저를 돌아봅니다.
하나님 나라 위해 산다고 말하면서도
가진 자를 부러워하고 많은 자를 부러워하며
그렇게 되기를 욕망했던 저를 돌아봅니다.
그러면서 조금만 가진 것이 늘거나 세상에서 높아지면
그로 인해 생기는 안정감을 신봉했고
그것이 제 정체성이라고 생각해 왔습니다.
주님, 저를 용서해 주시고 긍휼히 여겨 주세요.
오늘도 제 생명을 살리셔서 살게 하시는 주님,
일용할 양식을 채워 주시는 주님,
제가 가진 것으로 안전함을 느끼는 삶이 아니라
그것으로 살지 않겠다고 결단하는 삶을 살게 해 주세요.

주기도를 배우며 기도합니다 ⑦-①

　　　　　　　　　　　　　　　년　　월　　일

　　　　　　　　　　　　　　　년　　월　　일

7-1. 일용할 양식을

"오늘 우리에게…내려 주시고" ⑦-②

| 년   월   일 |
| 년   월   일 |

매일 새로 구하기

하나님나라에 속한 사람들은 자신들의 생존을 위해 일용할 양식을 매일 구해야 합니다. 이스라엘 백성은 매일 만나를 거두어 먹었습니다. 고기를 달라고 하면, 하나님이 저녁에 메추라기를 주셨습니다. 만나와 메추라기는 하나님이 광야의 이스라엘 백성에게 24시간 동안 생존할 수 있도록 내려 주신 선물이었습니다. 만나를 다음날까지 남겨두면 냄새가 나고 벌레가 생겼습니다. 이틀 치, 일주일 치를 한 번에 거두어 쌓아 둘 수 없었습니다. 하나님을 매일매일 의존해야 했습니다. 우리도 마찬가지입니다. 일용할 양식은 말 그대로 하루치 식량입니다. 오늘 양식은 '오늘' 구해야 합니다.

우리의 육체적·경제적·영적 생존이 하나님만으로 가능하다는 고백은 매일 드려야 합니다. 온전히 하나님에게 의지하는 생활 방식입니다. 그러나 많은 그리스도인은 매일 하나님을 의지하지 않고, 지난주 예배 때 받은 감격에 의지해 살아갑니다. 심지어 몇 년 전 부흥회 때 받은 감격에 의지해 살아갑니다. 썩은 만나입니다. 하나님은 새로운 만나, 오늘의 만나를 주기 원하십니다. 오늘 하나님을 신뢰하고, 오늘 하나님과의 관계를 새롭게 해서 새 힘을 얻고 살아가기를, 매일 그렇게 살기를 바라십니다. 매일 매 순간 하나님을 신뢰하는 것이 하나님나라 백성들의 생존 방식이기 때문입니다. 그렇게 살려고 애쓰며 매일 기도하는 사람은 집에 냉장고가 몇 개든 통장 잔고가 얼마든 상관없습니다. "저는 하나님 은혜에 의지해 살아가는 존재입니다"라고 매일 고백하기 때문입니다.

그런데도 우리는 이 기도를 '매일' 하지는 않습니다. 이유가 뭘까요? 하나님 없이도 하루 정도는, 아니 일주일 정도는, 아니 그 이상도 살 수 있다는 오만한 생각이 우리 안에 스며들었기 때문입니다. 벌어 놓은 돈, 안전한 집, 다져 놓은 성공, 이런 것들로 살아갈 수 있다고 착각합니다. 하지만 실상은 다릅니다. 하나님이 성실하게 무궁한 자비와 긍휼을 하루하루 베푸셨고, 그 덕분에 우리가 살아 있습니다. 일용할 양식을 '오늘' 내려 달라는 기도는 매일 매 순간 하나님을 전적으로 신뢰하겠다는 위대한 신앙고백입니다.

노동하는 사람들의 기도

여기서 한 가지 분명히 해야 할 사실이 있습니다. 매일 하나님에게 의지하며 일용할 양식을 구한다고 해서 아무 대가 없이 받아서 누리겠다는 뜻이 아닙니다. 성경은 처음부터 끝까지 일관되게, 정당한 노동 없이 그 대가를 누리는 삶은 없다고 가르칩니다. 하나님은 아담에게 이렇게 말씀하셨습니다. "너는 얼굴에 땀을 흘려야 낟알을 먹을 수 있을 것이다"(창세기 3:19). 인간은 일하고 땀을 흘린 대가로 식량을 얻을 수 있습니다. 그 전통을 이어받은 바울 사도 역시 이렇게 말합니다. "우리가 여러분과 함께 있을 때에 일하기를 싫어하는 사람은 먹지도 말라 하고 거듭 명하였습니다"(데살로니가후서 3:10).

따라서 일용할 양식을 구한다고 해서 "저는 아무것도 안 하고 오직 하나님만 바라볼 테니 당신께서 저를 책임져 주세요"라는 태도로 기도하라는 뜻으로 오해해서는 안 됩니다. 오히려 "하나님, 제가 마땅히 해야 할 일을 다 하겠습니다. 저도 제 몫을 다할 테니 하나님도 약속하신 대로 채워 주십시오" 하고 기도하는 것입니다. 일용할 양식을 구하는 기도는 무위도식하는 사람은 드릴 수 없습니다. 오직 자기가 맡은 바를 다하려고 노동하는 사람만이 드릴 수 있습니다.

그렇다고 지금 이야기하는 노동이 일한 대가를 돈으로 받는, 화폐로 환산되는 노동만은 아닙니다. 세상에는 비임금 노동도 있습니다. 어떤 사람을 돈을 받고 일하나, 어떤 사람은 돈을 받지 않고 일합니다. 대표적으로 가사 노동이 그렇습니다. 자원

활동가의 노동 역시 마찬가지입니다. 비록 돈으로 환산되지는 않아도 매우 가치 있고 귀한 노동입니다. 일용할 양식을 구하는 기도를 드리면서는 임금 노동이든 비임금 노동이든 건강한 노동을 하고 있어야 합니다. 그래서 적어도 이 기도를 드리면서는 일하지 않고 돈 잘 쓰는 삶을 복으로 여기는 자본주의의 폐해를 거부할 수 있습니다. 조금 일하고 많이 버는 것을 굉장한 능력처럼 이야기하는 세상에 반기를 들 수 있습니다.

그리스도인 중에도 일을 안 해도 생계 걱정이 없는 사람이 있습니다. 그래서 여행을 다니고 문화생활을 즐기며 품격 있게 삽니다. 하지만 주님은 그런 삶을 그리 기뻐하지 않으십니다. 당장 나가서 일을 하고 돈을 벌어야 한다는 뜻이 아니라, 그리스도인이라면 자신이 해야 할 일을 찾아서 해야 합니다. 자기가 가진 재능과 능력과 경험으로 생산적인 일을 하면서 주변에 유익을 끼쳐야 합니다.

그런데 사람들은 일하지 않고도 잘사는 사람을 부러워합니다. 돈이 많아서 일을 안 해도 되는 사람에게 복이 많다고 합니다. 하지만 하나님 관점에서는 복 받은 사람이 아닙니다. 하나님에게 일용할 양식을 구하며 건강하게 노동하는 사람이 오히려 하나님의 복을 받은 사람입니다. 그래서 이 기도는 매일 하나님의 복을 받는, 노동하는 사람의 기도입니다.

당신의 '우리'는 누구인가요

"오늘 우리에게 '우리의' 일용할 양식을 내려 주시고." 우리말

성경은 불필요한 반복을 피하려고 "우리의"를 생략했지만, 헬라어 원문과 영어 성경에는 이처럼 "우리"가 두 번 나옵니다. "우리"를 강조하는 이 기도는 명백하게 그리스도인 공동체가 함께 드리는 기도입니다. 우리는 이 기도를 드리면서 우리가 외면할 수 없는 가족, 동료, 형제자매를 자연스럽게 떠올리게 됩니다. '나 홀로 신앙생활'을 하는 사람은 아쉽게도 주기도를 온전히 드리기가 어렵습니다. 우리라고 부를 대상이 없기 때문입니다. 오늘날 그리스도인 중에는 우리라고 할 만한 공동체가 없는 사람이 너무나 많습니다.

　사람에 따라, 믿음의 크기에 따라, 우리라고 할 만한 공동체 규모는 달라집니다. 가장 기본적인 '우리'는 하나님이 한 개인에게 사랑하며 살라고 허락하신 열 명 남짓입니다. 믿음이 자라고 사랑의 그릇이 커지면 관심을 두고 돌보는 사람이 늘어나서 스무 명, 백 명이 될 수도 있습니다. 하지만 그렇게까지 우리 사랑의 크기가 커지기 전이라 해도 그리스도인이라면 사랑하고 돌볼 형제자매가 10여 명씩 있는 것이 보통입니다. 우리는 그 10여 명의 일용할 양식을 위해 매일 기도해야 합니다.

　그리스도인들이 열 명 남짓한 '우리'의 일용할 양식을 위해 기도하기 시작하면 무슨 일이 일어날까요? 혁명적인 일이 벌어질 것입니다. 한국 교회나 한국 사회를 이야기하기 전에, 가까이 자기 곁에 있는 '우리'를 품고 일용할 양식을 내려 달라고 기도하는 데서 시작해야 합니다. 만약 경제적으로 풍족한 어떤 그리스도인이 빈궁한 형제자매들을 위해 이 기도를 드린다면, 주님께서 이렇게 말씀하실지 모릅니다. "네가 주어라!"

그만큼 이 기도는 그리스도인 공동체가 어떻게 함께 나누며 살 수 있는지를 보여 주는 놀라운 기도입니다. 그리스도인은 각자 마땅히 할 일을 하면서 그 가운데서 받은 복을 이 기도를 드리면서 떠오른 '우리'와 나누게 됩니다. 이 기도는 우리를 나눔으로 이끄는 강력한 기도입니다.

주기도로 기도합니다　　　⑦—②

-

오늘도 새 생명을 주시는 주님!
매일 주님을 의지하게 하소서.
저의 생명의 근원이 매일매일 주께 있으므로
매일 매 순간 주님을 의지하는 법을 제게 가르치소서.
일하지 않고 잘사는 사람을 부러워한 죄를 용서하소서.
일용할 양식을 위해서 건강한 노동을 하게 하소서.
저의 수고로 얻는 것들을
제게 맡겨진 사람들과 나누며
더불어 함께 사는 축복을 누리게 하소서.

-

주님, 저는 마치 주님 없이도
며칠은 잘 살 수 있을 것처럼 생각해 왔어요.
제 육체의 생명이 이어지면, 기분이 그럭저럭 괜찮으면
주님의 공급 때문에 살고 있는 걸 쉽게 잊어버립니다.
이런 저에게 공동체를 허락해 주셔서
주기도를 배우고 하나님을 찾을 수 있게 해 주시니 감사해요.
저는 저 스스로 참 독립적이고
혼자서 잘 해 나가는 게 좋은 것이라고 여길 때가 많은데,
주님을 의지하고 공동체에 붙들려 있어서
이렇게 살아 있음을 고백합니다.
귀중한 공동체 식구 한 명 한 명의 필요도 돌아보며
제 것을 나누고 살아가게 도와주세요.

주기도를 배우며 기도합니다 ⑦-②

　　　　　　　　　　　　　　　　　　　　　　년　　　월　　　일

　　　　　　　　　　　　　　　　　　　　　　년　　　월　　　일

골방으로 더 깊이

⑦—③

| 년 | 월 | 일 |
| 년 | 월 | 일 |

당신이 보살피는 모든 피조물을 기억하게 하소서

하나님나라 백성은 일용할 양식을 위해 매일 기도하며, 자신뿐만 아니라 '우리'의 일용할 양식을 매일 구합니다. 이 기도를 드리기 시작한 사람은 일용할 양식을 매일 구해야 하는 다른 사람들의 처지에도 눈을 뜨게 됩니다. 그래서 타인의 노동력을 착취하거나 누군가 공들여 이룬 것을 가로채는 일은 꿈도 꾸지 못합니다. 이 기도를 진심으로 드리면 다른 사람의 이익과 권리에 무관심할 수가 없습니다. 그래서 정말 놀라운 기도입니다. 이기적인 생각을 버리고 이웃을 돌아보게 하는 기도이기 때문입니다. 이 기도를 드리는 사람이 어떻게 사회적 약자에 관한 관심을 놓칠 수 있을까요?

나들목교회는 12월에 성탄의 기쁨을 이웃과 함께 나눕니다. 교회 안에서 성탄을 축하하는 다양한 행사를 여는 대신에 그 재정과 에너지를 이웃을 위해 씁니다. 평소에도 그들과 함께하려고 애쓰지만, 크리스마스가 있는 12월은 특별합니다. 예수님이 우리를 찾아와 자신을 선물로 주셨듯이 우리도 소소하게나마 어려운 이웃들을 찾아갑니다. 이 일을 하는 이유는 우리가 사랑이 많아서도, 인격이 훌륭해서도, 착한 일을 하기 위해서도 아닙니다. 하나님이 그들을 사랑하시기 때문입니다. 하나님이 작은 공동체를 넘어 세상 속에서 그 사랑을 펼치라고 명령하셨기 때문입니다. 하나님이 그 일을 원하시기 때문입니다.

이 기도로 주변의 약한 이웃들을 품기 시작하면, 기도가 점점 더 넓어집니다. 일용할 양식이 없어서 궁핍하게 살아가는 지구촌 여러 지역까지 떠오릅니다. 북녘땅 동포부터 절대 빈곤 상태인 이들을 위해서까지 기도할 수 있습니다. 그러면서 당연히 우리가 가진 일부를 나누겠다는 기도도 드리게 됩니다.

여러 이유로 자기가 가진 것을 적극적으로 나누지는 못해도, 지구 전체에 영향을 미치는 행동을 조절할 수는 있습니다. 소비 중심적이고 끊임없이 이산화탄소를 배출하는 삶의 방식을 간소하게 바꿀 수 있습니다. 우리나라는 수도 요금이 저렴해서 물을 아끼는 사람이 많지 않습니다. 그런데 누진세가 적용되는 전기 요금은 상대적으로 아끼는 사람이 많습니다. 물과 전기 모두 아껴야 합니다. 다 하나님 것이기 때문입니다. 사소한 것을 아무렇지 않게 생각해서는 안 됩니다. 사무실에서 많이 쓰는 사무용지도 마찬가지입니다. 돈이 아까워서가 아니라, 그만큼 줄어드는 삼림을 보존할 수 있습니다.

"오늘 우리에게 일용할 양식을 내려" 달라고 기도할 때, 우리는 더 신경 쓰고, 더 불편을 감수하며 이산화탄소를 줄이기 위해 노력해야 합니다. 우리 자녀와 후손이 살아갈 세상을 생각해 봅시다. 당장 닥칠 일이 아니라고 언젠가 다가올 끔찍한 상황에 눈감는다면, 매일 온 세상에 일용할 양식을 성실히 공급하시며 창조 세계 전체를 이끌어 가시는 하나님의 자녀로서 부끄러운 일입니다.

자기 삶에만 몰두하던 그리스도인이 공동체에 관심을 두기 시작하고, 마음이 열려서 사회적 약자와 더 넓은 세상에까지 눈을 돌립니다. 궁극적으로 하나님이 지으신 세상 전부에 마음이 쓰입니다. 일용할 양식을 구하면서 기도가 넓어지고, 자연스럽게 주님이 세상을 향해 품고 계신 마음을 본받게 됩니다.

하나님을 신뢰합니다, 안식을 주소서
이 기도는 노동하며 드리는 기도입니다. "하나님, 저는 마땅히 해야 할 일을 다 하겠습니다. 저도 제 몫을 다할 테니 하나님도 약속하신 대로 채워 주십시오." 맞습니다. 우리는 열심히 자신이 맡은 바를 다하며 일용할 양식을 매일 구합니다. 하지만 우리의 노동이 우리를 지킨다고 생각해서 수고하며 애쓰는 것이 아닙니다. 우리의 생존은 우리의 노동에 달려 있지 않습니다. 쉬지 않고 일하는 것은 우리의 탐욕 때문이거나 하나님을 완전히 신뢰하지 않는다는 증거일지 모릅니다. 일용할 양식을 구하며 자신의 생존을 하나님에게 온전히 의뢰하는 사람은 안식할 수 있습니다. 안식을 배울 수 있습니다.

이 땅에서 살려면 반드시 노동이 필요하지만, 안식 역시 꼭 필요합니다. 우리가 열심히 일하며 충분히 쉴 수 있는 까닭은 하나님의 배려와 사랑으로 살기 때문입니다. 그러므로 우리는 이 기도를 드리며 건강한 노동뿐 아니라, 끊임없이 일하도록 부추기고 강요하는 세상을 거스르며 안식을 누릴 수 있습니다.

그리고 이 기도에는 놀라운 그림이 숨어 있습니다. 예수님이 이 땅에 오셨을 때, 그분의 식탁에는 온갖 죄인이 모여들었습니다. 예수님은 그들과 함께 먹고 마셨습니다. 그중 한 사람이 이렇게 말합니다. "하나님의 나라에서 음식을 먹는 사람은 복이 있습니다"(누가복음 14:15). 그러자 예수님이 큰 잔치의 비유를 가르쳐 주십니다. 예수님은 그 식사 자리의 주인이었고, 온갖 죄인이 모여 식사하며 떠들썩하게 즐겼습니다.

우리는 오늘 일용할 양식을 내려 달라고 기도하면서, 먼 훗날 예수님의 잔칫상에 둘러앉아서 먹고 마실 그 순간을 그립니다. 그때 주님께서 생명의 빵을 손수 떼어 주시겠지요. 우리는 주일마다 함께 모여 예배하며, 주님과 함께하는 잔치 자리를 상상하며 바라봅니다. 언젠가 열릴 그 아름다운 잔칫날을 기대합니다. 따라서 우리는 이 땅에서의 안식을 누리고, 동시에 영원한 안식을 기대하며 이 기도를 드릴 수 있습니다.

주기도로 기도합니다   ⑦—③

-
오늘 저에게 필요한 모든 것을 주시는 주님!
저의 일용할 양식을 구할 때,
빈곤에 허덕이는 사람들을
기억하고 기도하며 나누게 하소서.
우리에게 주신 창조 세계의 신음을 듣게 하시고
주님의 세계와 우리의 다음 세대를 위해
조금 더 불편한 삶을 선택하게 하소서.

일과 안식을 가르쳐 주신 하나님!
열심히 노동하며 하나님을 의지하게 하소서.
정기적으로 안식하며 하나님을 의지하게 하소서.
영원한 안식에 이르러 주님의 잔치에 참여할 때까지
이 땅에서도 안식을 맛보게 하시는 주님을 의지합니다.

-
하나님,
지적 장애가 있었던 사촌 동생이
억울한 일을 당하고 몸과 정신이 약해져서
어린 나이에 하나님의 부르심을 받았던 일이 생각납니다.
사회적 약자를 향한 냉소와 무관심을
직접 경험했던 그때를 잊지 못합니다.
사촌 동생과 같은 일이 이 땅에 얼마나 많을까요?
주님, 눈물을 흘리는 그들을 하나님나라 백성이 찾아가서
친구가 되어 주는 일들이 많아지기를 원합니다.
하나님나라 백성을 통해 그들이 위로받고
정신적으로, 정서적으로, 경제적으로 우리 사회의 일원이 되는,
온전한 회복이 이들 가운데서 일어나기를 기도합니다.
제게 주신 몫이 있다면,
그 몫을 감당할 수 있는 환경과 시간, 에너지를 주셔서
주님의 사역에 동참하게 해 주세요.

주기도를 배우며 기도합니다

년   월   일

년   월   일

7-3. 골방으로 더 깊이

생존을 위해 매일

하나님나라 백성들이 이 땅에서 생존하려면 "오늘 우리에게 일용할 양식을 내려" 달라고 매일매일 반복해서 기도해야 합니다. 우리의 생존 방식은 세상의 방식과 판이하기 때문입니다. 우리는 다른 방식으로 살아갑니다.

만약 자신의 생존 방식이 세상의 방식과 같다면 이 기도를 드릴 필요가 없겠지요. 세상 방식으로 사는 데 이런 기도는 전혀 도움이 안 되기 때문입니다. 하지만 역설적으로 세상 방식대로 살고 싶은 사람일수록 이 기도를 매일 드려야 합니다. 자신의 힘이나 돈으로 안전을 확보해서 자존심을 세우거나 거드름을 피우고 싶은 마음이 든다면, 이 기도를 매일 드려야 합니다.

이 기도는 그만큼 위대한 기도입니다. 하나님의 이름과 나라와 뜻을 구한 다음에 갑자기 격이 뚝 떨어지는 기도가 절대 아닙니다. 하나님나라 백성들이 세상의 방식을 따르지 않고 존귀하게 살겠다고 결단하는 기도입니다. 하나님만이 우리 생명의 근원이라고 고백하는 담대한 기도입니다. 이 기도를 드리는 그리스도인은 삶이 변할 수밖에 없습니다. 이 기도를 드리는 교회는 바뀔 수밖에 없습니다. 그렇게 변화한 개인과 교회가 세상을 더 나은 곳으로 만들 수 있습니다.

그러니 매일 이 기도를 드립시다. 주님께서 이루시기를 원하는 놀라운 뜻이 우리 생애를 통해 드러나도록, "오늘 우리에게 일용할 양식을 내려" 달라고 매일 기도합시다. 이것이 하나님나라 백성의 생존 방식입니다.

주기도로 기도합니다 ⑦

짧은 기도
아버지, 하나님나라 백성의 생존 비결인,
하루하루 주님을 의지하며 살게 하소서.

긴 기도
오늘도 생명을 주시는 하나님 아버지,
제가 가진 것들로 하루를 산다는 거짓에 속지 않게 하소서.
제가 오늘 사는 것은 주님께서 모든 것을 주시기 때문입니다.
그러므로 제가 풍족할 때나 가난할 때나 언제든지
매일의 삶을 주님께 의탁하게 하소서.
저 자신뿐 아니라, 제게 주신 사람들의 매일의 양식을 구합니다.
제게 나누라시면 나누겠고, 이를 위해서 더욱 열심히 일하겠습니다.
일하지 않고 잘사는 사람들을 부러워하지 말게 하시고
나의 이웃, 우리 사회, 더 나아가 창조 세계를 돌보게 하소서.
이렇게 매일매일 일하며 살 뿐 아니라,
주님을 정말 의지하기에 안식하는 법을 가르치시어
영원에 이를 때까지 안식을 맛보며 살게 하소서.

주기도를 배우며 기도합니다 ⑦

　　　　　　　　　　　　　　　　　　　　년　　　월　　　일

짧은 기도

긴 기도

주기도로 기도합니다 ⑦

짧은 기도
주님, 오늘 하루 살아갈 힘을 주소서.

긴 기도
필요한 은혜를 알맞게 주시는 공급자이신 하나님,
제게 있는 모든 것은 이 땅에서 하나님나라 백성으로 살아가도록
하나님이 제게 허락해 주신 선물임을 고백합니다.
제 수고와 노력만으로는 단 하루도 살아갈 수 없음을 인정합니다.
어떤 형편에서도 감사하고 하나님을 신뢰하며
하나님나라 백성으로 살아가게 하소서.
'우리' 형제자매들에게도 필요한 것들을 채워 주소서.
그 일에 동참하라고 하신다면 주저없이 함께하겠습니다.
주님의 은혜로 살아가기 때문입니다.
땀 흘려 일하되 스스로와 타인을 착취하지 않겠습니다.
안식을 누리며 하늘 잔치를 기대하겠습니다.

주기도를 배우며 기도합니다 ⑦

　　　　　　　　　　　　　　　　　년　　　월　　　일

짧은 기도

긴 기도

> "우리가 우리에게
> 죄 지은 사람을 용서하여 준 것같이
> 우리의 죄를 용서하여 주시고"

⑧	하나님나라 백성의 평화를 위한 기도	332

⑧—①	"우리가 우리에게 죄 지은 사람을 용서하여 준 것 같이"	334
⑧—②	"우리의 죄를 용서하여 주시고"	344
⑧—③	골방으로 더 깊이	358

하나님나라 백성의 평화를 위한 기도 ⑧

년   월   일

년   월   일

가정마다 상비약이 있습니다. 꼭 가지고 다니는 약도 있습니다. 자주 체하는 사람은 소화제, 머리가 아픈 사람은 두통약, 개구쟁이 아이 부모는 일회용 반창고를 넉넉히 챙깁니다. 여행 갈 때도 비상시를 대비해 약을 가져갑니다. 예기치 않게 다치거나 아플 때가 생기기 때문입니다.

　인생살이에도 상비약이 필요합니다. 살면서 겪는 상처와 고통이 만만치 않기 때문입니다. 사실 많은 어려움이 인간관계에서 생깁니다. 직장인은 업무 자체보다 같이 일하는 사람들과의 관계에서 더 큰 어려움을 호소합니다. 선교사들은 어떨까요? 선교지의 낯선 문화에 적응하는 것도 만만치 않지만, 오히려 현지에서 맺는 인간관계가 더 어렵다고 고백합니다.

우리는 관계를 맺으면서 끊임없이 분노하거나 위축되면서 상처를 받습니다. 혹시 오늘 마음이 상하고 위축되고 화나는 일이 있었나요? 반대로 당신 때문에 누군가가 화나고 짜증 나고 상처 입었을지도 모릅니다. 일상에서 늘 일어나는 일입니다. 그럴 때마다 꺼내 쓸 수 있는 상비약이 있으면 얼마나 좋을까요. 빨리 아물고, 덧나지 않고, 잘 견디게 해 주는 상비약이 있으면, 매번 우리를 힘들게 하는 관계들을 좀 더 수월하게 다룰 수 있지 않을까요.

이번 장에서 배울 기도는 하나님나라 백성들이 여러 관계 안에서 어떻게 치유받고, 또 치유할 수 있는지를 알려 줍니다. 주기도에서 가장 긴 간구인, "우리가 우리에게 죄 지은 사람을 용서하여 준 것같이 우리의 죄를 용서하여 주시고"라는 기도를 드리며 영적 상비약을 손에 넣을 수 있기를 기대합니다.

"우리가 우리에게
죄 지은 사람을 용서하여 준 것같이"

년   월   일
년   월   일

'같이'의 의미

이 기도는 원어는 "우리가 우리에게 빚진 사람을 사하여 준 것 같이 우리 빚을 사하여 주십시오"입니다. "죄 지은 사람"과 "죄" 대신에 "빚진 사람"과 "빚"이라는 표현을 사용했습니다. 왜 "빚을 사하여 주십시오"라고 했을까요? 우리가 하나님께 빚을 졌다는 뜻일까요? 여기서 말하는 빚은 돈을 꾸고 갚지 않았다는 의미라기보다 '의무를 이행하지 않은 상태'를 가리킵니다. 빚이라는 단어는 죄의 매우 중요한 본질을 설명해 줍니다.

그런데 이 기도에서 우리를 더 당황하게 만드는 단어는 따로 있습니다. "같이"입니다. 어떤 사람은 "같이"를 '비율'로 해석합니다. 우리가 다른 사람을 용서한 만큼 우리도 용서받을 수 있다는 풀이입니다. 만약 그렇다면 우리가 제대로 다 용서받을 수 있을지 걱정됩니다. 어떤 사람은 "같이"를 용서의 '근거'로 해석합니다. 우리가 용서하며 살았으므로 그처럼 우리도 용서해 달라고 기도할 수 있다는 것입니다. 하지만 이러한 풀이 역시 성경의 가르침과는 거리가 멉니다. 우리가 하나님께 용서받은 것은 그분의 은혜 덕분이지 우리 행위 때문이 아니라고 성경은 줄곧 가르치기 때문입니다.

그렇다면 "같이"를 어떻게 해석해야 할까요? 이미 우리는 "같이"를 사용한 또 다른 기도, "그 뜻을 하늘에서 이루심같이 땅에서도 이루어 주십시오"를 살펴보았습니다. 두 기도 모두, "같이" 앞뒤에 오는 것들이 '서로 밀접하게 연결'되어 있음을 잘 보여 줍니다. 그 연결에 관해서는 땅에서 매면 하늘에서도 매이고 땅에서 풀면 하늘에서도 풀린다는 내용을 다룬 6장에서 확인할 수 있습니다.

큰 빚을 탕감받은 종

"같이"를 이해하는 데 도움이 되는 성경 구절이 있습니다. 마태복음을 읽다 보면 "우리가 우리에게 죄 지은 사람을 용서하여 준 것같이 우리의 죄를 용서하여 주시고"와 유사한 문장이 6장의 주기도에 이어 18장에 또 나옵니다. 6장 12절의 "~같이"와 18장 33절의 "~처럼"은 같은 단어일 뿐 아니라, 두 본문의 이미지가 동일해서 6장의 주기도가 18장의 비유를 위한 복선처럼 여겨질 정도입니다.

그러므로, 하늘 나라는 마치 자기 종들과 셈을 가리려고 하는 어떤 왕과 같다. 왕이 셈을 가리기 시작하니, 만 달란트 빚진 종 하나가 왕 앞에 끌려왔다. 그런데 그는 빚을 갚을 돈이 없으므로, 주인은 그 종에게, 자신과 그 아내와 자녀들과 그 밖에 그가 가진 것을 모두 팔아서 갚으라고 명령하였다. 그랬더니 종이 그 앞에 무릎을 꿇고, '참아 주십시오. 다 갚겠습니다' 하고 애원하였다. 주인은 그 종을 가엾게 여겨서, 그를 놓아주고, 빚을 없애 주었다. 그러나 그 종은 나가서, 자기에게 백 데나리온 빚진 동료 하나를 만나자, 붙들어서 멱살을 잡고 말하기를 '내게 빚진 것을 갚아라' 하였다. 그 동료는 엎드려 간청하였다. '참아 주게. 내가 갚겠네.' 그러나 그는 들어주려 하지 않고, 가서 그 동료를 감옥에 집어넣고, 빚진 돈을 갚을 때까지 갇혀 있게 하였다. 다른 종들이 이 광경을 보고, 매우 딱하게 여겨서, 가서 주인에게 그 일을 다 일렀다. 그러자 주인이 그 종을 불러다 놓고 말하였다. '이 악한 종아, 네가 애원하기에, 나는 너에게 그 빚을 다 없애 주었다. 내가 너를 불쌍히 여긴 것**처럼**, 너도 네 동료를 불쌍히 여겼어야 할 것이 아니냐?' 주인이 노하여, 그를 형무소 관리에게 넘겨주고, 빚진 것을 다 갚을 때까지 가두어 두게 하였다. 너희가 각각 진심으로 자기 형제자매를 용서해 주지 않으면, 나의 하늘 아버지께서도 너희에게 그와 같이 하실 것이다.

(마태복음 18:23-35)

이 이야기의 등장인물은 왕과 종, 종의 친구입니다. 종은 왕에게 1만 달란트를 빌렸고, 자기 친구에게는 100데나리온을 빌려줬습니다. 1데나리온이 성인의 하루 품삯이었으므로, 100데나리온은 주 6일, 한 달에 25일을 꼬박 일하고서 한 푼도 안 쓰고 넉 달을 모아야 하는 돈입니다. 오늘날 임금은 천차만별이지만, 월 300만 원을 번다면 1,200만 원, 월 500만 원을 번다면 2,000만 원입니다. 적은 돈이 아닙니다. 종은 친구에게 그만큼 빌려준 셈입니다.

그럼, 1만 달란트는 얼마일까요? 1달란트는 6,000데나리온, 6,000일을 일해야 벌 수 있는 돈입니다. 1년에 300일을 일한다고 했을 때, 20년간 한 푼도 쓰지 않고 꼬박 모아야 합니다. 그런데 종이 왕에게 빌린 돈은 1달란트가 아니라 1만 달란트입니다. 20년이 아니라 20만 년 치 임금을 빚진 상태입니다. 도무지 갚을 수 없는 어마어마하게 큰 금액입니다.

종은 그 큰 빚을 탕감받고서도 100데나리온을 갚지 않은 친구를 붙잡아 돈을 갚을 때까지 감옥에 있게 합니다. 그 이야기를 들은 왕은 자신이 탕감해 준 빚을 취소하고 종을 감옥에 집어넣습니다. 이 비유는 몇 가지 중요한 내용을 가르쳐 줍니다.

용서할 수밖에 없다

첫째, 죄가 무엇인지 설명해 줍니다. 죄는 갚아야 할 것을 갚지 않은 것입니다. 다시 말해 '의무 불이행'입니다. 사람들은 죄를 영적이거나 정신적이거나 내면적인 무언가로 생각하고 싶어

합니다. 그런데 예수님은 죄 용서의 비유에 1만 달란트와 100데나리온처럼 눈에 보이고 손에 잡히는 경제 용어를 사용하십니다. 죄는 추상적이거나 정신적인 무언가가 아니라, 마땅히 갚아야 하는 것을 갚지 않은 것처럼 매우 실제적인 상태입니다.

둘째, 인간은 하나님에게 진 빚을 자기 힘으로는 갚을 수 없습니다. 종은 왕에게 20만 년 치 임금에 해당하는 경제적 손실을 끼쳤습니다. 대체 무엇 때문에 이렇게나 많은 빚을 졌을까요? 인간은 하나님에게 모든 것을 받아서 살아갑니다. 일용할 양식을 구하는 기도에서 살펴보았듯이 인간이 누리는 모든 것은 하나님에게서 왔습니다. 따라서 인간은 마땅히 그 모든 것의 주권이 하나님에게 있음을 인정해야 하고, 그분의 영광과 이름과 나라를 위해 살아야 합니다. 종일 하나님을 예배해도 모자랍니다. 하나님은 인간 생명의 근원이시며, 각 사람을 향한 뜻을 품고 계시며, 온 세상의 주인이십니다. 그런데도 너무나 쉽게 하나님을 무시하며 아무렇지 않게 살아갑니다. 하나님을 하나님으로 여기지 않고, 마땅히 드려야 할 경배와 헌신을 드리지 않습니다. 그 결과 인간은 하나님에게 큰 빚을 졌습니다. 그런데 인간에게는 그 빚을 갚을 능력이 없습니다. 인간이 해결해야 하는데, 해결할 능력이 없다고 이 비유는 지적합니다.

셋째, 그런데 다행히도 하나님이 인간을 불쌍히 여기셔서 갚을 수 없는 그 빚을 탕감해 주십니다. 이 비유를 어릴 때부터 들은 사람은 너무 익숙해서인지 1만 달란트가 아무리 큰 금액이라도 '왕한테는 그리 큰돈이 아닐 거야'라고 생각하기 쉽습니다. 아닙니다. 당시 팔레스타인과 유대 지역 전체에서 1년 치 세금으로 거둔 금액이 8달란트 정도였습니다. 따라서 1만 달란트는 상상도 할 수 없는 규모의 부였습니다. 그런데도 예수님이 굳이 1만 달란트라는 큰 금액을 말씀하신 이유는 왕이 엄청난 손해를 감수하면서 빚을 탕감했다는 사실을 강조하기 위해서입니다. 왕은 헤아릴 수 없는 손해를 무릅쓰고 빚을 탕감해 주었습니다. 도저히 갚을 능력이 안 되는 종을 불쌍히 여겼기 때문입니다.

넷째, 인간끼리 한 잘못은 하나님이 당하신 일에 비하면 아주 작은 일입니다. 그렇다고 100데나리온이 적은 돈은 아닙니다. 넉 달 치 임금에 해당하는 그 금액을 흔쾌히 포기할 사람이 얼마나 될까요? 그 정도 손해를 입힌 사람을 용서하기란 쉽지 않습니다. 그러므로 사람 사이의 잘못이나 피해는 하나님이 당한 일에 비하면 별일 아니니 서로서로 용서하며 살아야 한다고 쉽게 말해서는 안 됩니다. 하지만, 비록 100데나리온이 큰돈이긴 하나 하나님이 탕감하신 어마어마한 금액에 비해서는 비교할 수 없을 정도로 적은 것도 부정할 수 없는 사실입니다.

마지막으로, 이 비유의 핵심은 하나님에게 용서받은 사람이라면 형제를 용서할 수밖에 없다는 것입니다. 거꾸로 말하면, 형제를 용서하지 못하는 사람은 어쩌면 하나님의 용서 밖에 있는 사람일 수 있습니다. 왕은 놀랍게도 자신이 내렸던 명령을 철회합니다. 종의 빚을 탕감하고 놓아주었다가 다시 잡아들여서 가둡니다. 왕이 자기 결정을 뒤집는 모습을 통해 예수님이 가르치고 싶었던 것은 무엇일까요? 누군가를 진심으로 용서하지 않는 사람은 하나님의 용서를 받지 못한 사람일 수 있다는 사실입니다.

    이 비유에 비추어 주기도 "우리가 우리에게 죄 지은 사람을 용서하여 준 것같이"를 이해해 봅시다. 주기도를 드리는 사람은 하나님과의 평화가 이미 이루어졌음을 전제하고 있습니다. 하나님은 우리 아버지이시며, 우리는 이미 하나님의 이름, 하나님의 나라, 하나님의 뜻을 위해 기도하는 사람입니다. 게다가 우리는 매일매일 하나님에 의지해서 살아갑니다. 우리는 하나님이 우리가 진 빚을 이미 탕감해 주셨음을 깨달은 사람들입니다. 그래서 우리는 우리에게 빚을 진 사람의 빚을 탕감할 수밖에 없습니다. 하나님의 용서하심을 정말 믿고 감사하기에, 우리는 누군가가 우리에게 저지른 죄를 용서합니다. 이렇게 용서하는 우리는 이제 "우리의 죄를 용서하여 주시고"라고 기도할 수 있습니다. 하나님의 용서와 우리의 용서는 이렇게 밀접하게 연결되어 있습니다.

주기도로 기도합니다 ⑧-①

-

정의의 하나님,
저의 죄가 얼마나 깊은지 알게 하소서.
하나님이 계시지 않은 것처럼 여겼던 큰 죄를 깨닫게 하소서.
저의 능력으로는 갚을 수 없는 죄였음을 직면케 하소서.
저의 구원이 크나큰 죄로부터의 해방인지 알게 하소서.
저의 죄를 대신 감당하여 십자가를 지신 주님을 찬양합니다.
1만 달란트를 갚아 주신 주님의 용서를 진심으로 받게 하소서.
그리하여 나에게 100데나리온 잘못한 사람을 용서하게 하소서.

-

저의 죄를 기꺼이 값비싼 손해를 무릅쓰고
탕감해 주신 당신의 용서를 깊이 새기게 해 주세요.
그 용서가 저에게만 국한된 것이 아니라
이웃에게, 특히 관계 맺고 싶지 않은 사람에게
흘러가야 할 용서임을 알아 가게 해 주세요.
이해가 안 되는 사람들을 만날 때
당신이 탕감해 주신, 갚을 능력이 없는 그 빚을 떠올리며
용납하고 용서할 수 있는 마음을 주세요.

주기도를 배우며 기도합니다 ⑧-①

　　　　　　　　　　　　　　　　　년　　월　　일

　　　　　　　　　　　　　　　　　년　　월　　일

8-1. 우리가 우리에게 죄 지은 사람을 용서하여 준 것같이

"우리의 죄를 용서하여 주시고" ⑧-②

_____ 년   월   일

_____ 년   월   일

갚을 수 없는 빚

하나님과 평화를 이루고 하나님의 용서를 받아들이기 위해서는 그에 앞서 분명히 해야 할 사실이 있습니다. 우리가 엄청난 죄인이라는 점입니다. 이 사실을 깨닫지 못한 사람이 하나님에게 용서를 구하고 그분과 화해하는 일은 일어날 수 없습니다. 그런데 오늘날 그리스도인은 자신이 죄인이며 자신의 죄성이 얼마나 심각한지 깊이 생각하지 않습니다. 사람들은 약간이라도 무시당했다고 느끼거나 자존심에 상처를 입으면 못 견딥니다. 그에 비해 우주를 지으시고 생명을 주시고 인생과 역사를 주관하시는 하나님은 가볍게 무시합니다. 그러면서도 아무 감각이 없습니다. 하나님을 무시하며 사는 일이 하나님에게 얼마나 큰 모욕인지, 그 죄가 얼마나 심각한지 깊이 생각하지 않습니다.

한국 근대사에는 몇 차례 쿠데타가 있었습니다. 1980년의 쿠데타로 군에서 쫓겨난 장군들은 매우 심각한 모욕감을 느꼈습니다. 부하들에게 계급장을 떼이고 군번을 몰수당하고 고문까지 당하는 치욕을 견뎌야 했습니다. 쿠데타는 인간의 적법한 권위를 찬탈하는 반역입니다. 그런데 인류 역사상 최악의 쿠데타는 인간의 권위가 아니라 하나님의 권위를 찬탈한 반역입니다. 그 일이 에덴동산에서 일어난 후부터 지금까지 인간은 하나님의 권위를 직간접으로 무시하고 반역해 왔습니다. 인간은 하나님과 동등해지려고 합니다. 아니, 하나님처럼 되려고 합니다. 모든 것이 자기 중심으로 돌아가야 한다고 생각하고, 그렇게 조작하려고 합니다. 하나님을 하나님의 자리에서 끌어내리고 그 자리를 차지하려고 합니다. 그 과정에서 하나님이 느꼈을 치욕은 쿠데타에 가담하지 않은 장군들이 느꼈을 모욕감과는 비교할 수조차 없습니다.

하나님의 통치를 뒤엎은 인간의 쿠데타, 성경은 그것을 죄라고 합니다. 인간은 하나님의 자리를 빼앗고 하나님의 세계를 엉망으로 만들었습니다. 그뿐 아니라 하나님을 수시로 무시하고 그 존재조차 잊고 살아갑니다. 이 모두가 하나님을 심각하게 모욕하는 일입니다. 정상인 상태를 망가뜨린 인간이 당연히 책임을 져야 하나 그럴 능력이 없습니다. 인간은 하나님에게 갚을 수 없는 '빚을 지고 말았습니다.

하나님의 진노

인간은 그 빚을 갚지 않고, 아니 갚을 생각조차 하지 않고, 오히려 하나님을 끊임없이 무시하고 모욕합니다. 이를 바라보며 하나님은 진노하십니다. 하나님을 없는 분 취급하고, 종이호랑이 대하듯 우습게 여기는 인간을 향해 하나님은 진노하십니다. 성경은 하나님의 진노가 인간에게 임한다고 이야기합니다. 구약성경의 아모스서가 이를 잘 보여 줍니다. 하나님은 이스라엘 주변국들이 지은 죄를 심판하겠다고 선포하십니다. "주님께서 시온에서 부르짖으시며 예루살렘에서 큰 소리로 외치"십니다(아모스 1:2). 1장 2절의 '부르짖는다'와 3장 8절의 '으르렁거린다'가 같은 단어입니다. "사자가 으르렁거리는데, 누가 겁내지 않겠느냐? 주 하나님이 말씀하시는데, 누가 예언하지 않을 수 있겠느냐?"(아모스 3:8) 하나님의 음성을 동물 소리에 빗대어 묘사하다니 신성모독적입니다. 그럼에도 아모스 선지자가 "주님께서 시온에서 으르렁거린다"라고 표현한 것은 하나님의 진노가 그만큼 가득 찼고 온몸이 떨릴 정도로 생생했기 때문입니다.

그래서 구약성경의 하나님은 심판의 하나님으로 다가옵니다. 하지만 하나님은 또한 '헤세드'의 하나님이십니다. 인간에게 끊임없이 은혜와 사랑을 주기 원하십니다. 헤세드는 히브리어로 변하지 않는 사랑, 언약에 근거한 신실한 사랑을 뜻합니다. 그런 하나님을 무시하고 모욕하면 결국에는 하나님의 의로운 분노가 쏟아집니다. 구약성경이 가르치는 하나님은 인간을 향한 사랑을 끊지 않으시되 정의를 굽히지도 않으시기 때문입니다.

그렇다면 신약성경은 인간의 죄와 하나님의 진노에 대해 어떤 이야기를 들려줄까요? 예수 그리스도가 오셔서 인간이 마땅히 받아야 할 하나님의 진노를 대신 뒤집어쓰셨습니다. 예수 그리스도의 십자가에는 하나님의 진노가 임해 있습니다. 하나님의 정의가 그리스도의 십자가 위에 진노로 임했습니다. 인간이 감당해야 할 하나님의 진노를 예수 그리스도께서 대신 받으셨고, 이것이 기독교가 전하는 메시지입니다.

그래서 바울 사도는 예수 그리스도로 말미암아 우리가 구원받았다는 놀라운 이야기(로마서 3:21-31) 전에 우리 죄가 얼마나 심각한지(로마서 1:18-3:20)를 길게 논증합니다. 그런데 논증을 시작하는 첫 구절이 바로 '하나님의 진노'입니다. "하나님의 진노가, 불의한 행동으로 진리를 가로막는 사람의 온갖 불경건함과 불의함을 겨냥하여, 하늘로부터 나타납니다"(로마서 1:18). 구약성경부터 신약성경에 이르기까지 줄기차게 하나님의 진노는 하나님을 무시하고 모욕하는 인간을 향해 나타나고 있습니다.

이 사실을 모르면 하나님을 가벼이 여기게 됩니다. 그리고 그분의 진노를 가볍게 여길수록 우리의 구원 역시 하찮아집니다. 많은 그리스도인이 구원의 감격을 잃은 채 살아갑니다. 그 이유는 대부분 자신이 얼마나 심각한 죄인이었는지를 잊어버렸기 때문입니다. 죄의 깊이와 그 짙은 어둠에 둔감해질수록 하나님의 진노도, 거기서 벗어난 구원의 기쁨도 희미해집니다. 오늘날 그리스도인들은 1만 달란트를 탕감받았다는 사실을 자주 잊습니다. 어쩌면 애초에 복음을 잘못 들었거나 처음에는 분명히 들어도 시간이 지나 가물가물해졌을 것입니다. 둘 중 어느 쪽도 합리화할 수 없습니다. 이것이 오늘날 그리스도인들의 비극이자, 교회의 비극입니다.

주님이 갚아 주셨습니다

우리는 모두 하나님에게 1만 달란트를 빚진 사람이었습니다. 도저히 갚을 도리가 없는 그 빚을 하나님이 탕감해 주셨습니다. 하나님이 직접 그 값을 치르고 탕감하셨습니다. 예수 그리스도가 바로 그 대가였습니다. 예수님이 흘리신 피로 우리 죄를 사하셨는데, 이는 어음의 지불 기한을 늦춘 게 아니라, 아예 어음 자체를 찢어 버린 것입니다. 우리 빚을 탕감하려고 20만 년 치 연봉에 해당하는 금액을 지불하는 막대한 손해를 기꺼이 치르셨습니다.

그런데 사람들은 탕감 비용이 얼마나 큰지도 모르면서 그 빚을 갚을 수 있다고 생각합니다. 자신이 얼마나 큰 빚을 졌는지 모르는 어리석은 사람들은 "참아 주십시오. 다 갚겠습니다"(마태복음 18:26)라고 말합니다. 하나님을 모욕하고 배역한 인간이 자기 힘으로 그 빚을 다 갚겠다고 합니다. 하나님이 기간만 연장해 주면, 자기 노력과 선행으로 비뚤어진 것을 바로잡을 수 있다고 생각합니다. 자기 능력을 과신하는 어리석음 때문에 다른 사람에게도 이렇게 이야기합니다. "네가 나한테 잘못한 건 스스로 바로잡아. 난 그냥 용서 안 해. 나도 내가 잘못한 건 직접 해결해. 하나님한테 잘못한 것도 마찬가지고. 그러니까 갚을 게 있으면 나한테 직접 갚아." 그리스도인 중에도 하나님이 얼마나 큰 빚을 탕감해 주셨는지를 잘 기억하지 못하는 사람이 제법 많습니다. 그래서 자신이 그 빚을 갚을 수 있다고 생각하고, 심지어 다른 사람이 자기에게 잘못하면 직접 해결하라고 합니다. 받은 용서가 희미해지면, 베푸는 용서에 인색해집니다.

하지만 하나님이 얼마나 큰 손해를 감수하고 탕감해 주셨는지를 기억하는 사람은 다른 태도를 보입니다. 도저히 갚을 수 없는 빚을 하나님이 탕감해 주셨으니 큰 감사를 표합니다. 용서의 은혜를 누리며, 그 사랑에 늘 감격합니다. 우리는 하나님을 무시하고 함부로 대했었고, 하나님은 그런 우리를 참으시고 또 참으셨습니다. 그것만도 큰 은혜인데, 심판을 미루는 데서 그치지 않고 살길을 열어 주셨습니다. 이런 우리를 평생 종으로 삼아 주셔도 감지덕지한데, 자녀로 삼아 주시다니요. 어떻게 이런 일이 가능한지 그저 어안이 벙벙합니다. 하나님의 용서와 사랑은 언제나 우리 죄보다 큽니다.

어떤 그리스도인은 죄를 고백하고 용서를 구해야만 죄를 사해 주신다고 생각합니다. 그래서 기도 끝에 꼭 이렇게 덧붙입니다. "기억하지 못한 죄까지도 용서해 주십시오." 하지만 우리는 회개 기도를 하기 전에 이미 용서받은 사람들입니다. 예수님을 주인으로 받아들였을 때, 곧 우리 죄를 위해 예수님이 십자가에 달리셨다고 진심으로 믿었을 때, 우리 과거와 현재와 미래의 죄는 모두 용서되었습니다. 기억하지 못하는 죄뿐 아니라, 의식하지 못하는 죄까지도 하나님은 용서하셨습니다. 우리는 완벽한 자유인입니다. 우리 모든 죄는 예수 그리스도께서 십자가에서 죽으심으로 해결되었고, 우리는 완전히 자유롭게 하나님 앞에 설 수 있습니다.

그런데 불행히도 우리는 약하고 때때로 비열해서 다시 죄를 짓고 비슷한 죄를 반복해서 짓기까지 합니다. 하지만 만약 '하나님이 또 용서해 주실 텐데 뭐'라는 생각으로 죄를 짓는다면, 심각한 문제입니다. 우리를 용서하려고 예수 그리스도를 희생하신 하나님의 은혜를 가벼이 여기는 짓이며, 하나님을 모욕하는 짓입니다.

우리는 이제 하나님과 화해했으며 그분과 평화를 누리고 있습니다. 하나님이 우리가 진 빚, 1만 달란트를 탕감해 주셔서 불가능한 그 일이 일어났습니다. 우리를 회복시켜 아들과 딸로 맞으시려고 막대한 손해를 감수하셨습니다. 예수 그리스도를 십자가에서 죽게 하셨습니다. 그래서 우리는 감히 이 기도를 드립니다. "주님, 당신께서 저를 용서하셨습니다. 제 빚을, 저의 죄를 갚아 주셨습니다."

용서받았다는 사실을 기억할 것

하나님과 화해한 사람은 이웃과 화해하는 기도도 드릴 수 있습니다. 자신이 용서받은 죄인인 줄 아는 사람은 "저도 이웃을 용서할 수 있게 도와주십시오"라고 기도합니다. 우리는 완벽한 자유인이지만, 자기 힘으로 이룬 결과가 아닌 줄 압니다. 그래서 자신이 '용서받은 죄인'이라는 사실을 늘 기억하려고 애쓰니다. 그런데 그 사실을 잊어버리는 순간, 말도 안 되는 우월의식이 스며듭니다. 그 때문인지 그리스도인들은 무례하다는 이야기를 자주 듣습니다. 하지만 우리는 하나님이 불쌍히 여기셔서 엄청난 빚을 탕감해 준 사람에 불과하며, 그 사실만을 자랑스럽게 여길 뿐입니다. 그러므로 우리는 아직 죄인인 사람들을 무례하게 대할 수 없습니다. 우리도 그들처럼 실수하고 실패할 수밖에 없었던 사람이었습니다. 하나님 앞에 서 있는 우리 모습은 그들과 다르지 않습니다.

　그리스도인이라도 누가 자신에게 잘못하면 당연히 화가 납니다. 자연스러운 반응입니다. 상대의 잘못 때문에 사는 게 힘들어지기도 합니다. 어쩌면 넉 달 치 월급을 손해 볼 수도 있습니다. 누군가 의도적으로 나를 힘들게 하면, 마음이 상하고 몸도 아프고 복수하고 싶다는 생각마저 듭니다. 물론 그보다 훨씬 작은 일에도 상처받습니다. 말투 하나에도 신경이 곤두섭니다. 우리는 상처에 무척 취약합니다. 상처받는 일은 고통스럽고, 피하고 싶습니다. 하지만 이 땅에 살면서는 상처를 주고받을 수밖에 없습니다. 그런 일이 하루에도 열두 번씩 일어납니다.

　그럴 때 그리스도인은 "나도 죄인이고 너도 죄인이니 서로 용서하며 지내자"라고 말하는 데서 멈추지 않습니다. 그 수준을 뛰어넘어 예수 그리스도를 경험합니다. 누군가의 잘못으로 아프고 괴로울 때, 따끔하게 혼내 주고 싶을 때, 그리스도인은 하나님에게 묻습니다. "하나님, 100데나리온도 이만큼 아픈데, 1만 달란트는 얼마나 고통스러우셨나요? 우리가 하나님을 무시하고 모욕했을 때 얼마나 아프셨나요?" 그리스도인은 형제자매나 세상 사람들이 잘못했을 때 단순히 용서하는 데서 머물지 않습니다. 그 일을 통해 하나님께서 우리를 용서하신 그 깊이를 깨닫습니다.

꽤 오래전에 가까운 사람에게 인격적으로 크게 모욕을 당했습니다. 이십 대 후반이었던 제게는 너무나 심각한 모욕이었습니다. 부당한 대우가 너무 억울해서 잠도 제대로 못 잤습니다. 그리스도인으로서 용서해야 한다는 생각도 들었지만, 정말 용서하고 싶지 않았습니다. 100데나리온이 아니라 1,000데나리온, 1만 데나리온의 피해를 본 것 같았습니다. 고통이 너무나 극심해서 용서는 불가능해 보였습니다. 과연 그런 사람까지 용서해야 하는지 회의가 들었습니다. 그런데 한 노래를 듣는데 갑자기 그 가사가 마음에 박혔습니다. 저는 그만 그 자리에서 울어 버렸습니다. 내가 하나님한테 한 일은 그 사람이 나한테 한 일과는 비교도 할 수 없었습니다.

> 얼마나 아프실까 하나님의 마음은
> 인간들을 위하여 아들을 제물로 삼으실 때
> 얼마나 아프실까 주님의 몸과 마음
> 사람들을 위하여 십자가에 달려 제물 되실 때
> 얼마나 아프실까 하나님 가슴은
> 독생자 주셨건만 인간들 부족하다 원망할 때
> 얼마나 아프실까 주님의 심령은

> 자신을 주셨건만 사람들 부인하며 욕할 때
>
> 송명희, 〈얼마나 아프실까〉

누군가가 저를 부족하다고 원망하고, 저를 부정하고 욕할 때 받아들이기가 너무 힘들었습니다. 그래서 며칠 동안 잠도 제대로 못 잤습니다. 그때 이 노래를 들으며 '내가 하나님한테 똑같이 그랬구나, 하나님을 원망하고 부정하고 아프게 했구나' 하고 깨달았습니다. 저도 그랬고, 요즘 그리스도인들 역시 하나님이 아들을 희생해 1만 달란트를 탕감해 주셨는데도 부족하다고 원망합니다. 저도 제가 받은 상처가 커 보여서 하나님이 탕감해 주신 빚을 잊어버렸습니다. 우리는 용서할 능력이 없는 사람입니다. 남을 용서할 만큼 마음이 넓지도 않고, 너그럽거나 이타적인 사람도 아닙니다. 우리 힘만으로는 용서할 수 없습니다. 하지만 용서받은 사람은 용서할 수 있습니다. 1만 달란트나 탕감받았다는 사실을 깨달은 사람은 100데나리온, 1,000데나리온, 1만 데나리온도 용서할 수 있습니다.

그러므로 "우리가 우리에게 죄 지은 사람을 용서하여 준 것같이 우리의 죄를 용서하여 주시고"라는 기도는 실인즉 이렇게 기도하는 것과 같습니다. "하나님이 우리 죄를 용서하신 것같이 우리도 우리에게 죄 지은 형제자매를 용서할 수 있게 도와주십시오."

불쌍한 사람들

우리가 다른 사람을 용서할 수 있는 이유는 하나님이 우리를 얼마나 불쌍히 여겨 주셨는지를 기억하기 때문입니다. 마태복음 18장 33절에서 왕은 종에게 이렇게 말합니다. "내가 너를 불쌍히 여긴 것처럼, 너도 네 동료를 불쌍히 여겼어야 할 것이 아니냐?" 하나님이 우리를 불쌍히 여겨 주셨고, 우리는 그 모습 그대로 다른 사람을 불쌍히 여깁니다. 우리에게 해를 끼친 사람을 불쌍히 여깁니다. 해를 끼치고도 그 빚을 갚지 못하는 사람을 불쌍히 여깁니다. 이 은혜의 원칙을 너무나 잘 이해했던 바울 사도는 다음처럼 권면합니다. "서로 친절히 대하며, 불쌍히 여기며, 하나님께서 그리스도 안에서 여러분을 용서하신 것과 같이, 서로 용서하십시오"(에베소서 4:32). 마치 마태복음 18장을 방금 읽고 나서 편지를 쓴 것 같습니다.

우리가 얼마나 불쌍한 사람들인지요. 각자 자기 관점으로 세상을 보며 삽니다. 자기 식대로 만사를 해석하고, 이기적으로 행동하면서도 자기는 문제가 없고 늘 피해자라고 생각합니다. 모든 상황을 다 파악하고 있다는 듯 똑똑한 척해도 사실은 헛똑똑이입니다. 그런데 하나님의 관점으로 보기 시작하면, 서로가 얼마나 연약하고 속수무책으로 죄를 짓는지, 얼마나 쉽게 상처를 주고받는지가 점점 눈에 들어옵니다. 하지만 바로잡을 능력이 우리에게는 없습니다. 그런 우리가 서로를 불쌍히 여길 수 있는 이유는, 하나님이 우리를 불쌍히 여기셨다는 사실을 기억하기 때문입니다. 우리가 서로에게 한 잘못보다 훨씬 더 큰 잘못을 하나님에게 했는데도 그분은 그 일을 모조리 탕감해 주셨습니다. 그 사랑에 겨워서 우리도 서로 진 빚을, 100데나리온을 기꺼이 탕감합니다. 서로 용서하는 힘을 경험합니다.

주기도로 기도합니다 ⑧-②

-

십자가에서 저를 용서하신 주님,
제가 얼마나 큰 죄에서 용서받았는지 깊이 깨닫게 하소서.
저를 향한 하나님의 사랑과 은혜의 깊이를 알게 하소서.
그 탕감받은 감격으로,
제게 잘못한 사람을 용서하게 하소서.
제가 입은 손해가 떠올라 용서하기가 괴로울 때마다,
용서받을 수 없었던 저의 죄를 떠올리게 하소서.
주님의 마음을 얼마나 아프게 했는지 기억하게 하소서.
용서받았기에,
용서하는 삶을 살아가는 복을 누리게 하소서.

-

○○년 전, 저를 배신한 한 사람을 아직 잊지 못하고 있습니다.
사람이 한순간 어떻게 그렇게 변할 수 있는지 아직도 의문입니다.
분노, 한숨, 원망이 용암처럼 솟아오를 때가 많았습니다.
용서와 관련한 하나님의 이야기를 들으면,
항상 그 사람이 생각납니다.
그래서 시간이 지나다 보니,
아마도 제게 문제가 있지 않았을까 생각해 보게 됩니다.
그 사람을 용서하고 싶고, 그 사람에게 용서받고 싶습니다.
이것을 가능하게 하신 분이 우리 아버지 하나님이며,
당신께서 보여 주신 그 사랑이기 때문임을 믿습니다.

주기도를 배우며 기도합니다 ⑧—②

　　　　　　　　　　　　　　　　년　　월　　일

　　　　　　　　　　　　　　　　년　　월　　일

8-2. 우리의 죄를 용서하여 주시고

골방으로 더 깊이

⑧─③

| 년 | 월 | 일 |

| 년 | 월 | 일 |

주님께서 우리와 화해하셨듯이 우리도 서로 화해하게 하소서

용서받았으므로 용서하는 기도를 살펴보았습니다. 주기도에 용서를 구하는 이 기도가 들어가 있고, 주기도에 이어서 용서의 가르침(마태복음 6:14-15)이 나옵니다. 그만큼 용서는 우리의 기도 생활에서 매우 중요합니다. 먼저, 우리는 하나님이 우리 빚을 탕감해 주신 것에 감사하며, 그 용서에 의지해서 하나님에게 나아갑니다. 다음으로, 하나님에게 나아갈 때마다 우리가 탕감받았듯이 타인이 우리에게 잘못한 것들을 탕감합니다. 갚지 못하거나 받지 못한 빚이 있으면 하나님과 이웃의 얼굴을 마주하기 어렵고, 그 마음에는 평화가 깃들지 못합니다. 하나님의 탕감으로 우리는 하나님과 화해했고, 그를 본받아 이웃과도 화해를 이

롭니다. 그러므로 용서의 기도는 하나님과 화해하고 그 화해를 본받아 이웃과도 평화를 이루는 기도입니다.

    그러므로 마음에 죄를 품은 채 평화의 기도를 드릴 수는 없습니다. 1만 달란트를 탕감받고도 이웃을 용서하지 않는 것은 예수 그리스도의 죽음을 무시하고 하나님의 이름을 더럽히는 일입니다. 마음에 분노를 품은 채 드리는 기도는 하나님 앞에서 절대 용납될 수 없습니다. 예수님은 제단에 제물을 드리다가 형제나 자매와 불화한 일이 생각나거든 제물을 놓아두고 먼저 가서 화해하고 돌아오라고 가르치셨습니다(마태복음 5:23-25). 어쩌면 예배를 드리다가 벌떡 일어나서 나가는 일이 우리 가운데 때때로 일어나야 하는지도 모릅니다. 주기도를 드리다가 "하나님, 제가 먼저 형제자매와 화해하고 그다음에 돌아와서 예배를 드려야겠습니다"라며 문밖을 나서는 사람이 있으면, 예수님의 가르침에 순종하는 것입니다. 누군가를 용서하지 못해서, 또는 누군가에게 용서받지 못해서 하나님이 자신의 예배를 받지 못한다는 생각이 들 때는 그 자리를 떠나 용서하거나 용서받으러 가는 것이 어쩌면 정상일지 모릅니다. 평화의 기도를 드릴 때는 용서하지 않고 분노를 품고 있는 것 자체가 하나님 앞에서 용납될 수 없는 것임을 가장 먼저 기억해야 합니다.

    마음에 품은 분노를 해결했다면 그다음은 용서의 기도가 삶이 되도록 공동체 안에서 이 기도를 같이 계속 드려야 합니다. 용서의 기도에는 "우리"라는 단어가 원어에서는 네 번, 우리말에서는 세 번 나옵니다. 공동체의 기도이기 때문입니다. 가정과 교회 공동체에 하나님나라가 임하길 바란다면, 공동체 안에서 끊임없이 이 기도를 드려야 합니다.

베드로가 예수님께 "주님, 내 형제가 나에게 자꾸 죄를 지으면, 내가 몇 번이나 용서하여 주어야 합니까? 일곱 번까지 하여야 합니까?"라고 묻자, 예수님은 "일곱 번만이 아니라, 일흔 번을 일곱 번이라도 하여야 한다"라고 답하십니다(마태복음 18:21-22). 하나님과 관계를 회복한 사람은 그 관계에 기초해서 형제자매와의 관계 회복을 위해서도 기도합니다. 하지만 회복은 기초 단계이지, 신뢰의 단계까지 이른 것은 아닙니다. 관계를 회복하기로 결단하여 용서하고, 용서를 받은 다음에 그 관계를 유지하며 시간이 흐르면 신뢰도 회복됩니다. 그래서 우리는 회복한 관계가 유지되고 성숙해서 신뢰의 단계까지 나아가도록 기도해야 합니다. 하나님나라 공동체에 속한 사람은 당연히 기도가 거기까지 이르러야 하며, 그렇게 할 수밖에 없습니다.

내가 잘못했다고 먼저 말하게 하소서

우리는 용서의 기도를 드릴 때, 구체적으로 기도합니다. 그런데 흥미롭게도 그 기도를 하면서 대개는 자신이 용서할 일만 생각하고, 용서받아야 할 일은 잘 떠올리지 않습니다. 용서에 관한 기독교 서적을 10여 권 살펴보았는데, 놀랍게도 어떻게 용서하는지만 다루고, 어떻게 용서받는지에 관해서는 단 한 장도 할애하지 않더군요. 사람들이 대부분 자신을 피해자로 여기고, 용서하는 쪽에 서 있음을 방증합니다. 세상에 용서할 사람만 있을까요? 용서받을 사람은 다 어디 간 걸까요?

　용서의 기도를 드리는 사람은 먼저 용서를 구하고 용서받아야 합니다. 우리가 피해를 준 사람들, 함부로 대한 사람들에게 용서를 구해야 합니다. 교회에, 직장에, 가정에 미워하는 사람이 있으면 찾아가서 용서를 구해야 합니다. 예수님은 "형제나 자매에게…바보라고 말하는 사람은 지옥 불 속에 던져질 것"이라고 말씀하셨습니다(마태복음 5:22). 하나님이 예수 그리스도를 내주고 되찾은 형제나 자매를 정죄하고 비난하는 것은 큰 잘못입니다. 그렇다고 찾아가서 "나는 당신이 참 미웠고, 그래서 아주 싫었어. 오랫동안 그랬어. 날 용서해 줘"라고 말하라는 것이 아닙니다. 그 대신에 사랑을 표현하십시오. 함께 식사해도 좋고 무엇이 필요한지 알면 선물해도 좋습니다. 그리고 기도하세요. "주님, 저의 잘못된 마음, 저 사람을 무시하고 꺼리는 제 마음을 해결해 주세요."

　상대에게 피해를 주었다면 반드시 찾아가서 사과하고 원상회복해야 합니다. 회복이 불가능하면, 그에 상응하는 사랑의 수고를 다해야 합니다. 상대에게 손해를 입히고도 "에이, 미안해. 잘못했어"라고 말만 하고는 화해했다고 생각하는 경우가 더러 있습니다. 하나님은 그렇게 하지 않으셨습니다. 손해를 보면서 대가를 치르셨습니다. 그러므로 우리도 우리의 잘못에 용서를 구하고, 상응하는 대가를 치러야 합니다.

　아들이 중학교 1학년일 때 뭔가 거짓말을 한다고 느낀 적이 있습니다. 아들 말이 정황상 맞지 않았습니다. '요놈이 아빠한테 거짓말을 하네. 안 되겠다, 이건 좀 고쳐야겠네'라는 생각이 들었습니다. 둘러대지 말고 똑바로 말하라고 다그쳤더니 아들은 아니라고, 자기 말이 사실이라고 했습니다. 평소에 거짓말을 안 하는 줄은 알았으나 이참에 거짓말은 절대 용납할 수 없다는 것을 가르칠 요량으로 좀 더 세게 밀어붙였습니다. 그럼에도 아들은 완강히 부인했습니다. 속으로 당황한 저는 아들 말을 확인하기 위해 여기저기 전화를 걸었습니다. 혹시라도 제가 실수했을 수도 있으니까요. 통화를 하면서 제가 오해했음을 알았습니다. 표현은 미숙했어도 아들 말이 맞았습니다. 아들은 눈물이 그렁그렁한 채로 앉아 있었습니다. 그 앞에 제가 앉았습니다. '이 상황을 어떻게 하지?' 하고 난감했습니다. 저는 이렇게 이야기했습니다. "지원아, 네가 맞고 아빠가 틀렸다. 그런데도 네가 잘못했다고 다그쳤으니 내가 큰 잘못을 했다. 아빠를 용서해 다오." 아들은 무뚝뚝하게 그저 "네"라고만 했습니다. 저는 아들에게 이렇게 얘기했습니다. "지원아, 지금 당장 날 용서할 필요는 없다. 용서는 의무가 아니다. 네가 마음으로 용서할 수 있을 때 용서해도 괜찮다. 그래도 해 지기 전에는 하려무나." 오전에 그 일이 있고 나서 점심때 아들에게 다시 말을 걸었습니다. "점심으로 뭘 먹을까?" "아무거나요." "아빠가 맛있는 걸 사주고 싶다." "됐어요." "지원아, 이건 화목제물이란다. 아빠가 잘못했으니까 풀어 주고 싶구나." 그래서 우리 부자는 점심으로 주먹밥을 사 먹었습니다.

  부모와 자녀도 서로 용서를 빌고 용서해야 합니다. 부부도, 형제자매도 서로 용서를 구하고 용서해야 합니다. 우리 가정이, 교회가 하나님나라가 되기를 원한다면, 그 안에서 서로 저지른 잘못을 솔직히 인정하고 용서를 구하는 일이 일상적으로 일어나야 합니다. 왜냐하면 우리는 끊임없이 상처를 주고받으니까요.

그리스도인들이 한 공동체 안에서 서로 용서하고 용서받지 않으면 앙금이 쌓입니다. 서로를 향한 편견과 정죄하는 감정이 해소되지 않고 고착됩니다. 그러면 누가 무슨 일을 해도 기쁨이나 감동이 없고, 무슨 꿍꿍이는 없나 하는 눈초리로 서로를 봅니다. 투명한 관계가 사라집니다. 평화의 공동체는 사라지고, '저 사람 또 저러네' 하는 냉소만이 가득 찹니다. 오늘날 수많은 가정과 교회 공동체의 모습이 이럴지 모릅니다.

누군가에게 피해를 주었다면, 먼저 용서를 구하세요. 서로 뭔가 불편하고 껄끄러운 게 있으면 먼저 찾아가서 사과하세요. "우리 두 사람 뭔가 자연스럽지 않은데, 혹시 내가 마음 상하게 한 일이 있었니? 투명하고 편안한 사이로 지내고 싶은데, 지금은 좀 안 그런 거 같아서…. 내가 잘못한 게 있으면 말해 줘." 이렇게 먼저 물어보면 어떨까요? 평화를 이루는 사람들은 용서해 달라고 먼저 손을 내밉니다.

주님처럼 저도 용서하겠습니다

진심으로 용서를 구하는 것 못지않게 올바르게 용서하는 것도 중요합니다. 누군가가 잘못했다고 말할 때 "에이, 괜찮아"라고 대충 넘겨 버리지 마세요. 용서는 그렇게 쉽게 되지 않습니다. 바로 그 자리에서 용서하기란 어렵습니다. 사실은 마음이 상했었다고 솔직하게 말하고 필요하다면 시간을 좀 달라고 하세요. 그리고 그 문제를 하나님 앞으로 가져가서 기도하세요. 하나님 앞에서 그 문제를 푼 다음에야 "이제 용서할 수 있어요. 하나님이 저를 용서하셨기 때문에 저도 용서할 수 있어요"라고 말할 수 있습니다. 이것이 참된 용서이며, 그렇게 할 때 용서하는 습관이 몸에 배기 시작합니다.

또한 누군가가 죄를 짓도록 방치하거나 방임하는 것도 바람직하지 않습니다. 누군가가 용서를 구하지도 않고 계속 괴롭히고 함부로 대하면, 먼저 물어보세요. "네가 그렇게 행동하는 게 나를 몹시 힘들게 하는데, 무슨 다른 이유가 있니?" 잘못을 덮거나 무마하는 것은 용서가 아닙니다. 용서라는 이름으로 자신을 상하게 내버려둬서는 안 됩니다.

하나님이 우리에게 바라시는 것은 무엇일까요? 할 수 있거든 모든 사람과 화평하라고 말씀하십니다. 이미 용서받은 사람으로서 이웃과 서로 용서하며 지내라고 하십니다. 용서하는 삶은 그리스도인임을 드러내는 표지판과 같습니다. 실수도 하고 상처도 주지만 서로 용서하고 용서받는 생활이야말로 그리스도인을 대표하는 모습입니다.

그런데 애석하게도 그리스도인 사이에서도 용서하고 용서받는 모습이 매우 희귀해졌습니다. 예수님이 용서하라고 가르치셨고 주기도와 이어지는 말씀에서도 용서를 강조하셨지만, 용서는 우리에게 여전히 부자연스러운 일입니다. 때때로 용서는 몹시 어렵습니다. 그러나 우리는 용서의 사람이 되어야 합니다. 필요하다면 좋은 책을 찾아 읽거나 관련한 설교를 들으며 용서를 배워도 좋습니다. 우리가 굳이 용서를 훈련해야 하는 이유는, 아주 이기적으로 말해서, 용서하지 않고는 영적으로 성장하지 않기 때문입니다.

누군가를 용서하지 않으면 그를 사면하지 않고 벌주는 듯해도, 사실은 우리 자신을 감옥에 가두는 셈입니다. 용서할 때 우리는 비로소 자유로워집니다. 용서하지 못하는 사람은 자신을 스스로 감옥에 가두게 됩니다. 그 사람 생각만 해도 화가 치밀고 억울해서 헤어 나오지 못합니다. 영적으로 성장하지 못하는 사람을 살펴보면, 부모나 배우자, 친구, 때로는 자기 자신을 용서하지 못해서 스스로 마음의 감옥에 갇혀 있는 때가 참 많습니다.

하나님의 용서를 깊이 경험하면, 다른 사람을 용서하는 법을 조금씩 배우기 시작합니다. 쉬운 일은 아닙니다. 100데나리온이 적은 돈은 아니기 때문입니다. 하지만 탕감받은 1만 달란트의 깊이를 조금씩 깨달아 가며, 용서가 삶의 한 방식으로 자리 잡기 시작합니다.

주기도로 기도합니다

-

평화의 하나님,
하나님 앞에 나아갈 때, 용서받거나 용서하지 않은 상태로
나아갈 수 없음을 깨닫고 평화의 삶을 추구하게 하소서.
제가 속한 공동체가 서로의 죄를 서로 사하며
평화의 기도를 드릴 수 있는 평화의 공동체가 되게 하소서.

저를 용서하신 주님,
제가 다른 사람들에게 한 잘못에 민감하게 하소서.
하나님이 저를 용서했다고 해서
제가 다른 사람에게 행한 죄를 가볍게 여기지 말게 하시고
제가 피해를 준 사람이 있다면, 그에게 용서받게 하소서.

참된 자유를 주시는 주님,
주님을 닮아 가면서 용서받고 용서하는 삶이 깊어지게 하소서.

-

주님, 당신께 나아가려니 공동체가 밟힙니다.
공동체 안에서는 용서하고 용납하는 것을 피할 수 없습니다.
가르쳐 주십시오. 저도 공동체도 서로 평화롭고 싶습니다.
어떻게 용서하고, 어떻게 용서를 받을 수 있을까요.
괴롭습니다. 아무것도 안 하고 피하고 싶어집니다.
그러나 당신의 용서로 평화를 되돌리는 일에 힘을 쏟겠습니다.
치욕스러움을 진정한 사랑으로 바꾸시는
당신께 의지하며 공동체를 대하겠습니다.

주기도를 배우며 기도합니다

⑧—③

　　　　　　　　　년　　월　　일

　　　　　　　　　년　　월　　일

용서하고 화해하며 사는 행복

하나님나라 백성들 삶에는 도드라지게 나타나는 행복이 있습니다. 갈등과 다툼으로 찢기고 갈라진 인생이, 이리저리 막힌 관계가 하나님의 은혜로 점점 아물고 부드럽게 연결됩니다. 눈치 주고 눈치 보던 긴장과 불편이 하나님의 평화로 대체되기 시작합니다. 겨울 추위로 트고 거칠어진 손에 로션을 바르면 갈라진 피부가 점점 촉촉해지고 부드러워지는 것과 같습니다. 하나님의 용서를 늘 품고 살면, 얽히고설킨 관계 안에서 골이 파이고 거칠어진 시간이, 회복 불능처럼 보였던 우리 인생이 부드럽고 따뜻해집니다. 결국에는 다른 사람의 깨지고 거칠어진 마음을 만져 줄 수 있는 손으로 바뀝니다.

하나님나라 백성들은 용서와 화해의 기도를 쉬지 않고 드립니다. 그러면서 용서받을 일은 없는지, 용서할 일은 없는지, 자신이 맺고 있는 관계가 주님이 몸소 가르치신 평화 안에 있는지를 늘 살펴봅니다. 우리가 화해하는 삶을 유지하고 발전시켜 나갈 때, 우리는 하나님의 평화를 증진하는 사람이 됩니다. 그리고 그런 사람들이 모인 공동체는 깨지고 갈라진 우리 사회를 아물게 하는 목소리를 내며 한 걸음씩 나아갑니다.

    잊지 마세요. 기독교는 용서의 종교입니다. 용서는 하나님이 한 번 하신 것으로 끝난 것이 아닙니다. 우리가 배워서 평생 반복해야 합니다. 하나님의 평화가 세상에 온전히 드러날 때까지 이 기도를 쉬지 않기를 바랍니다.

주기도로 기도합니다 ⑧

짧은 기도

용서받은 크나큰 기쁨과 축복이 저의 삶에
용서와 평화의 삶으로 나타나게 하소서.

긴 기도

우리를 용서하기 위해 값비싼 대가를 치르신 하나님,
하나님의 그 큰 사랑으로 우리는 용서받았습니다.
그 용서 위에 하나님의 자녀와 그리스도의 교회가 서 있습니다.
그러므로 저희도 서로 용서하고 용서받게 하옵소서.
용서하고 용서받고 그리하여 평화를 이루는 법을 배우게 하소서.
세상은 깨짐의 연속이지만, 그 깨짐을 우리로 극복하게 하소서.
용서를 위해 기도하게 하시고, 실제로 용서하며 살게 하소서.
그리하여 하나님나라를 살아 내는 사람들의 아름다움을 드러내고
그 복을 이 땅에서 누리게 하소서.

주기도를 배우며 기도합니다 ⑧

년   월   일

짧은 기도

긴 기도

주기도로 기도합니다 ⑧

짧은 기도

용서와 평화의 하나님나라 공동체를 이루게 하소서.

긴 기도

사랑의 주님, 우리 주님을 사랑하고 감사하고 찬양합니다.
오늘도 당신의 나라에서 당신의 자녀로서
살아갈 수 있게 해 주셔서 감사합니다.
우리에게 공동체를 주시고 그 안에서 가족들과 함께
주님의 나라를 걸어가게 하시니 감사합니다.
어제는 문득 제가 다양함에 익숙해지고 있음을 깨닫고는 너무 기뻤습니다.
공동체 안에서 회복되고 점점 완성되어 가는 저를,
성장하는 모습을 스스로 느끼며 감사와 찬송이 나오는데
저를 사랑하는 아버지 하나님은 얼마나 기쁘실까 하는 생각이 듭니다.
그러나 마음에 남아 있는, 가족들의 이해되지 않는 부분들이 있습니다.
다름을 그대로 환영할 수 있도록
제 마음의 지경을 넓힐 수 있도록 도와주세요.
표현하고 용서하고 용납하고 사랑할 수 있도록 도와주세요.

주기도를 배우며 기도합니다 ⑧

년   월   일

짧은 기도

긴 기도

"우리를 시험에 들지 않게 하시고
악에서 구하여 주십시오"

⑨	하나님나라 백성의 영적 전투를 위한 기도	**376**

⑨—①	"우리를 시험에 들지 않게 하시고"	**378**
⑨—②	"악에서 구하여 주십시오"	**392**
⑨—③	골방으로 더 깊이	**404**

하나님나라 백성의 영적 전투를 위한 기도 ⑨

년　　월　　일

년　　월　　일

현재 대한민국은 정전 상태인데, 우리는 종종 그 사실을 잊고 지냅니다. 그러다가 가끔 북한이 도발하면 깜짝 놀랍니다. 우리 일상이 평화로워 보여도 한반도는 군사적으로 대치 중이며, 전쟁이 완전히 끝나지 않은 상태입니다. 북한이 도발할 때마다 많은 국민이 긴장하고, 언론도 그 상황을 속보로 전하면서 긴장감을 높입니다. 하지만 이런 일이 워낙 잦다 보니까 놀라고 걱정하기보다 늘 그랬듯 적절한 선에서 무마되고 큰일은 없겠지 하며 크게 동요하지 않습니다. 대치 상태에 너무 익숙해진 탓입니다.

　　정치 이야기를 하려는 게 아닙니다. 북한과 대치하는 우리 모습이 오늘날 그리스도인들 모습과 너무나 닮았습니다. 성경은 우리가 치열하게 영적 전투 중이라고 알려 줍니다. 적군은 치명적 상처를 입히려고 호시탐탐 기회를 노리고 있습니다. 그런데도 그리스도인들은 깨어서 경계하기보다 그저 그러려니 하며 지냅니다. 하나님 앞에서 새롭게 살겠다고, 헌신하며 살겠다고 다짐하지만 늘 비슷한 데서 넘어집니다. 그러고는 '에이, 뭐. 다들 그런걸' 하며 대수롭지 않게 넘깁니다. 우리를 계속 공격하고 넘어뜨리는 사탄의 존재를 크게 의식하지 않는 모습이 군사적으로 대치 중인 북한에 무감각한 우리 모습과 비슷합니다.

오늘날 그리스도인들은 너무나 안이하게 살고 있습니다. 조금 비판적으로 이야기하자면, 영적 전투가 한창인 전쟁터에 살고 있는데도 놀이터에 있다고 생각하고 너무 안일하게, 너무 무감각하게 살고 있습니다. 그런 우리에게 주기도의 마지막 간구는 주님이 주시는 경고입니다. "우리를 시험에 들지 않게 하시고 악에서 구하여 주십시오"라는 기도를 통해 무엇을 기도하고, 무엇을 준비하고, 무엇을 조심해야 하는지를 배울 수 있습니다. 주님의 그 가르침을 두 부분으로 나누어 살펴보겠습니다.

"우리를 시험에 들지 않게 하시고"   ⑨—①

_____년 _____월 _____일

_____년 _____월 _____일

시험에 대응하는 두 가지 반응

기도의 앞부분은 "우리를 시험에 들지 않게 하시고"입니다. 시험에 대비하는 기도인데도 우리는 종종 오해합니다. 하나님이 시험을 주신다고 생각합니다. 그래서 하나님에게 우리를 시험에 들지 않게 해 달라고, 그 시험에서 빼 달라고 기도합니다. 이런 기도를 할 때 우리 마음속에 떠오르는 하나님은 함정을 파 놓고 우리가 빠지기만을 기다리는, 우리를 괴롭히는 하나님인지 모릅니다. 의외로 많은 그리스도인이 하나님을 매우 편협한 분으로 여깁니다. 복 주시는 데 인색하고, 여러 가지 까다로운 조건을 제시한 후에 충족하지 못하면 복을 안 주시는 분으로 생각합니다. 하지만 우리가 어떤 어려움을 겪을 때 하나님이 우리를 시험에 들게 해서 괴로움을 겪는다고 생각하는 것은 단연코 잘못된 사고방식입니다. 하나님에 대한 이미지가 왜곡돼 있으면 이런 일이 생깁니다.

그리고 "시험에 들지 않게 하시고"라는 기도는 너무 소극적으로 보입니다. '시험을 이기게 해 달라고 기도해야지, 시험을 요리조리 피하게 해 달라고?' 비겁한 기도처럼 들립니다. 하지만 이 기도는 소극적이거나 도망치는 기도가 아니라, 오히려 매우 적극적인 기도입니다. 치열한 영적 전투 현장에서 승리하는 열쇠를 쥐고 있는 기도입니다.

그렇다면 가장 먼저, "시험"의 의미를 살펴봅시다. 많은 사람이 하나님이 시험을 주신다고 생각하지만, 야고보 사도에 따르면 하나님은 그런 분이 아닙니다. 예수님이 가르치신 "시험에 들지 않게 하시고"의 의미를 야고보서 1장에서 확인할 수 있습니다.

> 여러분은 인내력을 충분히 발휘하여 조금도 부족함이 없이 완전하고 성숙한 사람이 되십시오.…시험을 견디어 내는 사람은 복이 있습니다. 그 사람은 그의 참됨이 입증되어서 생명의 면류관을 받을 것이기 때문입니다. 그것은 하나님을 사랑하는 사람들에게 약속된 것입니다. 시험을 당할 때에 아무도 "내가 하나님께 시험을 당하고 있다" 하고 말하지 마십시오. 하나님께서는 악에게 시험을 받지도 않으시고 또 시험하지도 않으십니다. 사람이 시험을 당하는

것은 각각 자기의 욕심에 이끌려서 꾐에 빠지기 때문입니다. 욕심이 잉태하면 죄를 낳고, 죄가 자라면 죽음을 낳습니다. (야고보서 1:4, 12-15)

누구도 "내가 하나님께 시험을 당하고 있다"라고 말해서는 안 된다고 야고보 사도는 단언합니다. 하나님은 악에게 시험을 받지도 않고, 우리를 시험하지도 않는 분이라고 밝힙니다. 여기서 말하는 "시험"은 유혹temptation을 뜻합니다. 하나님은 우리를 유혹하지도 않으시고, 그 어떤 것에도 유혹받지 않으십니다.

우리가 시험에 드는 이유는 하나님이 아니라 자기 욕심 때문입니다(15절). 시험은 밖에서 들어오지 않고 우리 안에서 자란 욕심 때문에 생깁니다. 바깥에서 어떤 조건을 주면 내면의 욕심이 거기에 반응해서 문제가 일어납니다. 그럴 때 우리는 두 가지 반응을 보일 수 있습니다.

한 가지 반응은 시험을 견뎌 내는 것(12절)입니다. '견디다'는 '인내한다'와 같은 단어입니다. 마음속에 시험이 생겼을 때 우리는 인내하고 견뎌 낼 수 있습니다. 인내력을 충분히 발휘해서 시험을 견뎌 낼 때 우리는 "조금도 부족함이 없이 완전하고 성숙한 사람"(4절)이 됩니다. 성경은 우리에게 그리스도 안에서 완전한 사람이 되라고 끊임없이 말합니다. 인내하는 사람은 점점 성숙해서 그리스도 안에서 온전한 사람이 되고, 결국 그 진실함이 입증되어 마지막에 생명의 면류관을 받습니다. 이것이 시험을 견뎌 내는 사람이 받는 복입니다(12절).

또 다른 반응은 시험을 품는 것입니다. 마음에 욕심이 생겼을 때 인내하고 버티면서 저항하지 않고, 그 대신에 닭이 알을 품듯이 욕심을 끌어안고 유혹이 될 때까지 키웁니다. 유혹은 죄로 이어지고 결국 죽음이라는 영원한 형벌을 낳습니다. 그래서 "욕심이 잉태하면 죄를 낳고 죄가 자라면 죽음을 낳습니다"(15절).

야고보서 1장은 시험의 속성, 시험의 과정과 결과가 어떠한지를 정확하게 보여 줍니다. 이만큼 시험을 잘 설명해 주는 성경 본문이 없다고 해도 과언이 아닙니다. 간단하게 정리하면 다음 그림과 같습니다.

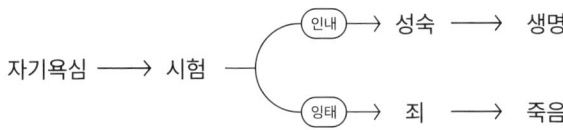

시험의 역학 관계dynamics라고 볼 수 있습니다. 똑같이 시험에 들어도 어떤 사람은 그 시험을 통해 완전하고 성숙한 사람이 되어 영원한 생명의 면류관을 받고, 어떤 사람은 그 시험을 통해 욕심이 잉태해서 죄를 낳고 결국 죽음에 이릅니다.

유혹이 둥지를 틀 때

이런 시험이 우리를 찾아올 때, "시험에 들지 않게" 해 달라고 기도해야 합니다. 그런데 '시험에 든다'라는 말은 무슨 뜻일까요? 그 뜻을 이해하려면 예수님이 대제사장으로서 제자들을 위해 드린 기도에 귀 기울일 필요가 있습니다. 예수님은 "내가 아버지께 비는 것은, 그들을 세상에서 데려가시는 것이 아니라, 악한 자에게서 그들을 지켜 주시는 것입니다"(요한복음 17:15)라고 기도했습니다. 예수님은 곧 떠나시는데, 제자들은 세상에 남습니다. 우리도 세상 속에서 살아갑니다. 우리를 자극하고, 우리 마음에 욕심을 불러일으키는 수많은 조건에 둘러싸여 있습니다. 예수님이 제자들을 "세상에서 데려가시"면 아무 문제가 안 생깁니다. 하지만 하나님이 제자들을, 또 우리를 세상 속에 두실 줄 알고 계셨습니다. 그래서 예수님은 세상에 남은 제자들을 악한 자에게서 지켜 달라고 기도하셨습니다.

여러 외부 조건이 우리 마음속 욕심을 부추겨 유혹을 만들어 낼 때, 우리는 "시험에 들지 않게 하시고"라고 기도할 수 있습니다. 대다수 영어 성경이 주기도의 시험을 유혹으로 번역합니다. "우리가 유혹에 끌리지 않게 하소서"lead us not into temptation/KJV, NIV. "우리가 유혹에 굴복하지 않게 하소서"don't let us yield to temptation/NLT.

다시 한번 강조합니다. 시험은 우리 주변의 여러 조건이 우리 내면의 욕심을 자극해 생깁니다. 시험을 일으키는 재료는 우리 주변에 얼마든지 쌓여 있습니다. 따라서 "시험에 들지 않게 해 주세요"라는 기도는 시험의 재료들이 우리 욕심을 자극해 유혹이 생겨날 때, 그 유혹에 빠지지 않게 해 달라는, 그 유혹에 굴복하지 않게 해 달라는 간절한 외침입니다. 루터나 칼

뱅 같은 종교개혁가들은 이 기도를 이렇게 설명했습니다. "새가 우리 머리 위를 날아가지 못하게 막을 수는 없습니다. 하지만 그 새가 우리 머리에 둥지를 틀지 못하게 막을 수는 있습니다." 새들은 끊임없이 우리 머리 위를 맴돕니다. 우리는 늘 시험에 노출되어 있습니다. 우리 주변에는 시험의 재료가 넘쳐납니다. 하지만 그 재료들이 우리 마음에 들어와서 유혹이 되지 못하게는 막아야 하고, 막을 수 있습니다. 이 기도를 드릴 때, 우리는 그 유혹을 막을 수 있습니다.

나의 약점

그래서 이 기도는 시험에 대비하는 매우 실제적인 기도입니다. 어떤 사람도 시험에서 완전히 면제될 수는 없습니다. 조금씩 다르지만, 누구나 약한 부분이 있습니다. 그래서 "시험을 없애 주세요"라고 기도하지 않고, "시험에 빠지지 않게 하시고, 굴복하지 않게 해 주세요"라고 기도합니다. 시험은 고정 변수입니다. 수영하려면 물에 젖을 수밖에 없습니다. 몸에 물을 묻히지 않고 수영하는 방법은 없습니다. 마찬가지로 세상 가운데 살면서 시험을 만나지 않는 방법은 없습니다. 시험거리를 맞닥뜨릴 수밖에 없기에 이 기도를 하며 대비합니다. 우리를 시험에 빠뜨리는 함정은 늘 우리 주변에 있으며, 우리 인생에서 빠질 수 없는 본질적 요소입니다.

하루라도 그 사실을 잊으면, 이 기도가 얼마나 중요한지를 놓치게 됩니다. 이 기도를 심각하게 생각하지 않으면, 선한 일을 하다가도 곁길로 새고, 그런 일이 반복해서 생깁니다. 욕심이 잉태해서 죄를 짓는 행동이 끊어질 듯 끊어지지 않고 계속 일어납니다. 우리는 언제나 시험에 노출돼 있음을 인정하며 이 기도를 드립니다.

그런데 우리 머리 위를 날아다니는 수많은 새 중에 유독 내 머리에 둥지를 틀려는 새가 있습니다. 모든 새가 내 머리 위에 앉으려고 하지는 않습니다. 그래서 우리는 구체적인 상황을 아뢰며 매우 실제적으로 이 기도를 드립니다. 주로 돈과 명예, 권력, 쾌락 등이 유혹으로 다가옵니다. 특히 오늘날 돈의 위력은 대단합니다. 돈으로 못 할 게 없어 보이는 세상입니다. 또 인정받고 싶은 마음은 명예에 끌리고, 다른 사람에게 조종당하기 싫은 마음은 권력을 갖고 싶어 합니다. 그리고 쾌락은 그 자체로는 나쁜 것이 아니나, 건강한 범위를 넘어서는 즐거움을 탐닉할수록 더 많은 쾌락에 이끌리며 자신을 훼손시킵니다.

자신에게 어떤 새가 자꾸 날아드는지 생각해 보세요. 남자들은 대개 성적 유혹을 크게 느낍니다. 그리스도인이라고 해도 마찬가지입니다. 저는 제자 훈련 때마다 형제들에게 세 가지 조건을 써 보라고 합니다. 어떤 조건이 갖춰지면, 성적 유혹에 굴복할 가능성이 커지는지를 구체적으로 상상해서 적게 합니다. 자기 약점이 무엇이고 자신을 넘어뜨리는 외부 조건이 무엇인지 안다면, 성적 유혹이 찾아온다고 해도 쉽게 무너지지는 않습니다. 셋 중 한 가지 조건만 충족되었을 때는 견뎌 낼지 모릅니다. 하지만 두 번째 조건이 갖춰지면 그때 바로 알아채고 달아

나야 합니다. 세 번째 조건까지 갖춰지면 넘어질 것이기 때문입니다.

유혹의 가장 큰 위험이 뭘까요? 자신은 넘어지지 않는다는 착각입니다. 안 넘어간다고 호언장담하는 사람일수록 기도를 소홀히 하다가 넘어집니다. 오히려 넘어질 수 있다며 기도로 대비하는 사람은 유혹을 피합니다. 아주 오래전에 아내에게 이렇게 물어봤습니다. "여보, 내가 성적으로 실족한다면 어떤 조건에서 그럴 거 같아요? 세 가지만 말해 봐요." 아내가 거침없이 세 가지 조건을 들었는데, 아주 정확했습니다. 저 역시 조건만 갖춰지면 언제든 실족할 가능성이 있습니다. 그러므로 우리는 유혹의 조건을 이겨 내도록 늘 겸손히 기도해야 합니다.

우리는 모두 약합니다. 자신만만해하거나 방심하지 말고 기도해야 합니다. 우리를 넘어뜨리는 외부 조건들이 늘 우리 주변을 맴돕니다. 많은 사람이 자신을 누군가와 비교하며 열등감에 빠지거나 시기하거나 안도합니다. 어떤 때는 불편한 마음을 품고 있다가 어느 순간 가시 돋친 말을 내뱉고 맙니다. 죄를 잉태하고는 결국 내놓습니다. 어떤 사람은 자주 화를 냅니다. 마음속에 쌓인 분노가 어떤 계기로 폭발합니다. 어떤 사람은 다른 사람의 인정에 목말라합니다. 칭찬받으면 천국을 거니는 것 같다가도 조금이라도 비판의 말을 들으면 지옥에 떨어지는 것 같습니다. 그래서 늘 사람들 평가에 신경을 쓰고 평가 내용에 따라 마음이 오르락내리락합니다. 돈을 만지는 일을 하는 사람에게는 돈과 관련한 유혹이 많습니다. 이처럼 수시로 우리를 공격해 오는 유혹에 대비하려면 아주 구체적으로 기도해야 합니다.

그런데 많은 그리스도인이 기도하는 대신에 "나는 기질상 그 부분이 좀 약해"라고 말합니다. 하지만 기질이 그렇다고 해서 유혹에 넘어가 실족한 사람의 책임이 없어지지는 않습니다. 자신의 기질상 약점을 알고 있다면 그 부분을 놓고 기도해야 합니다. 따라서 자신이 누구인지 아는 사람은 이 기도를 드릴 수 있습니다. 자신을 알고 자기 약점을 알고 무엇을 선택해야 하는지 아는 사람은 "시험에 들지 않게" 해 달라고 기도할 수 있습니다.

교회와 그리스도인 때문에 시험에 들지 않게
이 기도를 드리는 사람은 자기 혼자 유혹에 빠지지 않게 해 달라고 기도하지 않고, "우리를 시험에 들지 않게" 해 달라고 기도합니다. 그러면서 자기 말과 행동으로 인해 누군가가 죄를 짓지는 않는지, 유혹에 빠지지는 않는지도 동시에 경계합니다. 특히 믿음이 어린 형제를 실족하게 하고 스스로 합리화하지 않는지 살피고 또 살핍니다. "우리를 시험에 들지 않게" 해 달라는 기도는 자신을 위한 기도일 뿐 아니라, 자신을 돌아보며 다른 사람을 배려하는 기도입니다.

공동체 내부만이 아니라, 교회 공동체가 교회 밖 사람들을 실족하게 하는지도 돌아봅니다. 오늘날 한국 교회는 교회 바깥에서 쓴소리를 자주 듣습니다. 그 모습에 그리스도인들도 실족해서 교회를 하나둘 떠납니다. 그때 우리는 기도해야 합니다.

"하나님, 교회를 교회답게 하시고 우리를 우리답게 하셔서, 사람들이 시험에 들지 않게 하소서."

　세상에서 돈과 권력에 짓눌려 피해받고 마음이 찢어져 교회를 찾았는데, 교회도 별반 다르지 않으면 어떨까요? '여기도 또 다른 권력이 있고, 돈 많고 성공한 사람들을 떠받드네'라고 생각하며 세상과 별반 다르지 않은 모습에 실망합니다. 교회와 그리스도인에 대한 실망과 환멸은 지금 우리 모습이 어떤지를 정직하게 보여 줍니다. 그래서 우리 자신과 공동체를 돌아보면서 기도해야 합니다. "하나님, 교회를 교회답게 하시고 그리스도인을 그리스도인답게 하셔서, 공동체 안팎의 사람 모두가 시험에 들지 않게 하소서."

　하나님나라의 관점에서 볼 때, 이 기도는 더욱 중요합니다. 1장에서 우리는 하나님나라 백성의 독특성을 살펴보았습니다. 하나님이 특별하시므로 하나님나라 백성인 우리도 특별할 수밖에 없습니다. 따라서 우리가 드리는 기도 역시 세상의 여느 기도와는 다를 수밖에 없습니다. 이 이야기는 2장에서 살펴보았습니다. 우리가 다르게 사는 까닭은 '이방 나라들처럼' 살지 않고 '하나님을 따라 하나님처럼' 살아가는 사람들이라는 정체성 때문입니다. 우리는 하나님나라 백성으로서 세상의 유혹거리들이 우리를 죄로 끌고 가지 못하도록 분명하게 뿌리칩니다.

　더 나아가 하나님나라 백성들은 성결할 때 하나님나라의 일을 할 수 있습니다. 우리 안에서 욕심이 죄를 잉태하고 있는데, 하나님의 다스림이 우리를 통해 세상으로 흘러갈 수 있을까요? 하나님나라 백성들은 하나님의 통치가 자신을 통해 드러나고, 또 흘러가도록 이 기도를 드리며 유혹을 물리치고 성결에 이릅니다.

그래서 우리는 매일 꾸준히 이 기도를 드립니다. 특히 반복해서 실패하는 일이 생기면, '왜 그럴까?' 하고 이유를 돌아보며 구체적으로 기도합니다. 그리고 살면서 중요한 결정을 내릴 때, 우리 몸과 마음이 약해질 때, 뭔가를 이뤘다는 생각에 마음이 높아지고 편안해지면서 성공에 취할 때, 이 기도를 드립니다. 우리 주변에서 호시탐탐 우리를 노리는 유혹에 대비하고 대항하기 위해 매일 이 기도를 드립니다.

하나님나라 백성들이 별반 다르지 않게 살면서 자기합리화하는 모습을 보면 참 안타깝습니다. 같은 유혹에 계속 넘어지고, 반복되는 죄로 무력감에 빠져 괴로워하면서도 이 기도를 드리지 않습니다. 그러면서 괜찮다고, 다 그렇다며 합리화합니다. 통분할 노릇입니다. 이 기도가 얼마나 절실한지 모릅니다. 이 기도를 드리며 유혹의 덫에서 빠져나와야 합니다.

9-1. 우리를 시험에 들지 않게 하시고

주기도로 기도합니다

-

저를 모든 유혹에서 건져 내시는 주님,
제게는 특별한 약점이 있습니다.
이 약점을 노리는 유혹이 유달리 많습니다.
사탄이 이 부분을 집요하게 공격합니다.
주님, 이 유혹을 받아들이지 않게 해 주십시오.
어쩔 수 없는 것이 아니라,
제가 이 유혹을 품는 것임을 깨닫게 하시고,
인내함으로 온전함과 생명을 누리게 하소서.
우리 그리스도인 공동체가 세상 유혹에 넘어가지 않고 견뎌내서
세상 속에서 하나님을 드러내게 하소서.

-

욕심에 따른 유혹을 인내할지 잉태할지를 놓고
주님께 저의 약함과 악함을 맡깁니다.
작은 유혹에도 넘어지는 버릇에서 돌아서고 싶었는데,
이미 주님께서는 그 유혹을 뿌리칠 힘과 방도를 알려 주셨습니다.
주님! 매일 매시간 호시탐탐 저를 노리는
유혹들이 제 평생 이어지겠지만,
주님께서 안팎으로 저를 지켜 주시니,
당신을 의지하고 유혹에 빠지지 않게 해 주세요.
제 의지로 감당할 수 없는 유혹들을
주님의 이름으로 견뎌 내게 해 주세요.

주기도를 배우며 기도합니다 ⑨－①

　　　　　　　　　　　　　　　　　　　년　　　월　　　일

　　　　　　　　　　　　　　　　　　　년　　　월　　　일

9-1. 우리를 시험에 들지 않게 하시고

"악에서 구하여 주십시오"

⑨-②

_____ 년 ___ 월 ___ 일

_____ 년 ___ 월 ___ 일

이미 승리했으나 여전히 위험하므로

"우리를 시험에 들지 않게 하시고"가 시험에 대비하는 기도라면, "악에서 구하여 주십시오"는 영적 전투를 위한 기도입니다. 먼저, "악"이라는 단어를 살펴봅시다. 추상적 의미의 '악'으로도 번역할 수 있고, '악한 자'로도 번역할 수 있는데요. '악한 자'로 보는 것이 더 적절합니다. 앞서 보았듯이 예수님도 이렇게 기도하셨습니다. "내가 아버지께 비는 것은, 그들을 세상에서 데려가시는 것이 아니라, 악한 자에게서 그들을 지켜 주시는 것입니다"(요한복음 17:15). '악'으로부터 제자들을 지켜 달라고 기도했다고 볼 수 있습니다. 하지만 굳이 "악한 자"로 번역한 이유는, 그리스도인의 대적인 사탄을 영적·인격적 실체로 분명히 상정하고 있기 때문입니다.

하지만 안타깝게도 많은 그리스도인이 사탄에 대해 막연하고 모호한 이미지를 갖고 있습니다. 아니면, 동화에나 나올 법한 뿔과 꼬리가 달린 빨갛거나 까만 모습을 떠올립니다. 하지만 성경은 분명하게 알려 줍니다. 바울 사도는 사탄이 광명의 천사로 가장한다고 했고(고린도전서 11:14), 그 실체를 다음처럼 아주 잘 설명해 줍니다. "그때에 여러분은 허물과 죄 가운데서, 이 세상의 풍조를 따라 살고, 공중의 권세를 잡은 통치자, 곧 지금 불순종의 자식들 가운데서 작용하는 영을 따라 살았습니다"(에베소서 2:2).

이 말씀에 따르면, 우리는 예수님을 알기 전에 "공중의 권세를 잡은 통치자"를 따라 살았습니다. "통치자"는 왕자prince나 지배자ruler로 번역할 수 있습니다. "공중의 권세"는 공중의 어떤 권력이나 공중의 나라kingdom of the air로 번역하기도 하고, 풀어서 '보이지 않는 세상 권력의 사령관'the commander of the powers in the unseen world이라고도 합니다. 사탄은 눈에 보이지 않는 권력을 가진 존재이며, 눈에 보이지 않는 권력으로 세상을 지배하는 세력입니다.

그 세력이 순순히 우리에게서 물러날까요? 세상에서 가장 치열한 싸움이 지금도 벌어지고 있습니다. 두 세력 간의 싸움이며, 두 나라 간의 싸움입니다. 바로 하나님나라와 어둠의 나라의 싸움입니다. 하나님 권세와 사탄 권세의 싸움입니다. 하지만 우리는 알고 있습니다. 하나님나라가 이미 사탄의 나라를 이겼습니다. 예수 그리스도께서 오셔서 죽으시고 부활하셨을 때 완전히 승리했습니다. 그 승리는 예수님이 다시 오실 때 편만하게 드러날 것입니다. 이미 우리가 승리한 싸움입니다.

하지만 이 싸움은 완전히 끝나지 않았습니다. 사탄이 우리 대적은 못 되지만, 우리에게 치명상을 입힐 수는 있습니다. 대한민국과 북한의 관계가 이 점을 잘 보여 줍니다. 한반도에 위기감이 높아져서 전 세계가 긴장하며 지켜볼 때도 우리는 대부분 편안하게 일상을 유지합니다. 지나치게 마음을 놓아서 무감각한 상태까지 가는데, 우리와 북한의 전력 격차가 현격한 줄 알기 때문입니다. 기술적으로 우월한 군사 장비와 강력한 경제력을 바탕으로 대한민국이 군사적 우위를 점하고 있습니다. 만에 하나 전쟁이 일어나도 누가 이길지는 자명합니다. 그래서 일부 극단적인 사람은 어리석게도 전쟁이 일어나기를 바랍니다. 그렇게 해서라도 통일을 앞당기면 좋겠다고 주장합니다. 전쟁이 터지면 통일이야 이루어질지 몰라도 치명적 피해를 입을 것입니다.

그리스도인이 처한 상황도 이와 비슷합니다. 예수 그리스도께서 승리하셨고 우리는 완전히 구원받았습니다. 이제 우리는 마지막에 오실 그분을 기다리며 살아갑니다. 그래서 사탄을 과소평가하고 때때로 경계를 늦춥니다. 하지만 북한 정권을 과소평가하면 안 되듯이 사탄도 과소평가하면 안 됩니다. 사탄은 언제든 우리를 공격해 심각한 피해를 주기 때문입니다. 우리가 사탄과의 싸움에서 이미 이겼고 심지어 마지막 승리까지 보장

받았으나, 그럼에도 악에서 구해 달라고 매일 기도해야 하는 이유가 그 때문입니다.

오늘날의 통치자

이 싸움은 그 어떤 싸움보다 더 치열하고 본질적입니다. 그런데 잘 보이지 않는다는 특징이 있습니다. 그래서 눈에 보이는 다른 종교를 "공중의 권세 잡은 통치자"로 여기고 비난하고 비판하기도 합니다. 하지만 사탄은 그보다 더 본질적으로 우리 속에 침투해 있습니다. 우리를 안에서부터 뿌리째 흔들며 무섭게 공격하는 "악한 자"가 하는 일은 무엇일까요?

공중의 권세 잡은 통치자가 하는 가장 중요한 일은 두 가지입니다. 하나님을 사랑하고 그분께 더욱 의지하는 일을 방해합니다. 그리고 하나님께 받은 사랑으로 다른 사람을 사랑하는 일을 방해합니다. 사탄은 우리 마음속 깊숙이 들어와서 아주 교묘하게 작동하므로 적인지 친구인지조차 구분하기 어렵습니다. 그래서 어리석은 사람은 사탄의 공격을 받으면서도 잘 분별하지 못합니다. 자기 마음속에 들어와 자신을 뒤흔드는 우상을 잘 보지 못합니다.

가장 대표적인 우상이 자기만 생각하는 자기중심주의입니다. 우리는 무슨 일을 하든지 자기에게 이익인지 손해인지를 본능적으로 계산합니다. 하나님을 사랑하고 이웃을 사랑하는 일은 당장 이익이 안 될 때가 많습니다. 그때 공중의 권세 잡은 통치자는 계속 '너를 먼저 챙겨야지'라며 우리 자신에 대한 관심을 고조시킵니다. 하나님 앞에 나아가거나 형제자매와 이웃을 섬겨야 할 일이 생겨도 우리 자신의 문제에 매이게 합니다. 결국 하나님 사랑과 이웃 사랑에 실패하게 만듭니다. 부부 갈등, 교회 공동체의 분란, 그리고 사회에서 일어나는 개인 사이의 다툼과 집단 간의 갈등까지, 사탄은 늘 '나 자신'에 관심을 쏟게 해서 하나님의 다스림이 드러나지 못하도록 막습니다.

오늘날 사탄이 가장 효과적으로 사용하는 우상은 돈입니다. 자본주의 사회에서 부는 미덕에 가깝습니다. 어떻게 버는지는 차치하고, 빨리 많이 쉽게 부를 쌓으면 부러움을 삽니다. 돈으로 사람을 평가하고, 돈으로 마음의 안정을 얻습니다. 큰 재산이 자신을 안전하게 지켜 준다고 생각해서 조금이라도 더 벌고 모으려고 애를 씁니다. 그 일이 잘 안 되면, 깊은 우울감에 빠지고 상실감과 패배감에 사로잡힙니다. 이런 일이 자본주의 사회에서는 정상처럼 여겨집니다. 그러면서 다른 사람을 도울 여유가 자신한테는 없다고 말합니다. 사랑도 돈이 있어야 가능하다고 생각합니다. 누가 그렇게 가르치고 있나요? 성경은 그렇게 가르치지 않습니다.

그런데 이런 잘못된 생각이 그리스도인들 안에도 깊숙이 들어와 있습니다. 어떤 기독교 단체나 교회에서는 예산위원회가 하나님보다 더 힘이 세다는 느낌을 받습니다. 물론 예산위원회에서 합리적으로 계획을 세우고 투명하게 예산을 집행하는 일은 매우 중요합니다. 하지만 얼마나 많은 그리스도인이 예산이 없어서 사역을 못 한다고 말하는지 모릅니다. 그리스도인마저 돈으로 일하려 해서는 안 됩니다.

현대 사회의 또 다른 우상은 기술입니다. 첨단 기술은 새로운 세계가 곧 올 것처럼 우리를 매혹합니다. 기술 발전으로 우리가 더 자유롭고 풍요로워질 것 같습니다. 하지만 현실은 정반대입니다. 기술은 점점 더 우리를 노예처럼 종속시키고, 하나님이나 사랑하는 사람들과 보내야 하는 시간을 빼앗고 있습니다.

우리를 지켜 주고 가치 있게 만들어 준다고 생각하는 국가에 대해서도 생각해 보아야 합니다. 국가가 정말 우리를 지켜 줄까요? 우리를 지켜 주시는 분은 하나님입니다. 국적이 우리 가치를 결정할까요? 우리 가치는 하나님에게서 옵니다. 그런데도 남북의 대치 상황이 불거지면 쉽사리 국가주의에 사로잡혀서 권력의 힘겨루기에 이용당하고는 합니다.

공중의 권세 잡은 통치자가 얼마나 교묘하게, 겉만 번지르르하게 해서 우리 속으로 침투하는지 모릅니다. 그래서 우리는 항상 기도해야 합니다. "주님, 우리를 악한 자에게서 구하여 주십시오." 실제로 우리 상황은 무척 좋지 않습니다. 얼마나 안 좋으면 베드로 사도는 다음처럼 권면합니다. "정신을 차리고, 깨어 있으십시오. 여러분의 원수 악마가, 우는 사자같이 삼킬 자를 찾아 두루 다닙니다"(베드로전서 5:8).

교회 사무실 수조에 쏘가리를 기른 적이 있습니다. 쏘가리가 죽은 고기는 먹지 않아서 잔인하기는 하지만 산 미꾸라지나 작은 붕어를 먹이로 넣어 줍니다. 그러면 쏘가리가 한쪽 구석에 있다가 쏜살같이 다가와서 한입에 먹이를 낚아챕니다. 그 모습을 보며 "우는 사자"가 떠올랐습니다. 사탄이 우리를 삼키려고 주변에 숨어서 노려보고 있겠구나 하는 생각이 들었습니다. 우리의 대적이 누구이며, 우리가 처한 상황이 어떠한지를 명확히 인식하고 있을 때 영적 전투에 지혜롭게 참여할 수 있습니다.

영적 전투의 비밀

영적 전투를 하는데 "악에서 구하여 주십시오"라니, 너무 소극적인 기도로 보입니다. 세상의 악과 싸워서 이기게 해 달라고 기도해야지 악에서 구해 달라고 하니까 도망가는 느낌마저 듭니다. 하지만 이는 영적 전투의 의미를 제대로 이해하지 못한 데서 생기는 오해입니다. 이 기도는 영적 전투의 성격이 어떠한지를 잘 보여 줍니다. 먼저, 영적 전투를 잘 설명해 주는 성경 구절을 살펴봅시다.

> 믿음에 굳게 서서 악마를 맞서 싸우십시오. 여러분도 아는 대로 세상에 있는 여러분의 형제자매들도 다 같은 고난을 겪고 있습니다. (베드로전서 5:9)

> 그러므로 하나님께 복종하고 악마를 물리치십시오. 그리하면 악마는 달아날 것입니다. (야고보서 4:7)

"맞서 싸우십시오"와 "물리치십시오"는 헬라어로 같은 단어입니다. 영어 성경은 주로 "저항하십시오"resist라고 번역합니다.

'저항'하면 프랑스의 지하 운동 '레지스탕스'가 생각납니다. 나치 독일에 맞서 싸운 그들처럼 저항하라는 말입니다. 그런데 영적 전투에는 전제 조건이 있습니다. 베드로전서는 "믿음에 굳게 서서", 야고보서는 "하나님께 복종하고" 악에 저항하라고 합니다. 서로 맞추지도 않았는데 베드로 사도와 야고보 사도는 영적 전투의 본질을 꿰뚫어 보고 있습니다. 영적 전투의 승리는 우리가 아니라 우리의 주인이신 하나님께 달려 있습니다. 그래서 우리는 믿음에 굳게 서서, 하나님께 복종하며 악에 저항합니다. 그럴 때 하나님께서 이 전쟁을 승리로 이끄십니다. 구약성경과 신약성경 전체에서 나타나는 '여호와의 전쟁'의 특징이기도 합니다.

따라서 "우리를 악에서 구하여 주십시오"라는 기도는 소극적 기도가 아닙니다. 적극적으로 악한 자에게 저항하는 사람이, 이 싸움의 승패가 하나님께 달려 있음을 알고 믿음에 굳게 서서 하나님께 복종하며 드리는 기도입니다. 따라서 이 기도는 매우 담대한 기도이며, 궁극적 승리의 비결을 아는 사람의 기도입니다.

이 기도를 잘못 이해하면, 자신이 하나님을 대리해서 싸운다고 착각할 수 있습니다. 아닙니다. 전쟁을 이끄시는 분은 하나님이고, 우리는 그분 뒤를 따라가며 싸우는 자랑스러운 군사일 뿐입니다. 널리 사랑받는 찬송가 가사도 이 같은 사실을 잘 말해 줍니다. "믿는 사람들은 주의 군사니 앞서가신 주를 따라갑시다. 우리 대장 예수, 기를 들고서 접전하는 곳에 가신 것 보라." 주님이 앞서 싸우시고, 우리는 그 뒤를 따라가며 우리 몫의 싸움을 합니다.

그런데 하나님의 싸움을 자신이 대신 하려고 했던 그리스도인들이 역사 가운데 종종 있었습니다. 자신이 직접 악과 싸워서 이겨야 하는 줄 알고 자기 좁은 소견으로 '악한 자'를 지목해서 어리석은 결과를 낳고는 했습니다. 중세 시대 십자군 전쟁은 아주 불명예스럽고 지울 수 없는 역사를 썼고, 근현대사에도 그리스도인의 이름으로 저지른 오만은 여기저기서 나타나고 있습니다. 전쟁의 수행 주체를 자신으로 착각해서 생긴 일들입니다. 하지만 전쟁의 주체와 승리는 하나님에게 달려 있습니다. 그래서 우리는 그분에게 우리를 악에서 구해 달라고 간절히 기도합니다.

주기도로 기도합니다   ⑨―②

-
갈보리에서 승리를 선포하신 주님,
주님은 이미 승리하셨습니다.
주님의 온전한 나라가 임할 때까지
악한 자에게 속지 않고 저항할 수 있도록 도우소서.
영적 전투에 눈을 뜰 수 있기를 원합니다.
믿음에 굳게 서서, 하나님께 순종하는 것이
승리의 비결임을 알게 하시니 감사합니다.
나의 대장 되신 주님, 악한 자에게 굴복하지 않고
오직 주님을 따르겠습니다. 저를 도우소서.

-
우리를 악에서 구해 주시는 하나님 아버지,
제 삶에서 매일같이 일어나는 영적 전투를
인식하며 살기 원합니다.
매일 전투하며 사는 일상은 매우 피곤하지만
그 전투를 너무나 피해 가며 살아왔습니다.
지치고 힘들까 봐, 그래서 주저앉을까 봐
그 전투를 피하며 살아왔습니다.
전투를 피하지 않게 하소서.
주님이 이미 승리하셨음을 기억하게 하소서.
악한 자에게 속지 않게 하소서.
오직 주님만 따르게 하소서.

주기도를 배우며 기도합니다 ⑨-②

년   월   일

년   월   일

9-2. 악에서 구하여 주십시오

골방으로 더 깊이 ⑨-③

| 년   월   일 |
| 년   월   일 |

하나님으로 이기게 하소서

우리를 시험에 들게 하고 곤경에 빠뜨리는 사탄의 전략은 매우 전통적이나, 여전히 효과적입니다. 그래서 예수님은 "시험에 들지 않게 하시고, 악에서 구하여 주십시오"라고 기도하라고 가르치셨습니다. 사탄의 전략은 크게 세 가지로 볼 수 있습니다.

첫 번째 전략은 우리의 약한 부분을 공격하는 것입니다. 우리가 살짝이라도 마음을 열면 언제든지 욕심이 잉태하여 죄를 낳는 부분이 없는지 점검해야 합니다. 외부의 어떤 조건이 유혹으로 다가올 때 곧바로 기도해야 합니다. "하나님, 사탄이 저의 약한 부분을 건드리기 시작합니다. 이 교활한 공격에서 저를 지켜 주세요."

두 번째 전략은 우리의 관계를 깨뜨리는 것입니다. 말과 행동으로 앙금이 쌓이게 하고, 서로 용서하지 못하게 부추겨서 결국에는 관계를 끊게 만듭니다. 매우 전통적인 방법입니다. 이런 일이 벌어질 때마다 우리는 기도해야 합니다. "하나님, 제가 악한 자의 전형적인 수법에 속지 않고 저항하도록 도와주세요."

세 번째 전략은 가장 근본적인 공격으로, 우리의 생존 방식을 의심하게 하고 불안하게 만드는 것입니다. 사탄은 계속해서 우리 마음속에 이런 질문을 던집니다. "앞으로 그 돈 갖고 되겠어?" "남들만큼은 있어야지!" "아직 결혼도 못 했으니 어떡하려고 그래?" 우리의 생존 방식에 꼬투리를 잡고 불안을 일으킵니다. 하지만 우리는 충분한 돈이나 안락한 가정, 번듯한 집에 기대어 살아가지 않습니다. 우리는 주님께서 매일 공급해 주시는 일용할 양식으로 육체적·경제적·영적으로 생존할 힘을 얻습니다. 우리의 생존 방식입니다.

그리스도인은 어떤 면에서는 시민 의식보다는 게릴라 의식을 가지고 살아야 합니다. 시민은 자기 도시에 정착해 편하게 살지만, 게릴라는 일상에서 계속 싸우는 사람들입니다. 오늘날 우리는 너무나 편안합니다. 자기에게 문제가 없으면 세상이 낙원인 양 살아갑니다. 그러다가 문제가 생기면 기도하고 문제가 사라지면 다시 기도하지 않는 생활로 돌아갑니다. 사탄은 우리를 넘어뜨리려고 끊임없이 우리 주위를 어슬렁거리는데 방심하고 있다가 곧잘 걸려 넘어집니다. 정신을 차리고 깨어 있어야 합니다. 일상적인 공격에 민감하게 대응할 수 있도록 매일 이 기도를 드려야 합니다.

제가 젊을 때는 조깅을 하곤 했습니다. 그런데 뛸 때마다 혼자 뛰는 게 아니라 셋이 뛴다는 생각이 들었습니다. 오른쪽에는 성령님이 제 팔을 끼고 달리시고, 왼쪽에는 안타깝게도 사탄이 제 팔을 붙잡고 있는 것 같았습니다. 우리 인생은 이렇게 셋이서 같이 달립니다. 성령님이 우리 곁에 계신 것처럼 사탄도 우리 옆에 바짝 붙어 있습니다. 성령님을 의지하고 이 싸움의 승리자인 그분을 믿음으로 순복할 때는 잘 뛸 수 있습니다. 그러나 성령님과의 연결을 놓치면 반대쪽에 있는 사탄이 우리를 낚아챕니다. 이것이 우리의 영적 현실입니다. 그러니 이 기도를 매일 드리지 않는다면 어떻게 우리 곁에서 호시탐탐 기회를 노리고 있는 사탄에 대항해 영적 전투를 치를 수 있겠습니까? 어떻게 이길 수 있겠습니까?

무감각에서 깨어나게 하소서
사탄의 공격 대상은 하나님나라를 위해 뭔가 시도하는 사람들입니다. 안일하게 주저앉아 있는 사람을 사탄이 굳이 공격하지는 않습니다. 이미 그들은 사탄의 영향권 아래 있기 때문입니다. 오래전 일입니다. 제가 대학을 다닌 1980년대에는 시위가 많았습니다. 학생들이 모여서 구호를 외치고 화염병을 던지면 경찰 쪽에서 최루탄을 쏘았고, 극렬하게 시위하는 학생을 향해 날아갔습니다. 백골단이라고 불린 전경들이 뛰어들어 학생들을 체포하기도 했는데, 이때도 구경하는 사람은 잡아가지 않았습니다. 사탄도 마찬가지입니다. 그들은 목표가 분명합니다.

하나님나라를 위해 살려고 하는 사람에게는 사탄의 공격이 따릅니다. 사탄의 공격에 우리가 비틀거리기는 해도 아주 엎드러지지는 않고, 결국에는 승리할 것입니다. 이 전쟁은 하나님에게 속했기 때문입니다. 그러므로 영적 전투에 참여하는 사람들은 이 기도를 늘 드릴 수밖에 없습니다. "우리를 시험에 들지 않게 하시고, 악에서 구하여 주십시오. 이 전쟁의 승리는 당신께 달려 있습니다."

그런데 오늘날 많은 그리스도인이 이 기도를 드리지 않습니다. 하나님이 보여 주시는 심각한 상황, 우리가 처한 전쟁 상황을 외면합니다. 대신에 자기가 듣고 싶은 소리만 듣습니다. 그래서 그런 사람들에게는 이런 기도가 의미가 없습니다. 역시 오래전 대학 다닐 때 일입니다. 도서관에서 공부하고 있는 친구에게 다가가 커피 한잔하자고 말을 건넸습니다. 그런데 친구는 "뭐라고?" 하며 큰소리로 되물었습니다. 아뿔싸 친구 귀에는 이어폰이 꽂혀 있었습니다. 모두 깜짝 놀라 우리를 쳐다보았고, 저는 "쉿, 일단 나가자"라고 했습니다. 하지만 친구가 계속 큰소리로 "왜? 왜 그래?"라고 하는 바람에 진땀을 뺐습니다.

지금 우리 그리스도인들 모습이 이렇습니다. 듣고 싶은 소리만 듣고 있어서 자기가 지금 어디에 있는지 현재 상황이 어떤지 잘 모릅니다. 세상이 얼마나 끔찍한지 모릅니다. 그런데도 눈과 귀를 막고, 보고 싶은 것만 보고 듣고 싶은 것만 듣습니다.

사탄이 우는 사자처럼 우리 주변을 어슬렁거리고, 우리를 넘어뜨리려는 유혹거리가 가득한데도 보지 못하고 알지 못합니다. 그래서 이 기도를 드리지 않습니다. 이 기도의 의미가 퇴색하고 말았습니다. 하지만 하나님나라를 꿈꾸며 주님을 위해 무엇이라도 하려는 사람은 자신을 깨우는 이 기도를 매일 드립니다. 그렇게 해서 자신을 경계하고 돌아보는 일을 게을리하지 않습니다.

주기도로 기도합니다 ⑨—③

-
저를 떠나지 않으시는 주님,
주님이 바로 제 옆에, 제 안에 계심을 믿게 하소서.
동시에 사탄도 바로 제 옆에서 유혹함을 알게 하소서.
제 약점과 관계와 생존 방식을 꿰뚫어 보며 유혹하는,
끈질기게 공격하는 사탄의 책략을 분별하게 하시고,
정신을 차리고 깨어서 살게 하소서.

승리의 주님,
세상을 놀이터 정도로 생각한 것을 회개합니다.
제가 듣고 싶은 소리, 보고 싶은 것만 본 것을 회개합니다.
성령님의 인도하심에 민감하게 하시어
주님을 따르며 영적 전쟁터 한복판에서 살아가게 하소서.
하나님나라를 위해서 살아가니, 시험도 크겠지만,
주님과 함께 싸워 나가니, 동역과 동행의 기쁨도 큽니다.

-
주님, 영적 전쟁으로 힘들었습니다.
주님께서 다시 오실 그날까지
이 싸움이 계속된다고 하니
견뎌 낼 수 있을지 회의감도 들었습니다.
그러나 이 전쟁은 하나님께 속했습니다.
결국 승리는 주님의 것입니다.
이 사실을 기억하며 기도하기를 원합니다.
전쟁이 없기를 바라기보다
이 전쟁을 치르는 일 자체를 의미 있게 여기고,
그 과정에 주님께서 반드시 함께하신다는 사실을
잊지 않게 해 주세요.

주기도를 배우며 기도합니다 ⑨-③

　　　　　　　　　　　　　　　　　　　년　　월　　일

　　　　　　　　　　　　　　　　　　　년　　월　　일

깨어 있는 그리스도인으로

우리를 시험에 빠뜨리고 악에 굴복시키는 영적 전투 현장을 망각하면, 악한 자가 우리 안에 깊숙이 침투해 들어와도 잘 모릅니다. 그 결과 공중의 권세 잡은 자가 한국 교회와 그리스도인들 사이에 은연중에 침투해 세속적인 가치관과 부끄러운 모습을 퍼뜨렸습니다.

그런데도 유혹에 빠지지 않게 해 달라고, 악에서 구해 달라고 기도하지 않습니다. 그만큼 둔감해져서 악에 저항하지도 않고, 그럴 생각조차 하지 못합니다. 도리어 합리화하기에 급급합니다. "난 원래 이래. 내 약점이 그거야. 그런데 그 부분은 나도 어쩔 수가 없어. 목사님들도 문제가 있는데, 평신도인 나야 문제가 있는 게 당연하지." "교회도 원래 불완전한 거야. 다른 종교는 완전한가? 다 인간이 모여서 하는 건데 이런저런 문제가 없을 수 없지." 영적 전투에 대한 의식은 사라지고 합리화만 남았습니다.

하나님나라를 꿈꾸는 사람은 자신을 합리화하는 대신에 "우리를 시험에 들지 않게 하시고, 악에서 구하여 주십시오"라고 기도합니다. 매일 아침 이 기도를 드리지 않고는 하루를 시작하지 않습니다. 총도 두고 철모도 쓰지 않고 전쟁터에 나가는 것과 같기 때문입니다. 하나님나라를 위해, 주님을 위해 무언가를 하기 원하는 사람은 매일 이 기도를 드릴 수밖에 없습니다.

지금 우리가 사는 이 시대는 평화로운 때가 아닙니다. 대치 국면입니다. 하지만 결국 우리가 이 전쟁에서 이길 것입니다. 예수님이 승리하셨기 때문입니다. 그 와중에 분명히 기억해야 할 것은 악한 자가 우리에게 치명상을 입힐 수 있다는 사실입니다. 영적으로 깨어서 이 기도를 매일 드리며 날 선 그리스도인으로 살아갈 때 그 위험에서 벗어날 수 있습니다. 이 기도로 매일 안전하기를 간절히 소원합니다.

주기도로 기도합니다 ⑨

짧은 기도
저의 약점을 공격하는 사탄의 유혹에서 건지시고,
영적 전투의 자세를 견지하게 하소서.

긴 기도
나의 대장 되신 주님,
사탄은 저를 잘 알고 있고 저의 약점을 늘 공략합니다.
사탄의 궤계를 알게 하시고, 제게 다가오는 유혹을 분별하게 하소서.
그 유혹을 거부하게 하시고 인내로 생명을 누리게 하소서.
제가 살고 있는 세상이 놀이터가 아니라 영적 전쟁터임을 알게 하시어,
하나님나라의 의를 구하는 삶을 살며, 영적으로 깨어 있게 하소서.
이미 승리하신 주님,
최후의 승리를 얻는 날까지 저를 지키실 줄 믿습니다.

주기도를 배우며 기도합니다 ⑨

년   월   일

짧은 기도

긴 기도

주기도로 기도합니다 ⑨

짧은 기도

유혹에 저항하며 악한 자를 이기신 주님을 따르게 하소서.

긴 기도

저의 약점, 잘 알고 있습니다.
거기 걸려 넘어지기도 했습니다.
사탄이 무엇으로 저를 넘어뜨리고 유혹하는지도 알고 있습니다.
사탄의 작전에 넘어가지 않고,
마음을 지키도록 붙잡아 주세요.
먹음직스럽고 보암직하고 탐스러워 보여서
손을 내밀어 따 먹음으로 죄가 인류에게 들어왔듯이
주님, 당신이 금하신 것에 제 손을 뻗지 않게 하소서.
또한 악에서 구하소서.
하나님의 전신 갑주를 입고, 악과의 전투에 임하게 하옵소서.
도시 시민이 아니라 게릴라 부대로,
영적 전투원으로 살게 하소서.
사탄을 대적합니다. 예수님의 이름으로 대적합니다.
넋 놓고 멍하니 있지 않겠습니다.
적극적으로 악을 밀어내겠습니다. 붙잡아 주세요.

주기도를 배우며 기도합니다 ⑨

년   월   일

짧은 기도

긴 기도

> "나라와 권세와 영광은
> 영원히 아버지의 것입니다"

⑩	하나님나라 운동을 위한 기도	**420**
⑩-①	"나라와 권세와 영광은"	**422**
⑩-②	"영원히 아버지의 것입니다"	**434**
⑩-②	골방으로 더 깊이	**442**
⑩-④	주기도를 마음에 새기며	**458**

하나님나라 운동을 위한 기도 ⑩

　　　　　　　　　　　　　년　　　월　　　일

　　　　　　　　　　　　　년　　　월　　　일

　기도가 우리를 바꿀 수 있을까요? 기도가 교회를 바꿀 수 있을까요? 더 나아가 기도가 세상을 바꿀 수 있을까요? 오늘날 기도하는 사람이 많지 않은 이유는 그렇게 생각하지 않기 때문인지 모릅니다. 지금까지 우리는 별생각 없이 드리거나 무조건 외웠던 주기도를 면밀히 살펴보았습니다. 어떠신가요? 주기도가 우리를, 교회를, 세상을 바꿀 수 있을까요?

　제게 이 책은 의미가 깊습니다. 저는 주기도를 오래전에 공부하고 1989년에 처음 설교했습니다. 한 대학생 선교단체 수련회에 처음으로 주강사로 초대를 받아 학생들에게 주기도를 강해했습니다. 그때 하나님이 저를 설교가로 부르셨다는 깨달음을 얻기도 했습니다. 하지만 그보다는 주기도가 얼마나 능력이 있는지 그때 알았습니다. 주기도가 하나님나라 백성들뿐만 아니라 교회와 세상을 바꿀 수 있다는 가능성을 보았습니다.

수련회가 열린 캠프장은 당시 다른 수련회 장소들보다 시설이 상당히 좋았습니다. 강사였던 제 숙소에는 침대가 있었고, 벽에는 시계추가 왔다 갔다 하는 커다란 괘종시계가 걸려 있었습니다. 도착한 첫날에 좀 피곤해서 침대에 누웠습니다. 시계를 보니 1시 10분이었습니다. 잠시 눈을 붙이고 잤습니다. 얼마 후 설교 준비해야지 하는 생각에 일어나 시계를 보니 1시 10분이었습니다. 시계는 수련회가 끝날 때까지 1시 10분에 멈춰 있었습니다. 그런데 시계추는 계속 왔다 갔다 했습니다. 하나님은 그 괘종시계를 통해 제게 중요한 메시지를 주셨습니다.

오늘날 수많은 그리스도인이 교회를 왔다 갔다 합니다. 이런저런 활동을 합니다. 뭔가 동력이 있어 보입니다. 하지만 시침과 분침은 움직이지 않습니다. 조금도 전진하지 않습니다. 조금도 변화하지 않습니다. 이루어지는 것도 없습니다. 왜 그럴까요? 무한한 동력이 있는데도 시곗바늘의 중심축과 연결되지 않았기 때문입니다.

예수님이 가르쳐 주신 주기도는 무한한 동력과 우리 인생의 중심축을 연결합니다. 이것이 주기도의 비밀입니다. 이 점을 깨닫고 주기도로 기도하기 시작하면, 우리와 교회와 세상은 1시 10분을 벗어나 제 시간을 찾을 것입니다. 이제 주기도의 마지막 구절을 살펴보며, 우리가 어떻게 지금 이곳에서 하나님나라 백성으로 하나님나라 운동에 참여하며, 담대히 이 기도를 드릴 수 있는지를 알아보겠습니다.

"나라와 권세와 영광은"

⑩—①

| 년 | 월 | 일 |
| 년 | 월 | 일 |

주기도의 마침표

"나라와 권세와 영광은 영원히 아버지의 것입니다." 성경에서 이 기도는 괄호 안에 들어가 있습니다. 예수님이 실제로 이 기도를 말씀하셨는지를 놓고 논쟁이 많았습니다. 성경학자들은 오래되고 신빙성 있는 사본에는 대부분 이 구절이 없다고 말합니다. 그래서 NIV 영어 성경은 이 구절을 아예 본문에서 빼고 난외주로 넣었습니다. 우리말 성경도 이 구절이 원본에는 없었다는 의미로 괄호 안에 넣었습니다. 주기도를 가르칠 때도 이 구절을 뺄 때가 많습니다.

    후사 또는 송영이라고 하는 이 부분은 초대교회에서 주기도를 드린 다음에 화답송으로 사용했을 가능성이 매우 높습니다. 송영의 전통은 구약성경에도 나타납니다. 다윗이 성전 건축을 위해 예물을 바치고 온 이스라엘 회중도 기쁘게 예물을 바친 후에 "주님, 위대함과 능력과 영광과 승리와 존귀가 모두 주님의 것입니다"라며 주님을 찬양하고 기도했습니다.

그래서 저는 이 '후사'가 필요하고 또 중요하다고 생각합니다. 예수님이 직접 말씀하신 내용은 아니라 해도, 하나님나라 관점에서 주기도를 드리고 있음을 상기시켜 주기 때문입니다. 이 마지막 기도를 통해 하나님의 주권적 통치와 주님께 모든 것이 속했음을 다시 한번 기억하게 됩니다.

예전에는 이 기도 앞에 "대개"라는 말이 붙었는데, '왜냐하면'이라는 뜻입니다. 앞서 가르쳐 주신 기도를 우리가 담대하게 드릴 수 있는 근거가 바로 "나라와 권세와 영광이 영원히 아버지의 것"이기 때문이라는 고백입니다. 주기도를 시작할 때 "하늘에 계신 우리 아버지"라는 열쇠로 기도의 문을 열었듯이, 마칠 때는 "왜냐하면 나라와 권세와 영광이 영원히 아버지의 것이기 때문입니다" 하고 기도의 문을 닫습니다. 이 기도는 주기도의 마침표입니다.

맞습니다. 우리가 주기도를 드릴 수 있는 근거는 "왜냐하면 나라와 권세와 영광이 영원히 아버지의 것"이기 때문입니다. 여기서 우리가 물어야 할 것은 "나라와 권세와 영광"이 정말 하나님에게 속했다고 생각하는지입니다. 많은 사람이 나라와 권세와 영광이 실제로는 세상의 것이며, 세상에 속한 것으로 생각합니다. 내심 하나님의 것이 아니라고 생각하면서 기도를 드립니다. 그러니 기도가 무기력할 수밖에 없습니다.

영원한 나라

먼저 "나라"를 생각해 봅시다. 국가가 많은 것을 해 줄 것처럼 신성시하는 경향이 있습니다. 국가가 많은 것을 제공하는 것은 사실입니다. 교육, 의료, 국방 등으로 우리 삶을 더 낫게 만들고 안전하게 보호합니다. 국적은 거부할 수 없는 운명이자 자랑스러운 정체성입니다. 우리는 여기서 멈추지 않고 국가에 더 많은 것을 요구합니다. 국가가 여러 사회 문제에 책임을 지고 대책을 마련해야 한다고 주장합니다. 어찌 보면 오늘날 국가는 신과 같습니다. 그래서 나라를 위해 희생한 사람은 영웅이 되고 존경을 받습니다.

하지만 세계사를 공부해 보면 제국의 흥망성쇠가 눈에 들어옵니다. 잠시 존재하다가 사라진 위대한 국가들을 발견합니다. 20세기 초에 공산주의 혁명으로 탄생한 거대한 나라가 20세기가 지나지 않아서 해체되는 모습도 보았습니다. 세상의 나라들은 잠깐 존재합니다. 그런데도 우리는 국가가 영속할 것처럼 생각하고 우리 인생과 기대와 가치를 그 나라에 겁니다.

국가 안에서는 약육강식과 권모술수가 끝없이 이어지고, 국가와 국가 사이의 첨예한 경쟁은 악순환을 반복합니다. 세상 나라들은 자국의 이익을 위해 협상하고 때로는 전쟁까지 불사합니다. 하나님나라가 작동하는 방식은 정반대입니다. 하나님나라 백성들은 그 나라 안에서 서로 사랑하고 건강하게 협력하며 함께 살아갑니다.

　　하나님나라 백성들이야말로 국가라는 우상에서 벗어날 수 있습니다. 저는 제 아이가 중학생 때 학교에 보내지 않고 집에서 같이 공부했습니다. 그때 어떤 사람들은 어떻게 그럴 수 있냐고 물었습니다. 저는 거꾸로 묻고 싶었습니다. 자녀 교육을 국가에 맡기고 국가가 하라는 대로 따라가는 것이 당연한가요? 제가 선택한 방식이 유일하거나 최선은 아니지만, 하나님나라 백성이라면 한 번쯤 고민해 봐야 합니다. 우리 자녀가 어떤 생각을 하는 사람으로 클지, 어떤 성품의 사람으로 자랄지를 국가에 다 맡겨도 괜찮을까요?

　　제가 아는 한 형제는 중학교를 졸업한 딸을 고등학교에 바로 진학시키지 않고 1년간 쉬게 했습니다. 그 형제는 공교육 과정을 존중하고 중요하게 여겼지만, 그렇다고 공교육 과정을 그대로 따르는 것이 딸에게 좋지만은 않다고 생각했습니다. 딸의 동의를 받고서 1년간 세상의 여러 현장과 직업을 관찰하고 경험하도록 했습니다. 딸이 그 시간을 통해 자기 인생을 계획하고 준비하는 데 도움을 받으리라고 확신했기 때문입니다. 그 형제는 국가가 모든 것을 제공한다고 생각하지 않았습니다. 국가가 제공하는 교육이 가장 올바르다고 생각하지도 않았습니다. 공교육을 폐기하자는 말이 아니라, 하나님나라 관점에서 공교육을 다시 보자는 것입니다. 왜냐하면 영원한 나라는 하나님에게 속한 하나님나라라고 정말로 믿기 때문입니다.

　　저도 나이가 들다 보니 요즘 실버타운에 관심이 갑니다.

어떤 분이 제게 이렇게 묻더군요. "목사님, 그건 국가가 할 일인데 왜 목사님이 고민하세요?" 국가가 초고령 사회에 잘 대비해서 어르신들의 주거를 알차게 준비하면 좋은 일입니다. 개인이 관련 제도나 시설을 잘 이용하는 것도 필요합니다. 그렇다면 그리스도인 공동체는 무엇을 할까요? 함께 신앙생활 하며 나이를 먹은 사람들이 노년을 함께 보내며 서로 힘이 되어 주는 역할까지도 국가에 맡겨야 할까요? 국가가 우리를 제대로 책임질지도 미지수인데 말이죠.

    영원한 나라는 어느 나라인가요? 세상일까요? 하나님나라일까요? 우리는 고민해야 합니다. 하나님나라는 개념적이고 추상적이고, 그에 반해 세상 나라는 눈에 보이고 손에 잡힙니다. 우리 삶 곳곳에 영향을 미치며 확실하게 자리를 잡고 있는 것 같습니다. 그래서 많은 사람이 하나님나라가 아니라 세상 나라를 의지합니다. 당신은 어떤가요? 그리스도인이라면 반드시 물어야 할 질문입니다. 이 문제는 "권세"로 가면 더 분명해집니다.

영원한 권세

세상의 권세에 비해 하나님의 권세는 잘 보이지 않고, 그래서 미약해 보입니다. 세상의 권세는 사람들 생명까지 쥐락펴락합니다. 1970-1980년대를 경험한 세대는 국가 권력이 얼마나 막강한 힘을 가졌는지 보았습니다. 사람들을 가두고 심지어 목숨까지 빼앗더니, 그 추악한 사실까지 조작했습니다. 지금도 국가

권력은 여전히 맹위를 떨치고 있습니다.

　세상을 움직이는 권세가 얼마나 크고 대단한지 모릅니다. 항공모함을 보신 적 있나요? 커다란 빌딩보다도 더 큰 무쇠 덩어리가 바다 위에 떠 있었습니다. 그런 배도 권세 있는 자의 명령 한 마디면 동서남북 어디로든 딱딱 움직입니다. 전 세계 어디든 뻗어 있는 거대 기업은 또 어떤가요. 우리가 무엇을 좋아할지, 무엇을 선택할지, 어떻게 생각할지, 어떻게 살지를 정확히 예측해서 제시합니다. 우리 삶을 거시적·미시적으로 통제하면서 자기 뜻대로 이끌어 가는 능력이 두려울 정도입니다. 세상이 정말 권세를 쥐고 있다는 생각이 절로 듭니다.

　세상의 조직 안에서 생활하는 사람은 그 조직이 크든 작든 일종의 권위 구조 안에서 움직인다는 사실을 잘 압니다. 조직이 클수록 그 권세 역시 막강합니다. 생사여탈권까지는 아니더라도 한 사람의 경제생활과 사회생활을 좌지우지하는 권세를 발휘합니다. 때로는 거대한 조직보다 직장 상사가 자기 삶에 더 큰 영향력을 미칩니다. 직급이 하나만 높아도 그 권세가 가볍지 않습니다. 이렇듯 우리는 국가와 자본 같은 거대한 권세부터 직장 상사의 권세까지, 다양한 권세에 둘러싸여 삽니다.

　그런데 성경은 이렇게 말합니다. "몸은 죽일지라도 영혼은 죽이지 못하는 이를 두려워하지 말고, 영혼도 몸도 둘 다 지옥에 던져서 멸망시킬 수 있는 분을 두려워하여라"(마태복음 10:28). 다양하고 막강한 세상 권세는 우리 몸에 영향을 미치고 심지어 생명을 앗아 갈 수도 있습니다. 하지만 하나님의 권세는 우리 몸과 영혼을 모두 쥐고 계시며, 우리가 살아 있는 동안은 물론이고 죽고 난 후에도 영향을 미칩니다. 영원한 권세, 진정한 권세는 하나님 것입니다. 우리가 세상 권세를 두려워하지 않고 하나님의 권세에 순종하는 이유도 이 때문입니다.

영원한 영광

연말 시상식에서 하나님께 영광을 돌린다는 말을 심심찮게 듣습니다. 운동선수들도 우승하거나 좋은 성적을 내면 하나님께 영광을 돌린다고 합니다. 그런데 유독 타인과 비교해서 자신의 우월함이 입증되었을 때 영광을 돌린다고 합니다. 상을 받은 배우의 영광이든, 수석한 학생의 영광이든, 골을 넣은 선수의 영광이든, 언제나 타인과 경쟁해서 얻은, 잠시 있다가 사라지는 영광입니다. 그들의 수고와 노력은 당연히 인정받아 마땅하고, 좋은 결과가 하나님 덕이라는 표현으로는 충분히 할 만합니다. 하지만, 그들이 하나님께 돌리는 영광은 단지 세상 방식에 따른 영광입니다. 우리가 실패해도 하나님은 영광 받으실 수 있기 때문입니다. 아니 우리와 상관없이 하나님은 영광을 받으시는 존재이기 때문입니다.

　주기도에서 이야기하는 영광은 하나님의 하나님 되심이 드러날 때 나타나는 영광입니다. 빌립보서는 모든 피조물이 예수 그리스도를 주님으로 고백할 때, 그 영광이 나타난다고 기록합니다. "그리하여 하늘과 땅 위와 땅 아래 있는 모든 것들이 예수의 이름 앞에 무릎을 꿇고, 모두가 예수 그리스도는 주님이시라고 고백하여, 하나님 아버지께 영광을 돌리게 하셨습니다"(2:10-11).

마태복음에는 "영광"이라는 단어가 열 번 정도 나옵니다. 그중 두 번은 명사형으로 등장하는데, 세상의 영광을 표현하는 용도로 사용됩니다. 예수님이 유혹받으실 때 악마는 "세상의 모든 나라와 그 영광"(4:8)을 주겠다고 제안합니다. 그리고 예수님은 "온갖 영화로 차려입은 솔로몬"(6:29)도 들의 백합화처럼 잘 입지는 못했으니, 무엇을 먹을지 무엇을 입을지 걱정하지 말라고 하십니다. 같은 단어가 동사형으로도 등장하는데, 예수님은 제자들에게 "그들이 너희의 착한 행실을 보고, 하늘에 계신 너희 아버지께 영광을 돌리게 하여라"(5:16)라고 하셨고, 예수님이 병을 고치셨을 때는 "무리가…하나님께 영광을 돌렸"습니다(9:8). 그다음 마태복음 16장부터 나오는 다섯 번의 "영광"은 모두 예수님의 재림과 관련 있습니다.

> "인자가 자기 아버지의 영광에 싸여, 자기 천사들을 거느리고 올 터인데, 그때에 그는 각 사람에게 그 행실대로 갚아 줄 것이다." (마태복음 16: 27)

> 예수께서 그들에게 말씀하셨다. "내가 진정으로 너희에게 말한다. 새 세상에서 인자가 자기의 영광스러운 보좌에 앉을 때에, 나를 따라온 너희도 열두 보좌에 앉아서, 이스라엘 열두 지파를 심판할 것이다." (마태복음 19:28)

"그때에 인자가 올 징조가 하늘에서 나타날 터인데, 그때에는 땅에 있는 모든 민족이 가슴을 치며, 인자가 큰 권능과 영광에 싸여 하늘 구름을 타고 오는 것을 보게 될 것이다." (마태복음 24:30)

"인자가 모든 천사와 더불어 영광에 둘러싸여서 올 때에, 그는 자기의 영광의 보좌에 앉을 것이다."
(마태복음 25:31)

예수님의 초림 때는 예수님이 사람들 병을 고칠 때마다 하나님이 영광을 받으셨지만, 재림 때는 예수님의 하나님 되심이, 하나님의 하나님 되심이 온 천하 모든 민족에게 완전하게 드러납니다. 그때 드러나는 영광은 영원합니다. 세상 영광은 하나님의 영광을 잠시 흉내 낸 것에 불과하며, 잠깐 있다가 사라지고 마는 덧없는 것입니다.

그래서 오늘도 우리는 산다

그리스도인은 아무리 바빠도 기도하는 사람입니다. 하루 24시간이 모자랄 정도로 열심히 뛰어다니며 많은 일을 처리하면서도 매일 20분씩, 30분씩, 또는 그 이상 주님 앞에서 무릎을 꿇고 기도합니다. 나라와 권세와 영광이 영원히 하나님 아버지 것이기 때문입니다. 이 사실을 믿지 않는 사람은 기도하지 않습니다. 세상의 속도를 쫓기에 급급하고 자신이 모든 것을 해야 해서 기도할 시간을 내지 못합니다. 그는 '너무 바빠서 기도할 수 없는 사람'입니다. 하지만 하나님나라 백성은 '너무 바빠서 기도할 수밖에 없는 사람'입니다. 나라와 권세와 영광이 하나님 아버지 것이라고 믿기에 바쁠수록 더 기도합니다. 따라서 주기도의 마지막 기도, 이 후사는 기도의 문을 닫는 마침표입니다.

언젠가 큰 어려움을 겪으며 낙심한 한 자매에게 이렇게 문자 메시지를 보냈습니다. "대개 나라와 권세와 영광이 아버지께 영원히 속하였습니다." 이어서 "그래서 오늘도 우리는 산다!"라고 보냈습니다. 그 메시지를 받고 정신이 번쩍 들었다는 연락을 받았습니다. 인생에는 낙심할 일도, 힘든 일도 많습니다. 기도조차 못 할 만큼 지칠 때가 많습니다. 그럼에도 우리가 주님 앞에 나아가 기도하는 이유는, 지금 우리가 경험하는 것들이 잠깐 있다가 사라지는지 알기 때문입니다. 영원한 것은 따로 있는 줄 알기 때문입니다. 그래서 우리는 담대하게 "나라와 권세와 영광은 영원히 아버지의 것"이라고 기도하며 지금 이곳에서 살아갑니다.

그렇다고 "나라와 권세와 영광이 영원히 아버지의 것이니 저희는 아무것도 할 게 없어요. 하나님, 당신께서 이루십니다"라며 수동적으로 물러서는 기도가 아닙니다. 오히려 하나님나라 운동에 뛰어드는 기도입니다. 하나님이 이끄시는 하나님나라 운동에 적극 동참하겠다는 담대한 고백입니다.

주기도로 기도합니다

-
만물의 주인 되신 주님,
저의 눈을 열어서 세상 나라의 헛됨을 보게 하소서.
저의 눈을 열어서 세상 권세의 헛됨을 보게 하소서.
저의 눈을 열어서 세상 영광의 헛됨을 보게 하소서.
하나님나라만이 영원합니다.
하나님의 권세만이 참된 권세입니다.
하나님의 영광만이 사라지지 않습니다.
이 나라와 권세와 영광을 정말로 믿고
이 나라와 권세와 영광을 추구하며 살게 하시니 감사합니다.

-
나라와 권세와 영광은 하나님 것입니다.
이 땅에서 잘나가는 나라, 무섭게 휘두르는 권력, 대세에 밀려
하나님나라와 하나님 권세와 하나님 영광을 잘 보지 못합니다.
그것들이 영원할 것 같다는 착각과 두려움에서 벗어나
진짜를 보게 해 주세요.
시도 때도 없이 바뀌는 판세에 이용당하지 않도록
맹목적인 두려움 때문에 비판 의식 없이 현실을 받아들이지 않도록
이미 시작된 하나님나라를 바로 보고
꺼져 가는 세상 원리를 따르지 않도록 도와주세요.
머지않은 미래에 드러날 하나님 나라와 권세와 영광을 위해
오늘도 살기를 원합니다.

주기도를 배우며 기도합니다 ⑩-①

년   월   일

———

년   월   일

"영원히 아버지의 것입니다"

년   월   일
년   월   일

아버지이시므로

이제 송영의 마지막 부분인 "아버지의 것입니다"를 살펴봅시다. "하나님의 것"이 아니라 "아버지의 것"이라고 하면서, 지금 우리가 누구에게 기도하고 있는지를 다시 한번 상기시킵니다. 한참 기도에 몰두하다 보면, 누구에게 기도하는지를 잠시 놓칠 때가 있습니다. 큰 소리로 부르짖다가 문득 '내가 지금 누구한테 기도하고 있지?'라는 생각이 든 적은 없으신가요? 자기 생각과 필요에 너무 빠져서 정작 누구에게 기도하고 있는지를 놓치는 실수를 합니다. 그래서 주기도의 마지막 송영은 '기도를 들으시는 그분' 앞으로 우리를 다시 데리고 갑니다. 우리 기도는 철저히 아버지이신 하나님을 향합니다.

그리고 이 마지막 부분은 주기도라는 담대한 기도를 드릴 수 있는 이유를 확실하게 보여 줍니다. 하나님은 왕이십니다. 하나님에게 만물의 주권이 있습니다. 따라서 온 세상의 기도를 당연히 들으실 권한이 그분에게는 있습니다. 그렇게 크고 위대하신 그분께 땅에 있는 우리가 어떻게 감히 기도할 수 있을까요? 우리에게는 하나님께 무언가를 요구할 자격도 없고, 요청을 들어 달라고 주장할 근거도 없습니다. 다만 그분이 우리 "아버지"이시므로 크고 놀라운 그분께, 모든 만물의 주권을 가진 그분께 담대히 기도할 수 있습니다.

"하늘에 계신 우리 아버지"로 시작한 주기도는 우리의 아버지가 되신 하나님 이름과 나라와 뜻을 위해 기도하고, 이어서 하나님나라 백성이자 하나님의 자녀인 우리의 생존과 평화와 영적 전투를 위해 기도한 다음에, 마지막에 이 모든 것이 '아바 아버지의 것'이라는 고백으로 우리를 이끕니다. 우리가 기도를 드리는 하나님은 우리의 아버지이십니다!

마지막 날을 바라보며

나라와 권세와 영광이 "아버지의 것"인데, 거기에 더해서 "영원히" 그분 것이라고 고백합니다. 그렇다면 영원히 이어질 그분의 나라와 권세와 영광과 달리 영원하지 않은 나라와 권세와 영광은 무엇일까요? 당연히 이 세상의 나라들과 권세와 영광이며, 그것들은 결국 쇠락할 것을 암시합니다. 따라서 주기도는 영원한 것과 그렇지 않은 것이 드러날 마지막 날을 기다리며 드리는 기도입니다.

마지막 날은 이미 시작된 하나님나라가 영원히 임하는 날이며, 심판의 날입니다. 예수님은 산상수훈을 마치면서 마지막에 이렇게 말씀하십니다.

> "반석 위에다 자기 집을 지은, 슬기로운 사람과 같다고 할 것이다. 비가 내리고, 홍수가 나고, 바람이 불어서, 그 집에 들이쳤지만, 무너지지 않았다. 그 집을 반석 위에 세웠기 때문이다. 그러나 나의 이 말을 듣고서도 그대로 행하지 않는 사람은, 모래 위에 자기 집을 지은, 어리석은 사람과 같다고 할 것이다. 비가 내리고, 홍수가 나고, 바람이 불어서, 그 집에 들이치니, 무너졌다. 그리고 그 무너짐이 엄청났다." (마태복음 7:24-27)

이 말씀은 우리 인생의 여러 순간에 들이닥치는 어려움을 뜻하기도 하지만, 마지막 날의 그림도 상상하게 합니다. 마지막 날에 하나님의 심판이 비바람과 홍수처럼 우리 인생에 들이칩니다. 그때 판가름이 납니다. 세상에 속한 나라와 권세와 영광은 다 무너지고 사라집니다. 한때 우리를 유혹하고 압제하고 괴롭혔던 세상의 영광과 권세와 나라들이 그날 모두 고꾸라집니다. 반면, 하나님 말씀에 기초해 주님의 나라와 권세와 영광을 놓치지 않고 따랐던 이들은 굳건히 서서 영원히 하나님과 함께 서 있을 것입니다.

나는 하나님께서 나에게 주신 은혜를 따라, 지혜로운 건축가와 같이 기초를 놓았습니다. 그런데 다른 사람이 그 위에다가 집을 짓습니다. 그러나 어떻게 집을 지을지 각각 신중히 생각해야 합니다. 아무도 이미 놓은 기초이신 예수 그리스도 밖에 또 다른 기초를 놓을 수 없습니다. 누가 이 기초 위에 금이나 은이나 보석이나 나무나 풀이나 짚으로 집을 지으면, 그에 따라 각 사람의 업적이 드러날 것입니다. 그날이 그것을 환히 보여 줄 것입니다. 그것은 불에 드러날 것이기 때문입니다. 불이 각 사람의 업적이 어떤 것인가를 검증하여 줄 것입니다. 어떤 사람이 만든 작품이 그대로 남으면, 그는 상을 받을 것이요, 어떤 사람의 작품이 타 버리면, 그는 손해를 볼 것입니다. 그러나 그 사람은 구원을 받을 것이지만 불 속을 헤치고 나오듯 할 것입니다. (고린도전서 3:10-15)

바울은 우리 인생이 그리스도를 받아들여 회심한 후에 새로워지지만, 그리스도라는 기초 위에 무엇으로 인생의 집을 짓는지가 중요하다고 말합니다. 그 기초 위에 금과 은과 보석으로 집을 지을 수도 있고, 나무와 풀과 짚으로 지을 수도 있습니다. 살아온 날들로 이룬 것을 개역성경은 "일"로, 새번역성경은 "업적"으로 번역했습니다. 바울은 마지막 날에 하나님께서 정결케 하는 불로 그 모든 것을 태우신다고 말합니다. 이때 자신이 평생 살아온 날들이 모두 타서 사라질 수도 있고, 그대로 남아 영원으로 이어질 수도 있습니다.

    이 기도를 드릴 때마다 우리는 영원한 것과 없어질 것을 구별합니다. 지금 우리를 사로잡는 땅의 것에 마음을 빼앗기지 않고, 영원히 있을 것에 우리 영혼의 닻을 내립니다. 유혹이 찾아올 때마다, 위협을 받을 때마다, 낙심할 때마다 우리는 마지막 날을 바라보며 이 기도를 드립니다. "하나님, 나라와 권세와 영광은 영원히 아버지의 것입니다. 그러니 잠깐 있다 사라질 것들에 미혹당하지 않겠습니다."

주기도로 기도합니다

-

아버지가 되어 주신 하나님,
제가 주님이 가르치신 기도를 따라 기도를 드릴 수 있는 이유는
하나님이 저의 아버지가 되어 주셨기 때문입니다.
저는 땅에 있는 미천한 존재이지만,
하늘에 계신 하나님이 저의 아버지가 되셨고,
나라와 권세와 영광이 영원히 아버지의 것임을 알게 하셨습니다.
이 땅에서 살아가면서 영원을 사모하게 하시고,
그 권세 있고 영광스러운 나라를 믿고 살아 내게 하시니
아버지가 되어 주신 하나님을 찬양합니다.

-

기꺼이 우리를 하나님의 자녀 삼으시고
우리의 아버지 되심을 즐거워하시는 하나님,
참으로 감사드립니다.
하나님은 진정 제 아버지이십니다.
저도 진실로 주님의 아들입니다.
아버지, 감사합니다.

주기도를 배우며 기도합니다 ⑩-②

년　월　일

년　월　일

골방으로 더 깊이

⑩—③

년   월   일
년   월   일

영원을 바라보며 어그러진 현실에 눈뜨게 하소서

영원을 바라보는 기도는 수동적이고 소극적이며, 현실에서 도피하는 기도일까요? 그렇지 않습니다. 오히려 마침내 다다를 곳을 직시하기 때문에 지금 우리가 서 있는 곳이 어떤지도 바로 보게 합니다.

　우리가 다다를 곳, 마침내 나아가야 할 곳이 어디인가요? 우리 시선은 그날에 온전히 임할 하나님나라에 꽂혀 있습니다. 그 나라가 오기를 간절히 바라며, 동시에 그 나라를 향해 나아갑니다. 우리가 그 나라를 이토록 갈망하는 이유는 지금 우리가 서 있는 이곳의 현실이 너무나 부조리하고 고통스럽기 때문입니다. 인류는 끊임없이 발전하고 진보하려고 노력하지만 그만큼 슬픔과 고통과 부조리도 점점 더 깊어지고 더 넓게 퍼져 나갑니다. 이것은 명백히 정상이 아닙니다.

한국 그리스도인은 정신을 차려야 합니다. 과거 대한민국은 약하고 가난했습니다. 강대국 사이에서 이용당하고 침탈당하는 역사가 되풀이되었고, 그때는 하나님밖에 의지할 데가 없었습니다. 그런데 어느새 강하고 부유한 나라가 되었습니다. 꽤 살 만해졌다는 평가를 받습니다. 그래서인지 고통과 아픔, 질병과 배고픔은 사라진 것 같습니다. 대신 자기보다 더 나은 사람들과 비교하며 상대적 결핍감을 느낍니다. 그러면서 눈에 잘 보이지 않는다고 약자들을 잊고 삽니다. 하지만 아직도 많은 사람이 가난과 질병과 억압에 시달립니다. 주변에 다양한 약자들이 있는데도 많은 사람의 마음에 기름기가 껴 버렸습니다. 심지어 하나님을 찾지 않아도 살 수 있다고 마음속으로 생각하는지 모릅니다. 우리 마음은 더 이상 가난하지 않고, 하나님을 갈급하게 찾지 않습니다. 이것은 분명 정상이 아닙니다.

하나님나라 백성은 세상의 현실을 직시합니다. 세상은 여전히 비정상이며 부조리와 슬픔과 아픔이 곳곳에 숨어 있습니다. 그래서 우리는 "나라와 권세와 영광은 영원히 아버지의 것입니다"라고 기도하며, 지금 이곳이 얼마나 불안하고, 깨지기 쉽고, 찰나에 불과한지를 기억합니다. 이것은 정상입니다.

깨진 세상에 하나님나라를 드러내며 살려고 할 때 우리 삶은 갈등과 부대낌의 연속입니다. 영원을 바라보며 세상 나라와 권세와 영광을 거부하고 하나님나라와 권세와 영광을 붙들기 때문입니다. 세상 가운데 살면서도 잠시 지나가는 나그네로 머무르며, 세상에 절대 굴복하지 않고 하나님나라 백성의 정체성을 지킵니다. 주기도로 기도하며 그 정체성을 늘 새기고, 갈등을 피하지 않습니다. 그리고 이것이야말로 정상입니다.

기도가 바뀌고 행동이 변해서, 삶마저 달라지게 하소서

기도는 당연히 우리를 행동하게 만듭니다. 하나님을 최고라고 생각하고 세상을 최고라고 생각하지 않으면, 그 생각에 기반한 행동이 나옵니다. 어떻게 생각하는지가 어떻게 행동하는지를 규정합니다. 아무리 훌륭하고 거창한 말을 해도 마음으로 믿고 생각하는 것이 행동으로 나옵니다. "나라와 권세와 영광은 영원히 아버지의 것"이라고 말로도 기도하고 마음으로도 믿으면, 곧 그렇게 생각하고 살면 그에 따른 행동이 나옵니다.

그렇다면 어떤 행동이 자연스럽게 나올까요? 제일 먼저, 자신을 바라보는 눈이 바뀝니다. 오늘날 그리스도인 중에는 여전히 세상 권세와 영광을 의식하며 자신이 가진 것과 비교하는 분들이 있습니다. 그러면서 정작 자신만의 가치는 제대로 평가하지 못합니다. 그래서 늘 지쳐 있고, 비교에 갇혀 지냅니다. 하지만 세상의 권세와 영광은 곧 지나가며 영원한 것은 아버지 것이라는 하나님의 관점으로 자신을 바라보면, 그래야 한다고 정말로 생각하고 마음으로도 믿으면, 자신을 바라보는 눈이 달라집니다.

다른 사람에 비해 별 볼 일 없이 사는 듯해도, 팍팍하게 살면서 없이 지내는 듯해도, 그 안에서 자신과 동행하며 삶을 이끄시는 하나님을 발견합니다. 그분이 원하시는 삶의 방식이 무엇인지를 고민하기 시작합니다. 그러면서 우리 인생을 쥐락펴락하는 것은 세상이 아니라 하나님의 권세라고 생각하며 영원한 하나님나라 백성으로 살기 시작하면, 지금 이곳의 삶마저 달라질 수밖에 없습니다.

나라와 권세와 영광이 영원히 아버지 것이라는 사실을 알게 되면, 그 사실을 믿고 따르면, 그 사실은 행동으로, 변화된 삶으로 다가옵니다. 우리는 그 나라 백성입니다. 그래서 평범할 수 없습니다. 우리가 믿고 따르는 아버지가 비범하시기 때문입니다. 비범한 그분을 믿고 따를 때 우리는 다르게 살지 않을 방법이 없습니다.

주기도는 우리의 정체성을 바꾸어 우리를 행동하게 할 뿐 아니라 삶의 현장에서 기도하게 합니다. 우리는 행동하며 주기도를 드립니다. 왜냐하면 나라와 권세와 영광이 그분 것이기 때문입니다. 특히 위기를 겪는 순간순간마다 주님께 기도합니다. 구약성경의 느헤미야도 아닥사스다 왕의 물음 앞에서 잠시 하나님께 기도를 드리고 나서 대답했습니다(느헤미야 2:4). 이렇게 화살을 쏘아 올리듯, 행동하면서 순간적으로 기도하게 합니다.

한 아버지 위에서 더불어 함께 세워지게 하소서
다음으로 그리스도인 공동체를 바라보는 눈이 바뀝니다. 우리가 기도를 드리는 아버지는 나의 아버지일 뿐 아니라 다른 모든 자녀의 아버지입니다. 우리 아버지, 우리 공동체의 아버지입니다. 우리는 "아버지의 것입니다"라고 기도하면서 하나님이 이 땅에 세우고 계신 공동체를 생각하고, 그 공동체의 아버지이신 하나님에게 나라와 권세와 영광이 속했음을 되새깁니다. 하나님이 세워 가시는 공동체가 어떠한지는 성경이 다음처럼 알려 줍니다.

> 여러분은 사도들과 예언자들이 놓은 기초 위에 세워진 건물이며, 그리스도 예수가 그 모퉁잇돌이 되십니다. 그리스도 안에서 건물 전체가 서로 연결되어서, 주님 안에서 자라서 성전이 됩니다. 그리스도 안에서 여러분도 함께 세워져서 하나님이 성령으로 거하실 처소가 됩니다.
>
> (에베소서 2:20-22)

> 주님께 나아오십시오. 그는 사람에게는 버림을 받으셨으나, 하나님께는 택하심을 받은 살아 있는 귀한 돌입니다. 살아 있는 돌과 같은 존재로서 여러분도 집 짓는 데 사용되어 신령한 집이 됩니다.
>
> (베드로전서 2:4-5상)

성전으로 함께 지어져 가는 우리가 공동체로 함께 이 땅에서 무엇을 하며 어떻게 살아야 할지를 주기도를 드리며 다시 한번 생각하게 됩니다. 하늘에 계신 "우리" 아버지를 부르며 주기도를 시작했고, 주기도 내내 "우리"의 기도를 드렸으므로, 하나님이 우리를 한 공동체로 불러 주셨음을 명확하게 알았습니다. 그래서 이제는 어떻게 하나님의 공동체를 이룰지, 또 어떻게 깨진 세상에서 하나님나라를 드러내는 공동체로 살지를 꿈꾸며 기도하게 됩니다. 함께 지어져 가는 꿈을 꾸는 이들은 각자 그리고 또 함께 기도합니다.

주기도는 처음부터 끝까지 하나님나라와 관련한 기도입니다. 하나님나라 백성들이 하나님나라 운동을 하면서 드리는 기도입니다. 하나님나라 운동이란, 하나님의 주권이 지금 이곳에서 인정되고, 그로 인해 인간이 인간다워져서 서로 사랑을 나누며 성령 안에서 의와 화평과 희락을 누리도록 돕는 운동입니다.

원래 우리는 하나님나라에 들어갈 자격이 없었습니다. 하지만 복음 덕분에 그 나라에 속했습니다. 이제 하나님나라 백성인 우리는 자연스럽게 하나님나라 운동에도 참여하고 있습니다. 우리가 사는 곳에서 하나님의 주권을 드러내고, 하나님나라가 곳곳에 자리 잡도록 서로 돕습니다. 하나님이 어떤 분이신지를 알리고 하나님나라의 아름다움을 전하는 것이 하나님나라 운동의 목표입니다.

그렇다면 하나님나라 운동이 펼쳐지는 현장은 구체적으로 어디일까요? 하루 일과 대부분을 보내는 일터, 가장 소중한 사람들과 함께 머무는 가정, 배움과 사귐의 터전인 학교, 오고 가는 거리와 드나드는 가게와 식당 모두가 하나님나라 운동의 현장입니다. 우리가 사는 곳, 삶의 터전이 바로 그 현장입니다. 그곳에서 우리는 하나님의 하나님 되심을 드러내고, 하나님 나라를 맛볼 수 있도록 전합니다. 이를 위해 나라와 권세와 영광이 영원히 아버지께 있음을 늘 기억하려고 애쓰고, 그에 따라 기도하고 행동하며 삽니다.

교회는 하나님나라 운동 본부입니다. 하나님나라 백성들이 직장과 가정과 학교와 거리에서 하나님나라 운동을 힘차게 해 나가도록 돕고 지원하는 근거지입니다. 우리는 교회에서 하나님 아버지의 비전을 보고, 하나님이 일하시는 방식을 배우고, 함께 일하는 동역자를 만납니다. 일상의 현장에서 하나님나라 운동을 어떻게 해 나가는지를 배우고 고민하며, 때로는 휴식하면서 새 힘을 얻습니다. 하지만 교회가 하나님나라의 전부는 아닙니다. 오히려 교회는 하나님나라를 선포하고 확장하기 위해 하나님이 세우신 전초기지 같은 곳입니다.

하나님나라 운동을 해 나가는 주체는 누구일까요? 계속 강조했지만, 바로 우리, 하나님나라 백성들입니다. 하나님이 이 운동을 우리에게 맡기셨습니다. 당연히 우리의 인격과 능력과 의지에는 분명 한계가 있습니다. 하나님나라 운동을 일으키는 일도, 이어 가는 일도 우리 힘으로는 할 수 없습니다. 그래서 주기도로 기도합니다.

하나님나라 운동의 걸림돌이 우리의 약함만은 아닙니다. 운동을 방해하는 세력이 있다는 사실을 잊지 말아야 합니다. 공중의 권세 잡은 통치자가 있는 힘을 다해서 하나님나라 운동을 방해합니다. 그는 이미 패했으나 우리에게 치명적 타격을 입힐 정도로 그 위력은 대단합니다. 우리의 대적은 영적 영역만이 아니라 정서적·심리적·문화적·사회적·역사적 영역을 아우르며, 개인의 인간관계부터 국가 간의 역학 관계에까지 영향을 미칩니다. 우리가 하나님나라의 아름다움을 누리며 하나님나라를 위해 살아가려고 시도하면 할수록, 그 모든 노력을 무산시키려고 밤낮을 가리지 않고 훼방합니다. 그럴수록 우리는 인간의 삶을 좀먹고 무력화하는 대적의 공격에 맞서 더욱 힘차게 하나님나라 운동을 펼쳐 갑니다.

하지만 혼자서는 도저히 하나님나라 운동을 지속할 수 없습니다. 우리에게는 한 하나님을 아버지라고 부르는 형제자매들이 있습니다. 하나님나라 공동체를 이루는 동지들이 있습니다. 그들과 연합할 때, 주기도로 같이 기도하며 합심할 때 하나님나라 운동은 그 날개를 제대로, 오래 펼치며 날 수 있습니다.

주기도로 기도합니다

-

세상을 회복하고 계신 하나님,
하늘에 계신 우리 아버지께 나아갈 때마다
제가 사는 깨진 세상을 떠올리게 됩니다.
저와 우리나라가 좀 잘살게 되었지만,
세상에는 슬픔과 고통과 처참함이 가득합니다.

나라와 권세와 영광을 모두 가지신 하나님,
제가 사는 세상을 직시하게 하시고,
온전히 회복될 하나님나라를 더욱 사모하게 하시고,
이 땅에서 저의 영광스러운 몫을 감당하게 하소서.

주기도를 드리며, 제 기도가 우리의 기도로 연결되고,
깨진 세상에서 저의 공동체가 감당해야 할 몫을 감당하면서
깨진 세상을 치유하고 회복하시는 하나님과 동역하며
마지막 날까지 살아가게 하소서.

-

하나님, 오늘도 저에게 부대낌과 갈등이 있습니다.
괜히 이 길을 선택했나 하는 생각이 들고,
이제라도 세상 방식으로 갈까 하는 생각이 듭니다.
그렇지만 거듭 생각해도 역시 아버지의 승리가 확실합니다.
제게 힘을 주시고 그 길로 갈 수 있도록 이끌어 주시옵소서.

주기도를 배우며 기도합니다

⑩-③

년   월   일

년   월   일

하나님나라 운동

하나님나라 운동은 지금도 엄청난 속도와 밀도로 진행 중입니다. 이 순간에도 하나님이 그 일을 하고 계십니다. 그 운동으로 예수님이 우리를 이미 초청하셨습니다. 우리를 속이고 주저앉히려는 대적의 손아귀를 벗어나서 역동하는 하나님나라 운동에 동참하라고 요청하십니다. 혹시 지금 1시 10분에 계속 머물러 있지는 않나요? 시계추는 왔다 갔다 하지만 시침과 분침은 조금도 움직이지 않는 괘종시계 같지는 않은가요? 우리 인생의 중심축이 지금도 뜨겁게 움직이고 있는 하나님나라 운동과 맞물리는 순간, 그 일을 여전히 성실하게 하고 계신 주님과 연결되는 순간, 우리의 시간도 제자리를 찾고 의미가 생기기 시작합니다.

어떻게 하면 예수님의 초청에 응해서 우리 인생의 중심축과 하나님을 연결할 수 있을까요? 그 비밀은 주기도에 있습니다. 예수님이 가르쳐 주신 기도를 각자 그리고 함께 드릴 때, 동력원인 하나님과 우리 인생이 연결되기 시작합니다. 우리 속에는 없는, 하나님에게 속한 그 힘이 우리를 움직여 나갑니다.

그런데도 사람들은 기도로는 아무것도 못 바꾼다고 생각합니다. "기도한다고 사람이 달라지나? 기도한다고 교회가 새로워지나?"라고 합니다. 더군다나 세상을 바꾸는 일에 기도는 아무짝에도 쓸모없는 무용지물이라고 합니다. 하지만 그들이 드린 기도는 주기도가 아니기 때문입니다. 주기도는 사람을 달라지게 합니다. 주기도는 교회를 살려서 하나님나라 운동의 전초기지로 세웁니다. 주기도는 깨지고 상한 세상을 회복하는 능력을 발휘합니다.

하나님나라 백성들은 매일 아침 주기도로 하루를 시작하고, 매일 밤 주기도로 하루를 마칩니다. 시간을 내서 주기도로 깊이 기도합니다. 이제 우리 기도가 더 깊어지고 풍성해질 때가 되었습니다. 주문처럼 되뇌는 기도, 어느 종교에서나 발견되는 종교 행위 같은 기도가 아니라, 주님이 가르쳐 주신 하나님나라 백성의 기도를 드릴 때가 되었습니다. 이제 우리는 주기도로 기도합니다. 자신과 가정과 교회는 물론이고, 한국 교회와 만물 가운데 임할 하나님나라를 소망하면서.

주기도로 기도합니다

짧은 기도
주기도 같은 담대한 기도를 드릴 수 있는 이유는
나라와 권세와 영광이 영원히 아버지께 속했기 때문입니다.

긴 기도
나라와 권세와 영광을 가지신 하나님 아버지,
주님 가르치신 기도는 참으로 놀랍고도 담대한 기도입니다.
땅에 있는 미천한 존재인 제가 어찌 이런 기도를 드릴 수 있겠습니까?
하나님 이름과 하나님의 나라와 하나님의 뜻을 위해서 살며,
하나님나라 백성답게 살아가며 관계 맺고,
영적 승리를 위해 살게 하시니
이를 위해 드리는 기도는 저의 영광이며 특권입니다.
이 세상에 살면서 세상의 권세와 영광과 나라에 눈멀지 않게 하시고,
하나님 권세와 영광과 나라에 눈뜨게 하시니
저는 하나님나라의 영광스러운 백성으로 이 담대한 기도를
평생 지속적으로 드리겠습니다.
주님의 나라가 임할 때까지
저의 기도가 더욱 깊어지게 하시고,
미천한 종으로, 하나님나라 운동원으로 살게 하소서.

주기도를 배우며 기도합니다 ⑩

년   월   일

짧은 기도

긴 기도

주기도로 기도합니다

짧은 기도
나라와 권세와 영광이 나의 아버지 것임을 선포합니다.

긴 기도
주기도의 마지막, 다시 저의 아버지가 되신 하나님,
주님이 가르쳐 주신 이 기도는
저를 다시 당신의 아들로 부르십니다.
주님, 저는 당신의 아들입니다.
주님, 당신은 제 아버지이십니다.
어디서든 당신의 아들로 이 세상을 보게 해 주소서.
당신 앞으로 나아가는 것이
세상과 저를 단절시키는 일만이 아니라
이미 승리하신 하나님으로 인해
세상을 정면으로 직면하는 일이 되게 하소서.
제게 용기를 주시고
더욱 하나님 나라를 소망하게 하소서.

## 주기도를 배우며 기도합니다 ⑩

　　　　　　　　　　　　　　　　　　　년　　월　　일

짧은 기도

긴 기도

주기도를 마음에 새기며

년   월   일
년   월   일

지금까지 주기도를 면밀히 살펴보았습니다. 마치기 전에 지금까지 배운 주기도의 특징을 정리해 보면 좋겠습니다. 주기도는 그저 외우는 기도가 아니라 주기도의 사상을 따라 드리는 기도이며, 우리 각자가 자기 언어로 드리는 기도입니다. 또한 하나님에서 출발하는 기도이며, 생각하며 드리는 기도입니다. 그리고 마침내 하나님을 상으로 얻는 기도입니다.

자기 언어로 기도하기

먼저, 예수님은 주기도의 사상을 따라 주기도를 드리라고 강조합니다. 오늘날 주기도가 자주 오용되고 악용되는 이유는 주기도를 한 글자도 틀리지 않고 달달 외워야 한다는 생각 때문입니다. 예수님은 "그러므로 이렇게 기도하여라"라고 하시며, 주기도에 흐르는 사상을 따라 기도하라고 말씀하십니다.

저는 주기도를 배운 후에 그대로 외우지 않고 제 언어로 바꿔서 기도하는 버릇이 생겼습니다. "하늘에 계신 우리 아버지." 워낙 빨리 지나가는 기도라서 무언가를 덧붙이기 힘들지만, 저 역시 아주 빨리 제 언어로 기도합니다. "알지 못하는 신비한 세계에 계신 하나님 아버지" 또는 "우리를 공동체로 불러 주셔서 우리 아버지가 되어 주신 하나님"이라고 저의 상황에 따라 제 언어로 풀어서 기도합니다.

"그 이름을 거룩하게 하여 주시며"는 이렇게 기도합니다. "하나님, 우리 입술과 묵상을 통해 당신의 이름이, 당신의 하나님 되심이 드러나면 좋겠습니다. 우리 인생과 교회의 모습을 통해 하나님의 거룩한 이름이 사람들에게 알려지면 좋겠습니다." 이런 식으로 주기도의 한 구절 한 구절을 자신만의 고유한 언어로 기도할 수 있습니다.

주기도로 기도하면 아침에 일어나 하나님나라 왕이신 하나님과 그 백성을 위해 2-3분이라는 아주 짧은 시간 안에 아주 중요한 기도 제목을 놓고 기도할 수 있습니다. 그런가 하면 같은 기도 제목을 놓고 한두 시간씩 깊이 기도할 수도 있습니다. 저는 아들딸을 위해 주기도로 기도합니다. 중보기도도 주기도로 할 수 있습니다. 주기도는 외우는 기도가 아니라, 그 안에 담긴 사상과 신학으로 드리는 기도이기 때문입니다.

생각하며 기도하기, 하나님에서 출발하기

그리고 주기도는 아무 생각 없이 외우는 기도가 아니라 생각하며 드리는 기도입니다. 기도는 말함으로써 시작하는 것이 아니라, 말하지 않음으로써 시작합니다. 우리는 하나님 앞에 나아가 자기 속사정을 토로하는 것을 기도라고 생각합니다. 주기도는 토로하기 전에 우리가 하나님 앞에 있다는 사실을 상기시켜 줍니다. 전도서는 기도에 대한 지혜를 알려 줍니다. "하나님 앞에서 말을 꺼낼 때에, 함부로 입을 열지 말아라. 마음을 조급하게 가져서도 안 된다. 하나님은 하늘에 계시고, 너는 땅 위에 있으니, 말을 많이 하지 않도록 하여라"(전도서 5:2). 주기도에도 나오는 "하늘"과 "땅"이라는 대구 표현이 전도서에도 그대로 나옵니다.

우리는 흔히 "하나님, 도와주세요"라고 기도합니다. 그런 기도가 필요할 때가 있습니다. 사는 게 너무 힘들고 어려워서 "주님, 도와주세요!" 하고 외쳐야 할 때가 있습니다. 하지만 인생이 늘 그렇게 다급하거나 위기 상황인 것은 아닙니다. 도와달라는 기도만 하다 보면, 죽을 지경이 아니면 기도하지 않고, 사는 게 힘들어질 때만 기도하게 됩니다. 그래서 어떤 사람은 너무 평안해서 기도할 거리가 없다고 합니다. 기도할 게 없는데 어떻게 그렇게 오래 기도하느냐고 궁금해합니다. 이런 분들은 인생에 어려움이 없으면 기도하지 않습니다. 이들의 기도는 철저하게 자기중심적이며, 자기에게서 시작하는 기도입니다.

주기도는 우리가 지금 어떤 분에게 기도하는지, 어떤 분

앞으로 나아가는지를 상기시킵니다. 주기도 앞부분이 온통 하나님에 대한 기도이기 때문입니다. 하나님 이름, 하나님나라, 하나님 뜻에 대해 기도하며, 우리가 지금 어떤 분 앞에 서 있는지를 깊이 묵상하며, 기도하는 시간을 엽니다. 그래서 주기도는 우리 자신이 아니라 하나님에서부터 시작합니다. 또한 주기도의 관심은 우리 개인이 아니라, 우리 자신과 공동체에 있습니다. 주기도는 하나님나라 백성들이 맺는 관계 가운데서 우리 한 사람 한 사람을 바라보게 하고, 하나님의 한 자녀가 된 이들을 소중하게 여기면서 관심을 쏟으라고 가르칩니다.

하나님을 상으로 받는 시간

우리는 대개 응답받기 위해 기도합니다. 하지만 주기도는 응답보다는 상을 받는 기도입니다. 예수님은 마태복음 6장에서 올바른 자선 행위, 기도, 금식에 대해 가르쳐 주십니다. "너희는 남에게 보이려고 의로운 일을 사람들 앞에서 하지 않도록 조심하여라. 그렇지 않으면, 너희는 하늘에 계신 너희 아버지에게서 상을 받지 못한다"(1절)라고 말씀하신 다음에, 자선 행위(2-4절)와 기도(5-15절)와 금식(16-18절)에 대해 알려 주십니다. 그런데 이 말씀을 하시면서 상을 계속 언급하십니다. 2절에서는 사람들에게 보이려는 자선 행위는 "상을 이미 다 받았다"라고 하십니다. 5절에서는 사람에게 보이려고 기도하는 위선자는 "자기네 상을 이미 다 받았다"라고 하십니다. 16절에서는 남에게 보이려고 얼굴을 흉하게 하고 금식하는 사람들 역시 "자기네 상을 이미 받았다"라고 하십니다.

주기도는 이런 맥락에서 등장합니다. 주기도는 응답보다는 상을 받기 위한 기도이며, 그 상은 다른 것이 아니라, "잘하였다, 충성된 종아. 내가 원하는 기도를 네가 드렸구나"라는 하나님의 칭찬입니다. 하나님의 칭찬과 인정이 가장 큰 상입니다.

응답받으려고 주기도로 기도한다고 가정해 봅시다. 가령 "아버지 나라가 속히 오게 해 주세요"라고 간절히 기도하고 눈을 떴는데, 주님은 여전히 오시지 않았습니다. 기도에 응답이 없었습니다. 하지만 주기도는 응답받기 위한 기도가 아닙니다. 이 기도의 응답은 유예되었으나 주님이 오실 때까지 우리는 이 기도를 멈추지 않습니다. 언제 올지 모르나 우리는 하나님나라를 구하는 기도를 계속 드립니다. 주님께서 원하시는 기도이기 때문입니다.

예수님께서 가르치신 기도는 자동판매기 같은 기도가 아닙니다. 자기가 원하는 것을 얻어 내는 기도가 아니라, 하나님이 듣기 원하시는 기도입니다. 종종 기도에 답이 없고 계속 유예되면 실망하고 기도를 멈췄다가도 주기도로 기도하는 사람은 다시 하나님 앞에 나아갑니다. 사실 많은 종교가 자기가 원하는 것을 받으려고 기도합니다. 하지만 기독교는 하나님과 함께 있기 위해 기도합니다. 하나님의 관심사가 우리의 관심사가 되고, 세상을 바라보는 하나님의 시각이 우리의 시각이 되고, 하나님의 뜨거운 마음이 우리의 마음이 되기를 바라며 하나님 앞에 나아가 앉습니다. 이것이 기독교에서 가르치는 기도입니다. 그래서 우리는 기도를 드림으로써 결국 하나님 자신을 얻게 됩니다. 하나님이 "잘했다, 충성된 종아. 너는 내 백성이고 나는 네 하나님이다"라고 말씀하시면서 하나님 자신을 우리에게 주실 때, 우리는 가장 놀라운 상을 받게 됩니다.

기도가 무엇일까요? 기도를 하나님에게서 무언가를 얻어내는 수단으로 여기면, 규칙적으로 기도하기 어렵고, 자주, 오래 기도하기는 더 어렵습니다. 하나님에게 부탁할 목록이 이미 정해져 있는데, 그것을 규칙적으로, 반복해서, 길게 풀어서 말씀드리는 게 영 어색하고 이상하기 때문입니다. 그것은 기도가 아닙니다. 기도는 사랑하는 하나님과 그저 함께 있는 시간입니다.

그런데 이때 우리를 가장 어렵게 하는 것은 아이러니하게도 시간을 내는 일입니다. 하나님과 함께하는 시간을 내지 못하고, 그래서 기도를 못 합니다. 남녀가 사귈 때나 부부 관계에서도 두 사람이 함께 보내는 시간이 충분해야 친밀감이 깊어집니다. 사랑하는 사람과는 어떻게 해서든 함께하는 시간을 늘리려 합니다. 그 사람과 함께 있으면 시간이 어떻게 흘러가는지도 모르게 빨리 지나갑니다. 시간의 비밀입니다. 하나님을 정말 사랑하면 하나님과 함께하는 시간 자체가 소중해지고, 자꾸 그 시간을 내려고 합니다. 기도하는 시간을 어떻게 해서든 확보하려고 합니다.

시간을 내는 일이 가장 어렵지만 제일 중요하고, 그래서 뺄 수 없는 훈련입니다. 제가 기도 훈련을 인도할 때는 하루에 30분씩, 일주일에 엿새를 기도하도록 요청합니다. 7주간의 훈련 기간 중에 총 20시간을 기도하도록 과제를 드립니다. 이 훈련에 참여한 분들은 자신이 평소에 얼마나 하나님에게 시간을 내지 않았는지를 새삼 깨달았다고 이야기하십니다. 매일 30분씩 하나님 앞에 앉아 있는 것 자체가 얼마나 소중한지, 그것이 기도를 배우는 과정의 핵심임을 깨닫습니다. 다시 말씀드리지만, 기도는 하나님에게 무언가를 얻어 내는 시간이 아닙니다. 하나님과 함께하는 시간입니다. 그럴 때 하나님은 다른 것이 아니라, 하나님 자신을 우리에게 주십니다.

부록

주기도로 드리는 기도 예시
함께 기도하며 주기도 배우기

주기도로 드리는 기도 예시

자신을 위해 기도할 때도, 교회 공동체를 위해 기도할 때도, 다른 사람을 위해 기도할 때도 주기도로 기도할 수 있습니다. 주기도에 흐르는 사상을 따라 우리 언어로 기도하는 데 익숙해지면, 어느새 예수님이 가르쳐 주신 대로 기도하는 자신을 발견하게 됩니다. 우리의 모든 기도가 주기도를 닮기를 바랍니다.

자신을 위한 기도

감히 우러를 수 없는 자를 부르셔서 자녀 삼아 주시고 형제자매를 허락하신 아버지,

저의 삶을 통해서 하나님의 명예를 더럽힌 부분을 용서해 주시고 저의 삶을 통해 하나님의 살아 계심이 드러나기를 기도합니다.

저로 하여금 이 세상 속에 살면서 세상이 결코 나의 영원히 살 곳이 아님을 알고 우리 주님이 다시 오셔서 새롭게 여실 세계를 기다리게 하소서.

저로 하여금 하나님의 뜻을 분별할 수 있도록 도우시고 분별된 하나님의 뜻이 구체적으로 제 삶의 현장에서 이루어지게 하소서.

저에게 필요한 모든 것을 아시는 주님을 제가 의지하게 하시고 오늘 제게 마땅히 있어야 할 것들을 공급해 주소서.

사랑과 평화를 위해서 주님이 저를 부르시고 또 용서하셨듯이
저도 제 주변의 모든 사람을 용서하며, 화해자의 삶을
살게 하소서.

저를 자주 넘어지게 하는 세상의 유혹과 제 속의 욕심으로부터
지켜 주시고 저를 좌절하고 실패하게 하려는 악한 영으로부터
저를 구해 주소서.

제가 제 자신을 위해 이렇게 기도드릴 수 있는 이유는
나라와 권세와 영광이 모두 아버지께 속하였기 때문입니다.
아멘.

교회 공동체를 위한 기도

우리를 초월하여 계시지만,
우리 공동체 안에 계신 우리 아버지,

우리 공동체와 사역이 아버지의 사랑과 공의와 구원 사역을
우리 이웃과 한국 사회에 구체적으로 드러내어,
하나님을 우리 시대에 증거하게 하소서.

우리 공동체가 온갖 유혹과 어려움과 피로함에도 불구하고
다시 오실 주님을 믿고 사모하며 기다림으로
주님과 이웃을 섬기는 사랑과 지혜, 그리고 인내를 얻게 하소서.
우리 공동체가 우리 시대를 향하신 하나님의 뜻을
온전히 분별하고, 모두 함께 창조적이고 성실하게 사역하여
이 땅에서 그 뜻을 온전히 이루게 하소서.

우리 공동체에 속한 모든 일꾼의 개인적이고 가정적인 필요와
우리 공동체의 사역과 사업을 위한 적절한 필요를
매일매일 공급하여 주소서.

우리 공동체가 주님의 뜻을 받들어 사역할 때,
우리 모두가 서로 사랑하고 용서하며 화평할 뿐 아니라,
우리의 섬김을 통해 주님의 사랑과 평화를 드러내게 하소서.

우리 공동체를 부르셨던 그 첫사랑과
부르심을 떠나게 만드는 세상의 모든 유혹과 악의 세력을
능히 분별하고 대적하여 이길 힘을 우리에게 주소서.

우리 공동체가 이런 담대한 기도를 드릴 수 있는 근거는
모든 나라와 권세와 영광이 당신 것이기 때문입니다.
아멘.

한국 교회를 위한 기도

초월의 세계에서 한국 교회를 내려다보시는
우리 모든 성도의 아버지,
우리 한국 교회 공동체와 우리 형제자매들이
아버지의 끝없는 사랑과 약한 자 편에 서시는 정의를
삶 속에서 온전히 드러내, 아버지께 영광 돌리게 하소서.

주님의 다시 오심을 어서 빨리 허락하셔서,
우리 사회의 약하고 병들고 소외된 자들을 회복하시고,
하나님나라를 위해 고난 받는 한국 교회 성도들의 눈물을
닦아 주소서.

아버지의 뜻이 한 치도 어김없이 하늘에서 이루어지듯,
주의 백성 개개인과 한국 교회가 분별하고 순종하여,
아버지의 귀하신 뜻이 우리 삶의 현장에서
온전하게 이루어지게 하소서.

우리의 생명은 아버지 하나님이 베풀어 주시는
은혜로만 유지됨을 믿사오니,
우리 한국 교회가 세상적인 방법과 힘을 의지하지 않고
오직 하나님만을 의지하여, 주님 주시는 부족함 없는
축복을 누리게 하소서.

하나님을 거역한 모든 죄에서 우리를 온전하게
용서하여 주신 것을 본받아,
한국 교회 공동체 안에서 용서하고 용서받아
서로 사랑하게 하시고
한국의 그리스도인들이 갈등의 세상 속에서
화평케 하는 자들이 되게 하소서.

이 세상은 우리를 끊임없이 유혹하고 악으로 제압하려 하오니,
한국 교회를 유혹하는 권력과 자본과 쾌락과 편리로부터 지켜 주시고
하나님의 거룩한 이름에 걸맞지 않게 살게 만드는
모든 악한 세력에서 구해 주소서.

눈에 보이든 보이지 않든 모든 나라와 권세와 영광은
하나님 아버지께 속하였기에
한국 교회와 성도들이 우리 아버지 하나님을 의지해
이 기도를 드립니다. 아멘.

중보기도 제목을 주기도로 해석한 기도

<은성의 기도 제목>

남편 철민과의 관계가 힘들어요. 남편이 신앙생활도 잘하고, 아이들과도 잘 놀아 주는 아빠가 되도록, 그래서 하나님께 영광 돌리도록 기도해 주세요.

"하늘에 계시는 은성이와 철민이의 아버지, 이 두 사람의 부부 관계와 가정을 통해 하나님께서 영광 받으시길 원합니다. 은성 자매의 삶을 통해서 철민 형제가 예수님을 발견하게 도와주시옵소서. 주님이 다시 오실 때까지 우리가 완전한 사랑에 이르지 못한다 해도 주님을 닮아 서로 사랑하게 도와주시옵소서. 하나님의 특별한 뜻이 이 가정에 있는 줄 믿사오니, 은성 자매가 먼저 순종함으로 그 뜻이 이 가정에 이루어져 가기를 간절히 원합니다. 이렇게 할 때 은성 자매가 지치기도 하고 또 실망할지도 모르지만, 주님께서 매일매일 필요한 사랑과 에너지를 불어 넣어 주시고, 철민 형제가 잘못하는 것으로 마음 상하지 않고 오히려 주님이 용서하신 것을 따라 남편을 용서할 수 있도록 도와주세요. 특별히 아이를 키우느라 지친 은성 자매가 이 육체적 피곤함과 경제적 스트레스를 통해 사탄이 유혹하고 시험 거리들을 가져올 때, 그것들을 주님의 이름으로 이겨 낼 수 있도록 도와주소서. 이 가정을 위해서 우리가 이렇게 기도를 드릴 수 있는 이유는 이 가정에 영향을 끼칠 수 있는 모든 나라와 권세와 영광이 아버지의 것이기 때문입니다. 아멘."

<규철의 기도 제목>

저는 요즈음 진로를 어떻게 결정해야 할지 모르겠어요. 좋은 직장들은 경쟁률이 높고, 그렇다고 월급이 상당히 차이가 나는 직장을 택하는 것은 제 경력에 도움이 되지 않을 것 같고, 하나님의 인도가 필요합니다.

"이 세상에서 고민하고 있는 규철이의 아버지가 되셔서 지금도 하늘에서 내려다보시는 아버지. 규철이가 인생의 중요한 결단을 통해서 하나님의 살아 계심을 경험하고 드러낼 수 있기를 바랍니다. 자신이 내리는 결정이 결국 하나님나라가 임할 때 하나님 앞에서 평가될 것을 알고, 그 나라를 기다리며 어떤 결정을 해야 하는지 알게 하여 주시고, 그 뜻을 이해하게 하셔서, 하나님의 뜻을 이루기 위하여 결단하는 용기를 가질 수 있도록 도와주세요. 그의 결정이 혹시 세상의 안전감을 추구하는 것이라면, 그 동기를 분별하게 하시고, 철저하게 하나님을 의지하며 결정할 수 있도록 도와주시고, 그가 들어가서 일하는 직장에서 그가 어떻게 평화를 일구는 사람이 될 수 있는지, 또 그 일을 통해서 세상 속의 평화를 진작시킬 수 있는지 고민하게 해 주십시오. 이런 중요한 결정을 내릴 때 늘 우리를 혼란스럽게 하고 유혹하는 것들을 알아채게 하시고, 그것들에 넘어가지 않도록 우리 규철이를 지켜주세요. 우리가 이렇게 하나님의 뜻이 규철이의 인생에 이루어지기 위해 담대히 기도하는 것은 나라와 권세와 영광이 모두 주님의 것이기 때문입니다. 아멘."

아무리 좋은 가르침이라도 읽거나 듣기만 해서는 온전히 익힐 수 없습니다. 주기도 역시, 배운 내용으로 직접 기도할 때, 기도가 변하고 기도하는 사람까지 변화합니다. 이 책을 함께 읽고 기도하면서 우리 기도가 하나님나라 백성의 기도답게 더욱 깊어지기를 바랍니다.

기도 생활 돌아보기

1. 자신의 기도 생활을 날씨에 비유한다면 어떻게 표현할 수 있나요?

2. 기도를 누구에게, 어떻게 배웠나요?

3. 기도할 때 가장 어려운 점은 무엇이며, 훈련을 통해 얻고 싶은 것은 무엇인가요?

4. 서로 기도 제목을 나누고, 훈련이 마치는 날까지 중보합시다.

 주기도 강의

1. 지금까지 해 온 기도와 주기도로 기도하기가 다른 점이 있다면, 어떻게 다른지 나눠 봅시다.

0. 우리 기도, 현주소는?

2. 자신의 기도를 돌아보며, 영적으로 성장하는 데 필요한 변화가 무엇인지 생각해 봅시다.

설교 영상

1. 내용 요약을 맡은 분이 1장 내용을 요약합니다(5분).

2. 삶의 현장에서 당신은 누구를, 무엇을 따르고 있었나요?
무엇에 속고 있었나요?

3. 자신이 따르고 있는 예수님이 어떤 면에서 특별한지 나눕니다.

4. 자신이 하나님나라 백성으로서 어떻게 독특한지도 이야기해 봅시다.

1. 우리, 하나님나라 백성

5. 세상에서 하나님나라 백성으로 살려고 하면서 겪는 갈등과 싸움을 하나님께 맡기며, 64쪽에 있는 "주기도로 기도합니다 ①"을 함께 읽으며 고백합니다. 그리고 자신이 적은 "주기도를 배우며 기도합니다 ①"(65쪽)을 돌아가며 올려 드립니다.

6. 서로의 "주기도를 배우며 기도합니다 ①"을 들으며 배운 바가 있다면 나눕니다.

7. 마지막으로 조장이 기도하고 마무리합니다.

설교 영상

1. 내용 요약을 맡은 분이 2장 내용을 요약합니다(5분).

2. 위선자, 이방인, 종교적 형식주의자가 드리는 기도의 공통점은 무엇인가요?

3. 하나님나라 백성들이 드리는 기도를 세 가지로 정리하고, 자신의 기도 패턴(기도 방식)을 나눕니다.

4. 아래에 나와 있는 인격적 기도의 질문과 대답을 조장이 하나씩 읽어 주고, 그에 상응하는 기도를 각각 3분씩 드립니다.

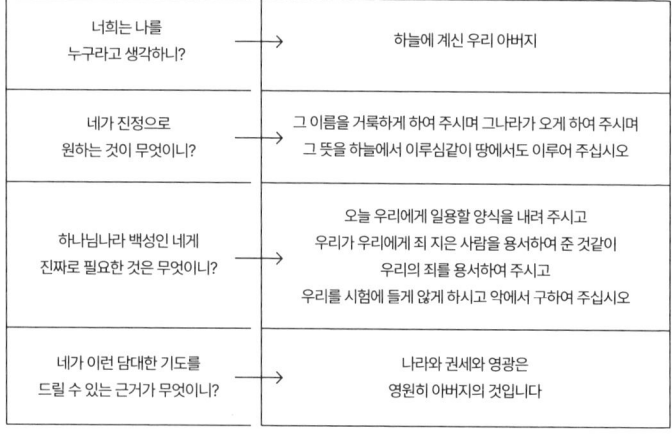

2. 하나님나라 백성의 기도

5. 109쪽에 적은 "주기도를 배우며 기도합니다 ②"를 돌아가며 올려 드립니다.

6. 서로의 "주기도를 배우며 기도합니다 ②"를 들으며 배운 바가 있다면 나눕니다.

7. 마지막으로 조장이 기도하고 마무리합니다.

설교 영상

1. 내용 요약을 맡은 분이 3장 내용을 요약합니다(5분).

2. 그리스도인들이 기도로 깊이 들어가지 못하는 이유가 무엇일까요? 자신의 기도 생활을 돌아보면서 비슷한 사례가 있으면 이야기해 봅시다.

3. '세상의 닫힌 세계관'과 '성경의 열린 세계관'이 어떻게 다르며, 자기 삶에 구체적으로 어떤 영향을 미치고 있는지를 나눠 봅시다.

3. 기도의 문을 여는 열쇠

4. 151쪽에 적은 "주기도를 배우며 기도합니다 ③"을 돌아가며 올려 드립니다.

5. 서로의 "주기도를 배우며 기도합니다 ③"을 들으며 배운 바가 있다면 나눕니다.

6. 마지막으로 조장이 기도하고 마무리합니다.

 설교 영상

1. 내용 요약을 맡은 분이 4장 내용을 요약합니다(5분).

2. "그 이름을 거룩하게 하여 주시며"라고 기도할 때, 자신에게 있는 찬양과 감사는 무엇이며, 회개하고 간구해야 할 내용은 무엇인가요?

3. 하나님나라 백성들의 불순종하는 말과 삶으로 인해 "하나님의 이름"이 땅에 떨어져 짓밟히고 있는 예를 직면하며 기도합니다.

4. 에디 쉐퍼의 말을 떠올리며, 그렇게 살기 위해 우리는 어떻게 기도할 수 있을지 나눠 봅시다.

4. 하나님나라의 왕을 위한 기도

5. 195쪽에 적은 "주기도를 배우며 기도합니다 ④"를 돌아가며 올려드립니다.

6. 서로의 "주기도를 배우며 기도합니다 ④"를 들으며 배운 바가 있다면 나눕니다.

7. 마지막으로 조장이 기도하고 마무리합니다.

설교 영상

1. 내용 요약을 맡은 분이 5장 내용을 요약합니다(5분).

2. 마태복음에 기록된 하나님나라의 특징을 정리해 보고, 자신이 그 나라에 속해서 살아가고 있는지 정직하게 질문해 봅시다.

3. 하나님나라가 드러나기를 절실히 기다리는 내 삶의 현장은 어디인가요? 그 나라는 이미 임했으므로 그 삶의 현장에서 어떤 자세로 살아야 하는지를 다짐하며 나누어 봅시다.

5. 하나님나라의 도래를 위한 기도

4. 243쪽에 적은 "주기도를 배우며 기도합니다 ⑤"를 돌아가며 올려 드립니다.

5. 서로의 "주기도를 배우며 기도합니다 ⑤"를 들으며 배운 바가 있다면 나눕니다.

6. 마지막으로 조장이 기도하고 마무리합니다.

 설교 영상

1. 내용 요약을 맡은 분이 6장 내용을 요약합니다(5분).

2. 땅에서 이루어질 하늘의 뜻은 이미 정해져 있습니다. 그 뜻의 핵심은 무엇인가요? 당신은 그 뜻이 성취되도록 기도하고 있나요? 기도하고 있다면, 구체적인 내용은 무엇인가요?

3. 기도는 하나님과 동역할 때 빠질 수 없는 핵심 요소입니다. 하나님은 우리가 기도하며 동역하기를 원하십니다. 하나님의 정해진 뜻 중에서 무엇을 믿음으로 구해야 하나요?

6. 하나님나라의 동역을 위한 기도

4. 289쪽에 적은 "주기도를 배우며 기도합니다 ⑥"을 돌아가며 올려 드립니다.

5. 서로의 "주기도를 배우며 기도합니다 ⑥"을 들으며 배운 바가 있다면 나눕니다.

6. 마지막으로 조장이 기도하고 마무리합니다.

설교 영상

1. 내용 요약을 맡은 분이 7장 내용을 요약합니다(5분).

2. 양식(밥)을 구하는 기도에 대한 개인적 오해를 나누고, 성경에서 양식을 구하는 것의 의미를 정돈하여 나눕니다.

3. 일용할 양식을 구하는 기도는 땀을 흘리며 드리는 기도이고, 우리 이웃의 필요를 함께 채우며, 사회와 생태계 전체를 하나님이 뜻대로 회복하는 출발점입니다. 우리가 지금 구해야 할 일용할 양식은 무엇일까요? 그 양식을 구하는 기도를 올려 드립시다.

7. 하나님나라 백성의 생존을 위한 기도

4. 327쪽에 적은 "주기도를 배우며 기도합니다 ⑦"을 돌아가며 올려드립니다.

5. 서로의 "주기도를 배우며 기도합니다 ⑦"을 들으며 배운 바가 있다면 나눕니다.

6. 마지막으로 조장이 기도하고 마무리합니다.

설교 영상

1. 내용 요약을 맡은 분이 8장 내용을 요약합니다(5분).

2. 우리는 갈등하며 상처를 주고받습니다. 하지만, 하나님나라 백성은 평화를 만드는 사람들입니다. 그럼에도 자신이 맺고 있는 여러 관계 중에 깨진 부분이 있다면 진솔하게 나눠 봅시다.

3. 이웃과 평화를 이루는 일은 자신과 이웃을 이해하고, 공동체적으로 죄를 품고, 구체적으로 용서하고 용서받을 때 이루어집니다. 평화를 이루기 위한 공동체적 해법을 묵상하며 기도합니다.

8. 하나님나라 백성의 평화를 위한 기도

4. 371쪽에 적은 "주기도를 배우며 기도합니다 ⑧"을 돌아가며 올려드립니다.

5. 서로의 "주기도를 배우며 기도합니다 ⑧"을 들으며 배운 바가 있다면 나눕니다.

6. 마지막으로 조장이 기도하고 마무리합니다.

 설교 영상

1. 내용 요약을 맡은 분이 9장 내용을 요약합니다(5분).

2. 자신의 머리 위를 날아다니며 둥지를 틀려고 하는 욕심과 시험과 유혹은 무엇인지를 생각해 보고 나눠 봅시다.

3. 세상은 영적 전투의 현장이며, 하나님나라 백성들을 향해 사탄은 싸움을 걸어옵니다. 그 싸움에 대항해 이기는 비결에 관해 나누고, 영적 전투의 동지인 서로를 위해 기도를 올려 드립시다.

9. 하나님나라 백성의 영적 전투를 위한 기도

4. 415쪽에 적은 "주기도를 배우며 기도합니다 ⑨"를 돌아가며 올려 드립니다.

5. 서로의 "주기도를 배우며 기도합니다 ⑨"를 들으며 배운 바가 있다면 나눕니다.

6. 마지막으로 조장이 기도하고 마무리합니다.

 설교 영상

1. 내용 요약을 맡은 분이 10장 내용을 요약합니다(5분).

2. 기독교에서 가르치는 기도는 무언가를 얻어 내기 위해서가 아니라, 하나님과 함께하기 위한 것입니다. 주기도로 기도하기 시작할 때와 지금의 기도가 달라졌나요? 달라진 부분이 있다면 작은 변화라도 나누어 봅시다.

3. 세상을 변혁하는 하나님나라 운동에서 주기도는 린치핀^{수레와 수레바퀴를 연결하는 핀} 역할을 합니다. 주기도로 계속 기도하기 위한 개인적·공동체적인 방법이 있다면 함께 나누어 봅시다.

10. 하나님나라 운동을 위한 기도

4. 455쪽에 적은 "주기도를 배우며 기도합니다 ⑩"을 돌아가며 올려 드립니다.

5. 서로의 "주기도를 배우며 기도합니다 ⑩"을 들으며 배운 바가 있다면 나눕니다.

6. 마지막으로 조장이 기도하고 마무리합니다.

기도를 배우는 중입니다
주기도로 만나는 하나님나라

글
김형국

편집
박동욱

디자인
아소도

제작
공간

ⓒ 김형국, 2024

∗ 이 책 내용의 전부 또는 일부를 사용하려면 반드시 저작권자와 이미아직의 서면 동의를 받아야 합니다.

∗ 책값은 뒤표지에 있습니다. 잘못된 책은 구입하신 곳에서 바꾸어 드립니다.

펴낸이 — 김형국

펴낸곳 — 이미아직

주소 — 서울특별시 중구 명동11길 20 서울YWCA회관 602호 (우편번호 04538)

출판등록 — 제2022-000007호(2022년 1월 24일)

전화 — 02-924-0240   팩스 — 02-924-0243

전자우편 — imiajik@gmail.com

웹사이트 — www.imiajik.co.kr

인스타그램 — @imi_ajik

도서주문 — 02-338-2282(전화) | 080-915-1515(팩스)

개정증보판 1쇄 발행 2024년 9월 2일

개정증보판 2쇄 발행 2025년 4월 30일

ISBN — 979-11-978361-4-5 (03230)